NIETZSCHE

UMA BIOGRAFIA

O livro é a porta que se abre para a realização do homem.

Jair Lot Vieira

R. J. HOLLINGDALE

NIETZSCHE

UMA BIOGRAFIA

edipro

Nietzsche
uma biografia

R. J. Hollingdale

Tradução: Maria Luisa de Abreu Lima Paz

1ª Edição 2015

Syndicate of Press of the University of Cambridge, England
Nietzsche: the man and his philosophy – Rev. ed. – R. J. Hollingdale 1965, 1999

Editores: Jair Lot Vieira e Maíra Lot Vieira Micales
Coordenação editorial: Fernanda Godoy Tarcinalli
Editoração: Alexandre Rudyard Benevides
Revisão: Vânia Valente
Diagramação e Arte: Karine Moreto Massoca

Dados Internacionais de Catalogação na Publicação (CIP)
(Câmara Brasileira do Livro, SP, Brasil)

Hollingdale, R. J.
Nietzsche : uma biografia / R. J. Hollingdale ; [tradução de Maria Luisa de Abreu Lima Paz]. – São Paulo : EDIPRO, 2015.

Título original: Nietzsche: the man and his philosophy.

Bibliografia.

ISBN 978-85-7283-934-1

1. Filosofia – História 2. Filósofos – Biografia 3. Nietzsche, Friedrich Wilhelm, 1844-1900 I. Título. II. Série.

15-04132 CDD-190

Índice para catálogo sistemático:
1. Filósofos : Biografia e obra : 190

EDITORA AFILIADA

edipro
edições profissionais ltda.
São Paulo: Fone (11) 3107-4788 – Fax (11) 3107-0061
Bauru: Fone (14) 3234-4121 – Fax (14) 3234-4122
www.edipro.com.br

SUMÁRIO

PARTE III
1879-1889

PARTE IV
1889-1900

PREFÁCIO
DA EDIÇÃO REVISADA

Como afirmei no Prefácio da edição original, o propósito deste livro é delinear a vida de Nietzsche da forma mais concisa possível dentro do razoável; sua filosofia é considerada parte de sua vida e, também aqui, o objetivo é a concisão. O que tento descrever é o curso de sua existência e de seu pensamento em sua essência.

Submeti o livro a uma revisão minuciosa em que corrigi o que hoje vejo como falhas de estilo, suprimi alguns trechos que me parecem equivocados ou desatualizados e modifiquei algumas afirmações sobre supostos fatos que pesquisas posteriores revelaram não serem efetivos; mas em todos os aspectos essenciais o livro continua sendo a mesma obra publicada pela primeira vez em 1965.

Eliminei os apêndices da edição original por estarem ultrapassados e os substituí por um Posfácio que faz um levantamento estritamente limitado das mudanças ocorridas na publicação, recepção e apreciação de Nietzsche ao longo dos últimos 35 anos (parte desse Posfácio foi publicada inicialmente na revista *International Studies in Philosophy*, v. XXII/2, 1990). A bibliografia original pertence, é claro, a uma geração mais antiga do estudo de Nietzsche, tendo sido substituída por uma nova.

Todas as citações extraídas das obras e cartas de Nietzsche foram traduzidas para a edição original de 1965: as obras são indicadas pelo título ou por suas iniciais (apresentadas na lista a seguir) e pelo capítulo e/ou seção, que são os mesmos para todas as edições; as cartas são indicadas pela data para que possam ser identificadas em qualquer edição.

Little Venice,
Londres

LISTA DAS OBRAS DE NIETZSCHE

No grande conjunto da obra publicada sob o nome de Nietzsche durante sua vida e após sua morte, é necessário fazer uma distinção entre suas "obras" autênticas (isto é, os livros por ele publicados ou preparados para publicação) e todo o material restante (o chamado *Nachlass* [material deixado após seu colapso e morte], escritos de juventude e filológicos): Nietzsche responde pelo primeiro grupo, mas não pelo último, cujo diferencial é o fato de não tê-lo oferecido ao público como "obra" sua. No entanto, sobretudo com a publicação de *A vontade de poder** – uma compilação extraída do *Nachlass* da década de 1880 –, a linha divisória entre estes dois grupos tornou-se difusa, e a evolução lógica e ordenada de sua filosofia, obscura. Se quisermos traçar essa evolução, devemos primeiro ter claro onde ela deve ser encontrada – ou seja, nas "obras". Convém também determinar antecipadamente a ordem em que as obras de Nietzsche surgiram, pois obviamente isso é importante para qualquer reflexão acerca da evolução de seu pensamento. Por esses motivos forneço agora uma lista cronológica das obras de Nietzsche conforme aqui definido. (As siglas pelas quais são citadas no texto aparecem à direita.)**

---

*. Seu conceito filosófico é muitas vezes traduzido como "vontade de potência". (N.T.)

**. Nesta edição, adotamos como método de citação das obras de Nietzsche a convenção proposta por Colli/Montinari na organização das *Obras Completas* do autor. Assim, às siglas em alemão (presentes na segunda coluna da Lista de Obras) seguem, separadas por uma "/", as siglas em português (presentes na terceira coluna). (N.E.)

<table>
<tr><th colspan="3">LISTA CRONOLÓGICA DAS OBRAS DE NIETZSCHE</th></tr>
<tr><td colspan="3">1</td></tr>
<tr><td>Die Geburt der Tragödie, oder Griechentum und Pessimismus (O nascimento da tragédia, ou Helenismo e pessimismo). Publicada em 1872 com o título Die Geburt der Tragödie aus dem Geiste der Musik (O nascimento da tragédia no espírito da música) e composta de 25 seções, com um "Prefácio a Richard Wagner". A segunda edição de 1874 incorpora algumas alterações textuais. A terceira edição de 1886, que ostenta o título alterado acima, é prefaciada por um "Ensaio de autocrítica": embora denominada uma "nova edição", na realidade trata-se de uma reedição de exemplares remanescentes das duas edições anteriores (com título modificado e acréscimo do ensaio introdutório). O texto citado na presente obra é o da segunda edição.</td><td>GT</td><td>NT</td></tr>
<tr><td colspan="3">2</td></tr>
<tr><td colspan="3">Unzeitgemässe Betrachtungen (Considerações extemporâneas)</td></tr>
<tr><td>Erstes Stück: David Strauss, der Bekenner und der Schriftsteller. (Primeiro ensaio: David Strauss, o confessor e o escritor.) Publicado em 1873. Um longo ensaio em 12 seções.</td><td>UBI</td><td>Co. Ext. I</td></tr>
<tr><td>Zweites Stück: Vom Nutzen und Nachteil der Historie für das Leben. (Segundo ensaio: Das vantagens e desvantagens da história para a vida.) Publicado em 1874. Um longo ensaio em 10 seções, com uma Introdução.</td><td>UBII</td><td>Co. Ext. II</td></tr>
<tr><td>Drittes Stück: Schopenhauer als Erzieher. (Terceiro ensaio: Schopenhauer como educador.) Publicado em 1874. Um longo ensaio em 8 seções.</td><td>UBIII</td><td>Co. Ext. III</td></tr>
<tr><td>Viertes Stück: Richard Wagner in Bayreuth. (Quarto ensaio: Richard Wagner em Bayreuth.) Publicado em 1876. Um longo ensaio em 11 seções. Outras "Considerações intempestivas" foram planejadas, mas não concluídas.</td><td>UBIV</td><td>Co. Ext. IV</td></tr>
<tr><td colspan="3">3</td></tr>
<tr><td colspan="3">Menschliches Allzumenschliches. Ein Buch für freie Geister (Humano, demasiado humano. Um livro para espíritos livres).</td></tr>
<tr><td>Volume I. Publicado em 1878, composto de 638 seções organizadas em 9 capítulos, com uma dedicatória a Voltaire e uma citação de Descartes "em lugar de um prefácio". A segunda edição de 1886 manteve-se inalterada, exceto por: (i) a dedicatória foi suprimida, (ii) foi escrito um novo Prefácio para substituir a citação e (iii) acrescentou-se um poslúdio poético, "Under Freunden" (Entre amigos).</td><td>MA</td><td>HH</td></tr>
</table>

Volume II. Erste Abteilung: Vermischte Meinungen und Sprüche. (**Primeira parte**: Opiniões e sentenças diversas.) Publicada em 1879, contendo 408 seções.	MA-MS	HH-OS
Volume II. Zweite Abteilung: Der Wanderer und sein Schatten. (**Segunda parte**: O andarilho e sua sombra.) Publicada em 1880, contendo 350 seções inseridas num diálogo entre o Andarilho e sua sombra. A segunda edição de 1886 combina essas duas partes no segundo volume de MA, tendo como única modificação o acréscimo do novo Prefácio.	MA-WS	HH-AS
4		
Morgenröte. Gedanken über die moralischen Vorurteile (Aurora: Reflexões sobre os preconceitos morais.) Publicada em 1881, contendo 575 seções organizadas em 5 "livros". A segunda edição de 1887 manteve-se inalterada, exceto pelo acréscimo de um novo Prefácio.	M	A
5		
Die fröhliche Wissenschaft *("la gaya scienza")* (A gaia ciência). Publicada em 1882, contendo 342 seções organizadas em quatro "livros" e precedidas por um "Prólogo em rimas alemãs: *Scherz, List und Rache*" (Brincadeira, Astúcia e Vingança – o título é extraído de Goethe) contendo 63 poemas curtos. A segunda edição de 1887 acrescenta à primeira: (i) um quinto "livro": *Wir Furchtlosen* (Nós, os destemidos), (ii) um apêndice, *Lieder des Prinzen Vogelfrei* (Canções do príncipe Vogelfrei*), contendo catorze poemas, e (iii) um novo Prefácio. Uma citação de Emerson que servia de epígrafe para a primeira edição foi substituída por uma quadra de autoria do próprio Nietzsche.	FW	GC
6		
Also sprach Zarathustra. *Ein Buch für Alle und Keinen* (Assim falou Zaratustra. Um livro para todos e para ninguém). A **Parte 1**, publicada em 1883, compreende o "Prólogo de Zaratustra" e 22 capítulos. A **Parte 2**, também publicada em 1883, compreende 22 capítulos. A **Parte 3**, publicada em 1884, compreende 16 capítulos. A **Quarta e Última Parte**, contendo 20 capítulos, teve uma edição particular em 1885 e a primeira edição pública em 1892, como parte da primeira coletânea das obras de Nietzsche (editada por Peter Gast). As Partes 1, 2 e 3 foram reeditadas num único volume em 1887 sem qualquer alteração ou acréscimo.	Za	ZA

*. Termo do idioma alemão que possui igualmente os sentidos de "livre como um pássaro" e "fora da lei". (N.T.)

7		
Jenseits von Gut und Böse. Vorspiel einer Philosophie der Zukunft (Além do bem e do mal. Prelúdio de uma filosofia do futuro). Publicada em 1886, contendo 296 seções organizadas em 9 capítulos, um Prefácio e um poslúdio poético, "Aus hohen Bergen" (Do alto dos montes).	JGB	BM
8		
Zur Genealogie der Moral. Eine Streitschrift (Genealogia da moral. Uma polêmica). Publicada em 1887, contendo 3 ensaios com um Prefácio.	GM	GM
9		
Der Fall Wagner. Ein Musikanten-Problem (O caso Wagner. Um problema para músicos). Publicada em 1888. Um ensaio polêmico com um Prefácio, dois Posfácios e um Epílogo.	WA	CW
10		
Götzen-Dämmerung, oder Wie man mit dem Hammer philosophiert (Crepúsculo dos ídolos, ou Como filosofar com o martelo). Preparada para publicação em 1888, publicada em 1889. Com 10 capítulos, uma Introdução e uma citação de Za/ZA, "Der Hammer redet" (O martelo fala) como epílogo.	GD	CI
11		
Nietzsche contra Wagner. Aktenstücke eines Psychologen (Nietzsche contra Wagner. Dossiê de um psicólogo). Preparada para publicação em 1888, teve uma edição particular em 1889 e a primeira edição pública em 1895, como parte de *Gesamtausgabe in Grossoktav*, editada por Fritz Koegel. Com 9 capítulos curtos, uma Introdução e um Epílogo.	NW	NW
12		
Der Antichrist (O anticristo). Preparada para publicação em 1888, publicada em 1895 como parte de *Gesamtausgabe in Grossoktav*. Um longo ensaio em 62 seções, com uma Introdução.	AC	AC
13		
Dionysos-Dithyramben (Ditirambos de Dionísio). Composto de 9 poemas de várias datas, aparentemente organizados por Nietzsche para publicação no fim de 1888; publicado em 1892 na primeira coletânea, editada por Peter Gast.	DD	DD

14		
Ecce Homo. Wie man wird, was man ist (Ecce Homo. Como alguém se torna o que é). Uma autobiografia em 4 capítulos com uma Introdução. (Entre o terceiro e o quarto capítulos estão 10 seções que tratam das obras anteriores de Nietzsche; a referência no texto da presente obra é indicada pela sigla: por exemplo, EH-JGB/EH-BM; EH-GM/EH-GM.) Preparada para publicação durante o último trimestre de 1888 e impressa parcialmente; publicada em 1908 (edição limitada) e 1911 (edição ilimitada).	EH	EH

Der Wille zur Macht (A Vontade de Poder) é citada no texto pela sigla WM[/VP].

...uma curiosidade como a minha é, definitivamente,
o mais agradável de todos os vícios –
perdão, quis dizer que o amor à verdade
é recompensado no Céu, mas também na terra.
(JGB/BM 45)

PARTE

1844-1869

Somos (...) bons europeus, *herdeiros de (...) milênios de espírito europeu: como tal, saímos do cristianismo e, precisamente por dele termos saído, pelo fato de nossos antepassados cristãos terem sido de uma fidelidade implacável ao cristianismo, que em nome de sua fé sacrificariam de bom grado seus bens e seu sangue, sua posição e sua pátria, nós – fazemos o mesmo.*

(FW/GC 377)*.

*. Este uso singular do travessão é característico do estilo de Nietzsche. (N.T.)

CAPÍTULO 1
A CRIANÇA

O pastor protestante
é o avô da filosofia alemã.
(AC/AC 10)

1

As visões de Nietzsche sempre pareceram tão extraordinariamente diversas do contexto de opiniões em que ele cresceu, que muitos acreditam terem se originado de uma reação violenta contra sua educação. Consideram até mesmo que toda a sua filosofia não passa de uma calculada antítese à tradição na qual ele foi criado. Herdeiro de uma linhagem de pastores luteranos que remonta ao início do século XVII, seu pai e seus dois avôs eram ministros luteranos e ele passou os primeiros cinco anos e meio de sua vida num presbitério, depois num lar igualmente religioso, e argumenta-se que seu posterior ateísmo deve ser explicado com base nesses fatos. Há duas razões principais para se rejeitar essa visão como uma explicação adequada da gênese do pensamento de Nietzsche. Em primeiro lugar, hoje em dia nenhum estudante sério ficaria inclinado a exagerar as diferenças entre o ponto de vista dele e o do cristianismo: a tendência hoje – uma tendência justificada, penso eu – é enfatizar os elementos convencionais de sua filosofia e sua relação com a tradição "protestante" de questionamento, da qual se poderia considerar que toda a filosofia alemã faz parte. Em segundo lugar, a necessidade de explicar a irracionalidade que supostamente caracteriza o pensamento de Nietzsche está desaparecendo com o reconhecimento cada vez maior de que ele não tem nada de irracional. A noção de que sua filosofia era uma reação a seu ambiente pressupunha que estivesse fundamentada na emoção e não na razão: o contexto de rebeldia emocional deveria explicar o irracionalismo, responsabilizado pela violência e pela natureza radical da rebeldia. Também aqui a imagem convencional teve de ser modificada e a tentação agora é ignorar, em vez de enfatizar, o elemento de rebeldia que sem dúvida está presente em sua obra, e enfatizar, em vez de ignorar, seus fortes laços com o passado.

Quanto mais alguém se aprofunda na obra de Nietzsche, menos inclinado fica a procurar fora dela uma elucidação de seu significado ou uma explicação para sua origem. Não se sente mais a necessidade de fazer especulações psicológicas a seu respeito ou de encontrar num lar opressivamente ortodoxo o terreno do qual ela brotou; e quando se deixa de sentir essa necessidade, torna-se possível adotar uma visão mais realista de como era esse lar. Então fica claro que essa imagem convencional também se baseia numa concepção errônea. Decerto que o lar dos Nietzsche era ortodoxo; mas a qualidade dessa ortodoxia tem sido muito mal interpretada. Para alguém de fora, a Igreja Luterana se assemelha mais à Anglicana do que a qualquer outra: não é fundamentalista ou fanática, nem puritana. Ocupa um lugar especial na história da cultura e da educação alemãs: a *Pfarrhaustradition*, como é chamada – a preservação e promoção do iluminismo cultural no presbitério luterano –, é um dos poucos fios intactos no tecido da evolução histórica alemã ao longo dos últimos trezentos anos. Aqueles que foram criados nessa tradição, tenham ingressado na igreja por conta própria ou não, tiveram um papel exageradamente grande na vida cultural e intelectual da Alemanha e, quando Nietzsche escreveu que o pastor protestante (isto é, luterano) era o avô da filosofia alemã, dizia a mais pura verdade. Seu próprio lar foi construído sobre o modelo luterano convencional. Não há dúvida alguma de que foi feliz ali, e ele jamais declarou ter se "rebelado" contra um ambiente que considerasse insuportável. Além de seu pai e sua mãe, a figura mais influente de sua infância e juventude foi seu avô materno, Pastor David Oehler, com quem ele e a irmã passaram muitas férias. O avô Oehler era um religioso caçador à moda antiga; possuía uma grande biblioteca e tinha talento para a música; seu presbitério parecia uma fazenda e grande parte de seu trabalho semanal era mais como fazendeiro do que como clérigo. Era um senhor bastante robusto, tinha onze filhos, morreu trabalhando aos 72 anos e parece ter sido quase tão devoto e pouco convencional quanto Laurence Sterne. Assim como a Igreja Anglicana, a Luterana oferecia às ordens inferiores uma das poucas vias de ascensão social e cultural: o fato de os antepassados de Nietzsche a terem seguido não é prova de extraordinária devoção (ou necessariamente de alguma devoção). Se o leitor anglófono pensar na Igreja Anglicana do século XVIII, em que um Swift podia se tornar deão de uma catedral, um Berkeley um bispo e nem mesmo um Sterne deixaria de ganhar a vida, terá uma ideia razoável do clima de ortodoxia tolerante em que Nietzsche cresceu.

A genealogia de Nietzsche já foi traçada retroativamente até o século XVI. São conhecidos mais de duzentos antepassados, todos eles alemães. Poucos eram camponeses ou agricultures (nenhum era aristocrata); a maioria era de pequenos comerciantes: chapeleiros, carpinteiros, açougueiros e afins. Mas até o século XVIII as famílias que por fim convergiram no filósofo estavam todas na Igreja Luterana.

O primeiro Nietzsche a entrar para a igreja foi o avô do filósofo, Friedrich August Ludwig (1756-1826), que chegou ao posto de superintendente, o equivalente a um bispo. A família da mãe de Friedrich August foi de pastores luteranos por cinco gerações (1600-1725) e o pai e o bisavô de sua esposa também eram da igreja. Ele foi autor de duas polêmicas defesas do cristianismo na época da Revolução Francesa, uma das quais antecipou em seu subtítulo a crença de que o cristianismo iria durar para sempre. Não obstante essa diferença de opinião, existe algo no avô que faz lembrar o neto: afirmações fortes acerca de uma tradição ameaçada são comuns a ambos e há uma certa semelhança no estilo polêmico de seus escritos, embora o avô tenha pouco da inteligência e brilho retórico do neto.[1]

O filho de Friedrich August, Karl Ludwig Nietzsche, pai do filósofo, nasceu em 1813. Estava destinado à igreja desde o início e tornou-se pastor do vilarejo de Röcken, perto de Lützen, e dos povoados vizinhos de Michlitz e Bothfeld, em 1842. No ano seguinte casou-se com uma das filhas do pastor de Pobles, um vilarejo distante cerca de uma hora de viagem. Franziska Oehler, a mãe do filósofo, era a sexta dos onze filhos do Pastor Oehler. Nascida em 1826, tinha 17 anos quando se casou com o Pastor Nietzsche; dizem que não teve uma boa educação, mas há muitos testemunhos de sua alegria e bom senso. Tais virtudes podem parecer prosaicas, mas não havia grande evidência delas no presbitério de Röcken antes

1. Os livros de Friedrich August Nietzsche são: *Gamaliel, oder die immerwährende Dauer des Christentums* (1796) e *Beiträge zur Beförderung einer vernünftigen Denkensart über Religion, Erziehung, Untertanenpflicht und Menschenliebe* (1804). Eles nos proporcionam o único vislumbre que temos de uma qualidade intelectual fora do comum na família Nietzsche antes do nascimento do filósofo.

de sua ida para lá. A residência do Pastor Nietzsche era mais tranquila que a do agricultor e caçador Pastor Oehler. Era dominada pela mãe viúva do incumbente e ali residiam também suas duas irmãs, Augusta e Rosalie – duas senhoras excêntricas, amáveis, bem-intencionadas, solteiras e ligeiramente neuróticas. Elas alcançaram a fama postumamente como "tias de Nietzsche", a personificação do conservadorismo provinciano contra o qual Nietzsche teria reagido em toda a sua filosofia, como supõem alguns comentaristas.

A nova esposa do pastor era tão mais jovem do que os outros moradores da casa que deve ter tido a impressão de estar se mudando de uma casa paterna para outra menos agradável, da qual, longe de ser a chefe, ela era o membro caçula; quando os filhos vieram, eles eram mais contemporâneos seus do que qualquer outra pessoa da casa. Tudo que se conhece dela indica que Franziska Nietzsche era uma pessoa extremamente gentil e humana. Ela herdou do pai o amor pela vida, e sua fé, que era profunda, tinha aquela natureza instintiva que se expressa em ações e não em sermões. Era o tipo de cristã incapaz de conceber que alguém que tenha aprendido o evangelho possa um dia duvidar seriamente de sua verdade, e que portanto vê com olhos indulgentes as heresias apenas escritas nos livros: a única vez em que realmente se indispôs com o filho foi na única ocasião em que achou que ele pretendia traduzir seu paganismo teórico em ação.

Uma confusão totalmente desnecessária foi introduzida na genealogia simples de Nietzsche com a história de que os Nietzsche eram, na verdade, descendentes da nobreza polonesa. De acordo com uma "lenda familiar", esses ancestrais aristocratas eram protestantes que foram para a Alemanha fugir da perseguição católica em sua terra natal. Nietzsche corroborou essa história até o fim de sua vida; em 1888 ainda escreveu a Georg Brandes: "Meus antepassados eram nobres poloneses (Nietzky); o tipo parece ter se preservado, a despeito de três gerações de mães alemãs", e repetiu a afirmação em outros lugares, particularmente em *Ecce Homo*. Brandes, que da história de Nietzsche conhecia apenas o que o próprio Nietzsche lhe contara, promoveu sua disseminação ao repeti-la em seu obituário do filósofo. As pesquisas de Max Oehler, por algum tempo curador do Arquivo Nietzsche em Weimar, comprovaram – coisa que os contemporâneos de Nietzsche suspeitavam – que não existe nenhuma verdade nisso. Foi Oehler quem rastreou os duzentos ancestrais mencionados, e confirmou que todos eles carregavam nomes alemães, inclusive as famílias das esposas. Segundo Richard Blunck[2], Nietzky não é um nome polonês, embora Nietzsche seja um nome excepcionalmente comum em toda a região central da Alemanha, tanto nesta como nas formas cognatas (como Nitsche e Nitzke). Como muitos outros sobrenomes, ele deriva de um prenome comum, neste caso Nikolaus (Nicolau), que, abreviado para Nick e incorporado ao eslavo Nitz (pronuncia-se Nitsch) tornou-se Nitsche, e depois Nietzsche. É óbvio que Nietzsche não fez investigação alguma acerca de sua genealogia, e sua referência a "três gerações de mães alemãs" parece ter sido pura invenção. A razão pela qual ele queria acreditar que uma família de pastores luteranos tinha nobres poloneses como ancestrais não pode ser determinada com certeza, mas no meu entender, era menos importante para ele ser considerado aristocrático do que ser considerado polonês; ou seja, a propagação da lenda fazia parte de sua campanha contra a Alemanha, a "terra rasa da Europa", a nação que tinha "todos os grandes crimes contra a cultura dos últimos quatro séculos (...) em sua consciência" (EH-WA/EH-CW 2) e que, além disso, comprara apenas 170 exemplares de *Humano, Demasiado Humano* durante seu primeiro ano de publicação e cuja reação aos três primeiros volumes de *Zaratustra* havia sido tão fria que nenhum editor se arriscaria a produzir o quarto. Ele passara os dez anos anteriores a 1888 produzindo uma sucessão de obras que deveriam, com toda razão, tê-lo consagrado como a figura mais proeminente da literatura e da filosofia alemãs em sua época; mas nada disso acontecera; havia encontrado silêncio e indiferença; e sua justa raiva contra esse tratamento transformou-se, em seu último ano de sanidade, num ódio cego e irracional. Agora não concederia nada aos alemães além de seus crimes. Ninguém, declarou, jamais havia escrito o idioma alemão tão bem quanto Heine e Nietzsche, sendo que Heine era judeu, e Nietzsche – polonês.

2

Nietzsche nasceu em 15 de outubro de 1844, em Röcken. O dia de seu aniversário era também o do então rei da Prússia, de quem o Pastor Nietzsche era um grande admirador, e ele recebeu o nome de Friedrich Wilhelm em homenagem ao rei. O pastor e Franziska Nietzsche tiveram mais dois filhos: uma menina, Elizabeth, que nasceu em 10 de julho de 1846, e um

2. BLUNCK, R. *Friedrich Nietzsche. Kindheit und Jugend.* Basileia, 1953. p. 16.

segundo menino, Joseph, que nasceu em fevereiro de 1848 e morreu ainda na infância.

O presbitério em que o jovem Fritz passou os cinco primeiros anos de sua vida ficava no meio da zona rural. Cercado por fazendas, ele próprio era uma espécie de fazenda, com um pomar atrás e um terreiro na frente. Depois do terreiro havia um jardim florido e, separadas deste por uma cerca viva, ficava o que ao menino parecia um lugar paradisíaco: quatro lagos, repletos de peixes e rodeados de salgueiros. Era ali que passava a maior parte do tempo durante o verão. A cidade mais próxima, Lützen, a meia hora de distância, era um lugar muito sossegado que só despertava durante a feira anual, evento que proporcionava a muitos dos habitantes de Röcken a única ocasião que tinham de sair do vilarejo de ano em ano. A cidade, que fica na região da Alta Saxônia, que era antigamente a Alemanha Oriental, ainda é apenas um pequeno lugarejo; no tempo de Nietzsche ficava numa área totalmente rural, cercada por povoados para os quais servia de mercado e "capital".

Talvez seja desnecessário dizer que as revoluções que eclodiram em 1848 e 1849 deixaram poucas marcas em Röcken. Nietzsche registra em *Aus meinem Leben*[3] que viu vagões carregados de homens eufóricos, que ele acreditava serem rebeldes, exibindo faixas ao longo da estrada que passava pelo presbitério. É sabido que o Pastor Nietzsche reprovava os levantes, que considerava atos de ingratidão para com seu amado rei, e cabe lembrar que a gravidade da ofensa de Wagner ao participar da revolta de Dresden, em maio de 1849, foi atribuída à ingratidão demonstrada para com o rei da Saxônia, que o salvara da miséria tornando-o regente da ópera real.

Mas nada disso interessava ao pequeno Fritz. A vida cotidiana, a sucessão constante de dias em que tudo o que varia é o clima e a segurança do lar que parece destinado a durar para sempre são os elementos básicos da infância e foram os elementos nos quais Nietzsche passou seus primeiros quatro anos. O idílio se desfez quando o Pastor Nietzsche ficou doente e faleceu aos 36 anos de idade. Este pode ter sido o evento decisivo na vida de Nietzsche: não há registro de nenhum outro tão provável de ter sido a causa de sua incapacidade, anos depois de se estabelecer em sua própria casa ou na de outra pessoa. Nada impressiona tanto, quando se procura enxergar sua vida como um todo, quanto a dicotomia entre a existência to-

---

3. Este documento foi escrito entre 18 de agosto e 1º de setembro de 1858, pouco antes de Nietzsche sair de casa para ingressar no internato de Landesschule Pforta. Ele quis registrar tudo que lembrasse da infância antes de partir.

talmente estável, doméstica e localizada de seus antepassados imediatos e mais distantes, e sua própria natureza cronicamente errante. Filho de uma família extremamente nacionalista e enraizada, ele se tornou um cosmopolita sem raízes. A doença que o atormentou nos últimos anos dificilmente pode ser responsabilizada por isso, como tem sido às vezes; pelo contrário, um homem doente seria mais propenso a evitar viagens e incerteza doméstica do que um saudável. Mas Nietzsche evitava instintivamente qualquer compromisso que pudesse prendê-lo a um determinado lugar. Nunca se casou nem teve filhos e esquivou-se do envolvimento com as instituições que proporcionam à maioria dos homens, até mesmo aos mais brilhantes, um ambiente estável para se viver: seria fantasioso enxergar no colapso repentino e – como deve ter sido para ele – catastrófico de seu lar de infância uma explicação para esse fato?

Ele era apaixonadamente ligado ao pai, e o impacto de sua perda foi profundo. *Aus meinem Leben* nos transmite a imagem dele guardada pelo filho e um registro dos sentimentos que acompanharam o testemunho angustiante de sua doença e morte. O Pastor Nietzsche, lemos, era "a imagem perfeita de um pastor rural".

> Dotado de espírito e de um coração bondoso [*Geist und Gemüt*], adornado com todas as virtudes de um cristão, levou uma vida simples e pacata, mas feliz, amado e admirado por todos os que o conheciam. Seus gestos polidos e sua natureza alegre embelezavam as várias reuniões sociais para as quais era convidado (...) Suas horas de lazer eram dedicadas à boa leitura e à música, e possuía um notável talento como pianista, especialmente na execução de variações livres (ou seja, improvisos; podia-se dizer o mesmo do próprio Nietzsche).

Uma descrição igualmente elogiosa é fornecida em *Mein Lebenslauf*, outro manuscrito autobiográfico, escrito em 1861:

> Ainda conservo em minha alma sua imagem vívida: uma figura alta e esguia, com traços delicados e comportamento amável e gentil. Estimado e bem-vindo em toda parte, tanto por sua conversa espirituosa quanto por sua cordial simpatia, era respeitado e querido pelos camponeses como um pastor cujas palavras e atitudes eram igualmente benéficas; o mais terno dos maridos e pai amoroso, era o modelo perfeito de um pastor rural.

A mais famosa recordação de Nietzsche sobre seu pai, escrita em 1888, tem sido desdenhada como sendo uma evidente idealização:

> (...) ele era delicado, amável e mórbido, como um ser destinado a fazer neste mundo apenas uma visita de passagem – antes uma lembrança graciosa da vida do que a vida em si. (EH/EH I, 1)

Contudo, em lugar da imagem idealizada de um pai na realidade esquecido, este parece mais um retrato de um homem doente à beira da morte: o Pastor Nietzsche como era em seus últimos nove meses de vida e a lembrança mais vívida que deixara em seu filho de 44 anos. É na linguagem de *Aus meinem Leben* que melhor se transmite o efeito desses últimos meses:

> Até então, conhecíamos apenas alegria e felicidade, nossa vida transcorrera serenamente como um dia claro de verão; mas agora ergueram-se nuvens negras, luziram relâmpagos e desabaram raios do céu. Em setembro de 1848, meu amado pai ficou mentalmente doente [*gemütskrank*] de maneira repentina. Todos nós confiávamos numa rápida recuperação. Nos dias em que se sentia melhor, ele sempre pedia que o deixássemos pregar novamente e retomar seus ensinamentos religiosos, pois seu espírito ativo não suportava ficar parado. Vários médicos tentaram descobrir a natureza da doença, mas em vão. Então trouxemos a Röcken o famoso doutor Opolcer, que se encontrava em Leipzig na ocasião. Este homem admirável soube imediatamente qual deveria ser o local da enfermidade. Para espanto de todos nós, ele diagnosticou um amolecimento do cérebro; embora não fosse um caso perdido, certamente era muito grave. Meu querido pai suportou dores terríveis, mas a doença se recusava a regredir, apenas piorava a cada dia. Ele ficou prostrado em seu leito até julho de 1849; então aproximou-se o dia de sua libertação. Em 26 de julho mergulhou numa letargia profunda e só voltou a despertar ocasionalmente (...) Morreu no dia 27 de julho de 1849. Quando acordei naquela manhã, ouvi choros e soluços à minha volta. Minha querida mãe entrou no aposento aos prantos, lamentando-se: "Ó, Deus! Meu querido Ludwig está morto!". Embora fosse ainda muito jovem e inexperiente, eu já fazia ideia do que fosse a morte: o pensamento de estar separado para sempre do meu amado pai tomou conta de mim e chorei amargamente. Os dias que se seguiram foram repletos de lágrimas e preparativos para o funeral. Ó, Deus! Eu me tornara órfão de pai, e minha querida mãe, viúva! – No dia 2 de agosto os restos mortais de meu querido pai foram confiados ao seio da terra (...) A cerimônia começou à uma da tarde, acompanhada pelo repicar dos sinos. Seu clangor surdo nunca sairá de meus ouvidos, jamais esquecerei a soturna melodia do hino "Jesu meine Zuversicht".

Esses eventos ocorreram quando o menino tinha 4 anos e foram registrados quando tinha 14; o sentimento de perda e a sensação de que o mundo havia desabado parecem ter aumentado ao invés de diminuir durante os dez anos decorridos.[4]

---

4. A citação de *Aus meinem Leben* é apenas um excerto: o funeral é registrado em consideráveis detalhes, com os nomes dos clérigos que presidiam o ofício. Nietzsche parece ter se lembrado da cena com grande exatidão. Em *Mein Lebenslauf* a morte de seu pai é novamente descrita, desta vez com um verso comemorativo: "*Ach sie haben / Einen guten Mann begraben, / Und mir war er mehr!*". Tudo isso treze anos após a morte de um pai que ele só conhecera na infância!

A natureza da doença do Pastor Nietzsche e sua causa têm sido calorosamente debatidas na literatura acerca de Nietzsche desde que o próprio Nietzsche perdeu a sanidade; de fato, não há testemunho mais poderoso do impacto que *Humano, demasiado humano* e suas obras subsequentes produziram nos leitores das décadas de 1880 e 1890 do que o evidente desejo que muitos deles tinham de provar que o autor estava louco. Espero mostrar que esse ponto de vista é insustentável quando viermos a discutir qual foi, provavelmente, a verdadeira causa do colapso de Nietzsche. Sobre a pergunta imediata acerca da possibilidade de ter herdado de seu pai uma fraqueza mental de algum tipo, a resposta deve ser um sonoro Não. Há escassa evidência sobre de que mal, exatamente, o Pastor Nietzsche estava sofrendo quando morreu. Tudo que se pode afirmar com certeza é que andava sujeito a pequenos ataques epiléticos ocasionais, que não reconhecia como tal e que não foram considerados graves o bastante para justificar tratamento ou vigilância; cerca de nove meses antes de sua morte, foi vítima de algum sofrimento nervoso ou cerebral que se revelou fatal. Franziska defendeu muito tempo depois (em uma declaração à clínica na Basileia) que ele havia morrido de "amolecimento do cérebro causado por uma queda de um lance de escada" mas nunca esteve "louco" de forma alguma. O termo *gemütskrank*, que Nietzsche usou aos 14 anos para descrever a condição em que seu pai decaiu, significa mentalmente perturbado ou melancólico; é um termo muito impreciso e não implica necessariamente (a rigor, não deveria implicar) insanidade no sentido clínico; certamente o próprio Nietzsche nunca foi *gemütskrank* e sim *geiteskrank*, não mentalmente perturbado e sim insano. Além disso, é pouco provável que o menino de 4 anos pudesse ter muito contato com o pai enquanto este estava "mentalmente perturbado", ou caso tivesse, que possa ter assimilado muita coisa além de uma sensação instintiva de que algo não estava bem.

A notória irresponsabilidade e deslealdade de Elizabeth em matéria de biografia tornam impossível citar seu testemunho em favor de qualquer controvérsia envolvendo divergência de opiniões. Em suas biografias do irmão, ela faz de tudo para afastar a suspeita de que o pai deles tivesse enlouquecido, mas faz isso de maneira que a suspeita pareça ter fundamento: adultera, por exemplo, a passagem de *Aus meinem Leben* em que Nietzsche escrevera "meu amado pai ficou *gemütskrank* de maneira repentina"; quando a citou no primeiro volume de sua autobiografia de 1895, ela escreveu: "meu amado pai ficou gravemente doente de maneira repentina em resultado de uma queda". Este é um exemplo típico do método de trabalho de Elizabeth. A conduta correta e mais sensata teria sido citar as palavras de Nietzsche e depois negar sua veracidade, alegando que a declaração de sua mãe expressava a verdade sobre o assunto e atribuindo o erro de Nietzsche à sua incapacidade juvenil de compreender o que acontecera ao pai deles. Além de não ter feito isso, depois de citar erroneamente o manuscrito de Nietzsche, ela não o destruiu, deixando-o no Arquivo para ser publicado em sua forma correta mais tarde.

As evidências de que o Pastor Nietzsche algum dia tenha ficado "insano" devem ser consideradas no mínimo inconclusivas; mas não há qualquer evidência de que tenha transmitido essa insanidade problemática ao seu filho. Isso é pura suposição: sabendo que Nietzsche sofrera um colapso mental e perdeu indiscutivelmente a razão, e descobrindo que o pai dele morrera de "amolecimento do cérebro", certas pessoas chegaram à conclusão conveniente, mas sem fundamento, de que os dois fatos estavam relacionados. A dedução óbvia, caso Nietzsche houvesse de fato herdado algum traço de insanidade de seu pai, foi efetivamente feita por Rohde, que, ao escrever para Overbeck em 4 de agosto de 1889 (ou seja, oito meses depois de Nietzsche ter perdido a razão), sugere caridosamente que Elizabeth também deve ter nela "as sementes da insanidade" e acrescenta: "Sempre houve algo de errado com ela.". (Rohde sabia que o Pastor Nietzsche devia ter sofrido algum tipo de transtorno mental.) Felizmente, seus receios quanto à sanidade de Elizabeth mostraram-se infundados: por mais que se possa reprovar sua conduta, não gostar de suas opiniões ou questionar seu julgamento, é impossível atribuir qualquer um deles à insanidade.

Porém, mesmo supondo-se que o colapso dos últimos meses de 1888 tenha tido um presságio anterior, ainda não há justificativa para achar que qualquer das obras de Nietzsche tenha sido afetada. A evolução de seu pensamento é bastante coerente de *Humano, Demasiado Humano* em diante e se torna ainda mais irrefutável à medida que ele se aproxima do fim. Foi a estranheza de suas ideias, e não qualquer falta de lógica em sua apresentação, que alienou os leitores de sua época, e o fato de ter perdido a razão facilitou ainda mais que essas ideias fossem rejeitadas como sendo produto de uma mente desequilibrada.

Voltando à família no presbitério de Röcken: o golpe da morte do pai foi seguido, nos primeiros dias de 1850, de uma segunda tragédia. O pequeno Joseph faleceu repentinamente; segundo sua mãe devido a "dores da dentição". Há uma possibilidade de que a leve epilepsia de seu pai tivesse voltado a se manifestar.

O sucessor do Pastor Nietzsche deveria chegar em abril daquele ano e, portanto, a família era obrigada a se mudar do presbitério. A avó de Nietzsche tinha fortes laços com a cidade de Naumburg, às margens do rio Saale, e para lá se dirigiu a família para iniciar uma nova fase de sua existência. Naumburg, na época, ainda era uma cidade murada: seus cinco portões eram fechados às dez da noite e só reabriam às cinco da manhã seguinte. À sua maneira, Naumburg era uma cidade tão tranquila e conservadora quanto Röcken, onde a vida não sofrera nenhuma mudança significativa havia pelo menos um século. Foi ali que Nietzsche viveu dos 6 aos 14 anos. Com exceção dele, a família agora era toda composta de mulheres e podemos facilmente traçar aqui um esboço dos anos que passou em Naumburg.

No verão de 1855 sua tia Augusta faleceu, e em abril de 1856 foi a vez de sua avó Erdmuthe. Graças à herança deixada pela avó, Franziska agora podia ter sua própria casa e no verão de 1856 mudou-se com os dois filhos para a casa de uma amiga, depois para sua própria moradia. Tinha somente 30 anos e embora nunca tenha se casado novamente, parece ter sido mais por falta de inclinação do que de oportunidade – teremos uma falsa impressão do ambiente doméstico de Nietzsche naquela época se o imaginarmos vivendo com uma "mãe viúva", com toda a melancolia e superproteção que o termo sugere – na verdade, só então, livre do domínio das mulheres mais velhas, é que ela recuperou propriamente o temperamento vivaz e alegre que fora sua característica mais marcante quando menina. No verão de 1958 mudou-se pela terceira vez, para o número 18 da rua Weingarten, onde viveria pelo resto da vida. Foi dessa casa que Nietzsche partiu quando deixou sua mãe pela primeira vez para ingressar no internato, e foi para essa casa que retornou, 31 anos depois, para que ela cuidasse dele até morrer.

Logo após sua chegada a Naumburg, ele foi matriculado na escola para meninos do local; tinha quase 6 anos e sua mãe já o havia ensinado a ler e escrever. Ali fez seus primeiros amigos: dois meninos de Naumburg chamados Wilhelm Pinder e Gustav Krug. A avó de Pinder era amiga da avó de Nietzsche e uma das personalidades mais importantes da cidade; o pai dele, que era membro do conselho municipal, era um apreciador de literatura e foi em sua casa que Nietzsche ouviu falar de Goethe pela primeira vez: o conselheiro Pinder leu a *Novelle* de Goethe para os três garotos. Krug era primo de Pinder, e o pai dele, um conhecido músico amador, costumava hospedar músicos visitantes que vinham tocar em Naumburg: a inclinação natural de Nietzsche para a música foi fortemente incentivada pelo que ouvia nessas ocasiões.

Nietzsche já foi acusado, por aqueles que parecem determinados a negar-lhe todas as qualidades humanas, de ser incapaz de ter amigos. Decerto que isso não é verdade. Ele teve em Overbeck um amigo para a vida toda, e se sua forte amizade com Rohde esmoreceu quando os caminhos de ambos se separaram, ela durou tanto quanto costumam durar as grandes amizades. Ninguém, aliás, escreveu em louvor à amizade de forma mais contundente e bela do que Nietzsche. No entanto, é preciso dizer que, muitas vezes, o que ele buscava num amigo era apenas uma confirmação ou eco de si mesmo, ou uma plateia para seus discursos. É raro vê-lo se apegar a outra pessoa exclusivamente por suas qualidades humanas (Overbeck é a principal exceção). Neste aspecto, como em muitos outros, ele se parecia tanto com Wagner que a descrição de Ernest Newman sobre o que Wagner esperava de um amigo também se aplica perfeitamente a Nietzsche:

> Ele precisava de um receptáculo para sua vulcânica torrente de ideias, e de incentivo para sua realização; e o verdadeiro amigo, do ponto de vista dele, era aquele que se entregava mais completamente ao papel de ouvinte e auxiliador. De certo modo, como todos os homens que predominam sobre seus companheiros, ele era grande demais para a amizade comum: não pode haver amizade genuína entre a montanha central e os montes que a circundam – apenas um olhar para cima num dos casos e um olhar para baixo no outro. "Uma lei deplorável que governa a genialidade", afirma Romain Rolland com muita propriedade, "parece decretar que, com as mentes superiores, é necessária uma forte dose de mediocridade no outro para satisfazer as necessidades da amizade. Um gênio construirá apenas uma amizade passageira com seus semelhantes."[5]

Isso não é exatamente o mesmo que dizer que um homem genial é incapaz de amizade *alguma*, e não se deve deduzir a partir da afirmação de Rolland que tal homem deseja apenas admiração. O colaborador mais próximo de Nietzsche, após seu rompimento com Wagner, foi Peter Gast, um homem que não possuía o seu brilho intelectual (como Gast reconhecia muito claramente), mas cheio de admiração por Nietzsche. Gast tinha uma letra muito bonita e legível; a caligrafia de Nietzsche nunca foi muito boa e foi piorando à medida que sua visão se deteriorava até se tornar um

5. NEWMAN, E. *The Life of Richard Wagner*. v. I. Londres, 1933. p. 89.

garrancho quase ilegível que somente Gast era capaz de decifrar; é difícil imaginar como Nietzsche conseguiria deixar seus manuscritos em condições adequadas para impressão sem a ajuda de Gast. A posteridade tem uma dívida para com o imenso trabalho realizado por Gast como copista, que nunca foi devidamente reconhecido. Além disso, Gast estava sempre pronto a largar qualquer coisa que estivesse fazendo para auxiliar Nietzsche toda vez que ele precisasse. Diante disso, Nietzsche realmente teria sido o monstro de ingratidão, como às vezes o pintam, se tivesse aceitado a dedicação de Gast sem sentir nenhum tipo de obrigação em relação a ele. Mas, na verdade, ele sentiu. Gast era compositor por profissão e sabe-se que Nietzsche fez tudo o que podia para promover a carreira de seu amigo, garantindo ou tentando garantir a apresentação de suas músicas sempre que podia e elogiando o talento medíocre de Gast como se fosse um "segundo Mozart". Naturalmente, os críticos de Nietzsche ridicularizavam a extravagância de seus elogios às composições de Gast, alegando não ver nada nelas além da revelação de quão absurdas eram as pretensões de seu julgamento estético. São esses mesmos cavalheiros, em geral, que também o acusam de ser incapaz de ter amigos.

Sua amizade de infância com Pinder e Krug, em alguns aspectos, era um modelo do que uma amizade como essa poderia ser. Que Nietzsche fosse o parceiro dominante, isso era inevitável (a amizade não teria surgido se não fosse assim); mas certamente foi porque ele era o mais talentoso dos três. Embora não fosse uma criança prodígio, sua capacidade intelectual e artística era evidente desde o início, e não foi surpresa alguma quando lhe concederam uma bolsa na famosa escola Pforta. Em todo caso, o esquema devia ser conveniente para os outros dois, uma vez que a amizade não apenas perdurou durante os anos de juventude como também resistiu à separação ocasionada quando Nietzsche partiu de Naumburg para Pforta e então deu seus melhores frutos na "Germania", uma pequena sociedade literária que os três amigos formaram para promover seu desenvolvimento artístico e que mantiveram por três anos. Finalmente, foi Krug quem apresentou a Nietzsche as obras de Wagner. Os amigos só deixaram de se ver e ajudar mutuamente quando Nietzsche partiu de Pforta para Bonn e Leipzig, e seu tempo de infância realmente chegou ao fim.

Os anos escolares em Naumburg se passaram sem maiores contratempos. Na primavera de 1851, Nietzsche e seus dois amigos foram transferidos da escola municipal para uma escola preparatória particular, onde permaneceram até o outono de 1854 e onde Nietzsche obteve seus primeiros fundamentos de latim e grego. Depois passaram para o ensino mais avançado no *Domgymnasium*; após quatro anos ali, Nietzsche foi contemplado com uma bolsa em Pforta. Ele deixou o *Gymnasium* ao fim do período letivo de verão em 1858 e começou em Pforta no dia 5 de outubro. Não teve grande dificuldade com as tarefas escolares. Embora fosse um menino estudioso, não era nenhum rato de biblioteca; como se poderia esperar a partir de seu caráter posterior, evitava a confusão das ruas, e sua miopia, que já se manifestara,[6] dificultava sua participação nos esportes escolares, mas ele estava sempre disposto para o tipo de atividade ao ar livre em que sentia poder se destacar. Aprendeu cedo a nadar e foi sempre um nadador acima da média; tornou-se também um excelente patinador, e participava das longas caminhadas que parecem viciar alemães de todas as idades. Tinha uma compleição robusta e não era fraco fisicamente: o vigor que permitiu ao homem aguentar tantos anos de doença já estava presente no garoto.

O ponto fraco de sua constituição eram os olhos. Logo que entrou na escola foi obrigado a usar óculos, e teve de continuar a usá-los pelo resto da vida; embora nunca tenha ficado cego, a possibilidade de que sua visão se deteriorasse quase ao ponto da cegueira sempre esteve presente. Sem dúvida, a quantidade de coisas que lia e escrevia quando era garoto teve um efeito prejudicial e contribuiu para as dores de cabeça que começaram a atormentá-lo e das quais nunca mais se livrou totalmente: durante o verão de 1856 obteve uma licença escolar por um período, devido ao problema ocular e dores de cabeça persistentes.

Embora Pforta ficasse a apenas uma hora a pé de Naumburg, a mudança de Nietzsche para lá marcou o fim de uma época em sua vida e o início de outra. Sua existência até os 14 anos havia sido reclusa: agarrado ao seio de uma mãe amorosa, primeiro num pequeno vilarejo rural e depois numa cidade provinciana maior, porém não menos pacata, ele sabia pouco das realidades do mundo em geral, e a disciplina espartana de Pforta representava o maior contraste possível com o aconchegante sossego doméstico no qual repousara até então. Mas antes de o acompanharmos até Pforta, vejamos o que andou fazendo como artista e filósofo incipiente nesses primeiros anos.

6. Elizabeth também era míope; essa foi a única coisa que as duas crianças *realmente* herdaram de seu pai.

3

Outros filósofos escreveram poesia e outros poetas filosofaram, mas somente em Platão as capacidades intelectual e artística se combinaram em nível tão elevado quanto em Nietzsche. Contudo, esse talento duplo diminuiu sua reputação como filósofo e talvez ainda seja necessário insistir que ele, de fato, *era* um filósofo e não um poeta e aforista com algumas ideias fixas. Sua memorabilidade o desfavoreceu: pequenos trechos ficam na memória, porém fora de seu contexto, e por isso às vezes quase sem sentido ou passíveis de serem muito mal interpretados. Ele tinha temperamento de artista e, por essa razão, seus escritos filósoficos são impuros no sentido de que misturam razão e sensibilidade, lógica e retórica, e às vezes *Dichtung und Wahrheit*, de forma a desconcertar a mente organizada que tenta descobrir "o que Nietzsche quer dizer". Se o filósofo demorou tanto para se tornar objeto de estudo regular em nossas universidades, a culpa é do artista; pois, embora o filósofo provesse o conteúdo, era o artista quem ditava a forma, o que muitas vezes prioriza a arte em detrimento da clareza lógica, criando o que o estudante ansioso para "destrinchar" Nietzsche (e talvez se livrar logo dele) considera uma dificuldade desnecessária.

Mas apesar destas desvantagens, o artista existente em Nietzsche foi sua salvação. Por ser um artista e também um pensador, ele escapou dos vícios da filosofia alemã; e por estar em contato com o que há de valioso e profundo na filosofia alemã, esquivou-se também do pensamento desmazelado do filósofo ou do sarcástico aforista. Enumerar os defeitos opostos dessas duas classes de pensadores é indicar a estreiteza da aresta sobre a qual ele se encontrava.

Os defeitos da filosofia alemã são os do profissionalismo: um ambiente fechado, livros em vez de vida, incapacidade de comunicar descobertas ao mundo em geral, desprezo pelo estilo adequado, endogamia, falta de cultura geral, tremendo rigor. Os defeitos dos *philosophe* cultos são os do amadorismo: excesso de interesses, superficialidade, o cultivo do estilo adequado como um fim em si mesmo, o sacrifício da verdade pela espirituosidade, falta de honestidade intelectual, o filosofar sem filosofia, inconsistência. Nietzsche atinge um equilíbrio entre esses dois tipos de mente e dois estilos de expressão: é profundo, mas não obscuro; almeja ter um bom estilo, mas conciliado a um bom pensamento; é sério, mas não rigoroso; é um crítico sensível das artes e da cultura, mas não um esteta; é aforista e epigramatista, mas seus aforismos e epigramas decorrem de uma filosofia consistente; é o mais espirituoso dos filósofos, mas raramente sucumbe à tentação de sacrificar a verdade por uma frase espirituosa; tem muitos interesses, mas nunca perde de vista seus interesses principais. Alcança, especialmente em suas obras mais tardias, uma concisão e limpidez sabidamente raras na escrita alemã: nenhum pensador moderno de tamanha profundeza teve sob seu comando um instrumento de expressão tão flexível.

Ele foi precoce intelectualmente, mas não precocemente original, e somente aos 34 anos surgiu sua primeira obra de grande importância, *Humano, Demasiado Humano*. A primeira de todas – os poemas e outros escritos dos anos que passou em Naumburg até 1858 – possui, na verdade, um estilo bem pouco característico: o tema e o tratamento são convencionais e nota-se uma ausência da espontaneidade revelada por muitas crianças bem menos talentosas em suas primeiras tentativas. Em *Aus meinem Leben*, de 1858, ele dividiu sua produção poética até aquela data em três períodos: o primeiro foi dedicado à descrição de cenários naturais e acontecimentos dramáticos em versos desgovernados e muitas vezes sem rimas ("Tempestade no mar", "Salvamento", "Naufrágio", "Tormenta"); depois procurou trazer forma e dimensão ao caos, mas conseguiu produzir apenas opacidade ("Andrômeda", "Os argonautas", "Dríope"); por fim, fez um esforço consciente para unir as qualidades formais do segundo período com a paixão do primeiro ("Para onde?", "A cotovia", "O lamento do rouxinol", "A despedida de Heitor", "Barbarossa"). Em 1857 escreveu um poema durante o cerco de Sebastopol: com Pinder e Krug lutou na Guerra da Crimeia em seu quintal, sendo por alguma razão apaixonadamente a favor dos russos. Enumera 46 poemas compostos durante os anos de 1855 a 1858 e afirma expressamente que se trata apenas de uma seleção; provavelmente escreveu cerca de uma centena. O sinal de que era um escritor nato, contudo, não seria encontrado neles, e sim num comentário de *Aus meinem Leben*, onde, descrevendo suas primeiras tentativas poéticas, afirma: "Em todo o caso, sempre foi minha intenção escrever um pequeno livro e depois lê-lo eu mesmo" – uma expressão pueril do narcisismo do verdadeiro artista, que trabalha porque deseja admirar o que fez. Entre outras iniciativas de sua juventude estavam duas peças curtas sobre temas clássicos escritas com a colaboração de Pinder e, durante o ano de 1856, o início de um romance que se chamaria *Morte e Destruição*. A obra mais convincente foi a já citada *Aus meinem Leben*: escrita em prosa simples e direta, sem dizer nada além do que pretende, é uma proeza digna de mérito para um garoto que ainda não completara 14 anos.

O valor desses escritos de juventude para um estudo de Nietzsche é que eles fornecem ao estudante um ponto de partida: demonstram mais claramente do que qualquer relato indireto quanto ele era devoto quando menino. Não era de se esperar que já tivesse sérias dúvidas, muito menos que formulasse objeções; mas a força de sua religiosidade é impressionante:

> Já vivi tanta coisa - alegrias e tristezas, momentos felizes e infelizes - mas em todos eles Deus me guiou com a mesma segurança com que um pai guia seu filho pequeno e frágil (...) Tomei a firme decisão de me dedicar para sempre a Seu serviço. Que o Senhor me dê forças para realizar meu propósito e me proteja em meu caminho de vida. Como uma criança, confio em Sua graça: que Ele nos guarde e proteja de qualquer infortúnio. Mas que seja feita a Sua sagrada vontade! Dele tudo aceitarei com alegria: satisfação ou descontentamento, pobreza ou riqueza, e enfrentarei corajosamente até mesmo a morte, que um dia unirá todos nós em eterna alegria e bem-aventurança. Senhor, que a Tua face brilhe sobre nós para sempre! Amém! (*Aus meinem Leben*).

CAPÍTULO 2
O COLEGIAL

A juventude é desagradável,
pois nessa idade não é possível ou razoável
ser produtivo em qualquer sentido que seja.
(MA/HH 539)

1

Pforta era uma escola rígida e puxada, mas era o que Nietzsche precisava aos 14 anos. Como na maioria das escolas públicas da época, seu regulamento parecia destinado a uma prisão para delinquentes contumazes, mas engana-se quem acha isso prejudicial a um garoto que precisa aprender de algum modo que conforto e felicidade não são a mesma coisa, e pode muito bem aprender isso com pessoas que se preocupam com seu bem-estar. Ele nos deixou um relato de um dia típico na rotina escolar de Pforta.[7] Os alunos eram acordados às quatro horas da manhã a tinham de estar prontos para as atividades às cinco; as aulas começavam às seis e, de uma forma ou de outra, iam até o meio-dia. Elas recomeçavam à uma e quinze da tarde e iam até as dez para as quatro. Havia outras aulas à noite e todos se recolhiam às nove horas. A conduta às refeições era rigorosamente controlada e os estudantes tinham pouco mais de uma hora por dia para fazer o que quisessem. Esta rotina era seguida cinco vezes por semana. O domingo era livre e havia um outro dia em que os internos podiam ficar na cama uma hora a mais e depois passar o tempo revisando o trabalho da semana. E havia também, é claro, as longas férias escolares em que podiam se refazer. No início, Nietzsche não gostou nem um pouco dessa vida. Ele sentia muita saudade de casa: em fevereiro de 1859, depois de quatro meses em Pforta, foi tomado por um desejo avassalador

---

7. *Diário de Pforta*, 9 de agosto de 1859.

de sair de lá e voltar para casa, e sofreu uma crise semelhante ao retornar das férias de verão do mesmo ano. Confidenciou seus problemas a seu tutor, Buddensieg, que o ajudou a se recuperar,[8] tornando-se depois disso uma espécie de aluno modelo, principalmente por se destacar nas disciplinas que a escola mais valorizava.

O real interesse de Pforta estava no grego e no latim, e em menor grau nos clássicos alemães. Como afirma Richard Blunck, a escola era basicamente um mundo de livros: os alunos não respiravam o ar da Europa moderna, mas sim o da Grécia e Roma antigas e o da Alemanha de Goethe e Schiller, e exclusivamente na qualidade de ex-aluno de Pforta é que Nietzsche deve ter se tornado professor de filologia clássica, pois era para isso que o currículo de Pforta mais se indicava. Decididamente, a matemática e as ciências vinham em segundo lugar, e para Nietzsche a matemática era a pior matéria: se não tivesse conquistado uma reputação tão elevada como erudito clássico, não teria passado nos exames finais por conta de seu fraco desempenho no exame de matemática. (Os examinadores teriam estado a ponto de reprová-lo por causa disso, quando um deles exclamou: "Mas, senhores, vamos mesmo reprovar o melhor aluno que Pforta já teve?".) Mas ele não alcançou nenhum brilho excepcional em seus outros estudos não clássicos. Estudou hebraico devido a sua intenção de se dedicar à teologia, mas nunca conseguiu dominar a gramática, e de modo geral foi um mau aluno das línguas modernas: leu Shakespeare e Byron em traduções alemãs, não aprendeu a dominar o italiano nem quando morava na Itália e só conseguia ler em francês com ajuda de um dicionário.

Seus estudos não consumiam toda sua energia intelectual e, como um escape para seus talentos em desenvolvimento, propôs a seus amigos de Naumburg, Pinder e Krug, a formação uma sociedade literária e musical chamada "Germania", sob os auspícios da qual poderiam ouvir ou ler as produções de cada um e debatê-las. A sociedade foi constituída com a devida solenidade no dia 25 de julho de 1860 e, durante os três anos seguintes, os amigos se encontraram regularmente para ler em voz alta o que haviam escrito ou tocar o que haviam composto. A primeira obra de Nietzsche para a "Germania" foi musical: composições para um oratório de Natal; em seguida vieram poemas e ensaios, e em abril de 1862, *Destino e História*, seu primeiro ensaio de filosofia.

---

8. A referência ao dia 6 de agosto do *Diário de Pforta* traz uma lista de antídotos para combater a saudade de casa, fornecida por Buddensieg.

Em março de 1861, Krug discorreu na sociedade sobre "Algumas Cenas de *Tristan und Isolde*". A "Germania" assinava a revista *Neue Zeitschrift für Musik*, que na época fazia intensa propaganda de Wagner e da "nova música", e comprara uma cópia do arranjo de Bülow para piano da partitura de *Tristan*, que surgira em 1859. Krug já se interessava muito por Wagner e procurava despertar o interesse de Nietzsche: ele tocava várias peças da ópera, e Nietzsche, que era um ótimo pianista naquela época, acompanhava-o no teclado tentando ler a difícil e desconhecida partitura, sendo que os dois jovens faziam o melhor que podiam na parte vocal. Estas sessões aconteciam na casa de Nietzsche, e Elizabeth registra quanto eram terríveis os sons que vinham da sala de visitas onde elas aconteciam. Krug também falou à sociedade sobre a *Abertura Fausto* e *Das Rheingold*. Esta foi a apresentação de Nietzsche a Wagner, e o deixou perplexo na ocasião – embora devesse perceber que a interpretação dele e de Krug para *Tristan* dificilmente faria justiça à obra. Seu compositor favorito ao longo do período que passou em Pforta foi Schumann, cujo romantismo comedido achava mais de seu agrado do que o abandono desenfreado (como então o via) de Wagner e Liszt, e cujo exemplo seguiu em suas próprias tentativas como compositor.

Essa obra literária e musical era totalmente extracurricular, é claro, mas seu trabalho na escola também estava dando frutos: a 1861 pertencem os ensaios sobre Hölderlin e Byron, e seus estudos sobre a saga de Hermenerico e a mitologia nórdica em geral, que prosseguiram até outubro de 1863. Foi por meio destes últimos que travou conhecimento com Carl von Gersdorff, com quem manteve relações de amizade por muitos anos. (Gersdorff era um aluno não interno do professor de estudos alemães, que lhe mostrou o ensaio de Nietzsche sobre Hermenerico, manifestando grande satisfação; por conseguinte Gersdorff fez questão de conhecer Nietzsche.) Também adquiriu uma noção dos princípios da crítica acadêmica. Até então lera as Escrituras com o olhar pouco crítico de um fiel; agora estava aprendendo a fazer delas uma apreciação mais inteligente e, portanto, mais cética: começava a ver que não havia justificativa para ler a Bíblia de forma desleixada e ignorante se todos os recursos da crítica histórica e acadêmica pesavam sobre os textos gregos e romanos. Na Páscoa de 1861 recebeu o sacramento da confirmação junto com Paul Deussen, que também era aluno de Pforta e manteve sua ligação com Nietzsche até a morte deste. Durante as semanas que precederam a confirmação, ambos ficaram numa espécie de êxtase religioso que se dissipou logo após o fim da cerimônia e nunca mais voltou: os dias de inocência de Nietzsche estavam contados, e em menos de um ano ele já era capaz de declarar que a religião era um "produto da infância dos povos".

Mas esta não era a única mudança que lhe ocorria. Estava agora na perturbadora fase da puberdade, e o aluno modelo começava a mostrar sinais de insubordinação. Sua manifestação literária é o fragmento em prosa *Eufórion*, escrito nas férias de verão de 1862. Ele foi preservado por um tal de Granier, colega do internato para quem Nietzsche o enviou de Gorenzen, onde se encontrava, em 20 de julho: o fragmento revela um desespero juvenil parte cínico, parte sentimental. Na carta que acompanhava o manuscrito, Nietzsche escreveu: "Atirei longe de desgosto o rascunho de minha história repulsiva depois de escrever o primeiro capítulo. Estou enviando o manuscrito dessa aberração para que o utilize – seja lá como quiser"[9]. Nos primeiros meses de 1863, ele começou a se comportar mal além de escrever mal. Ficou muito apegado a um jovem bastante rebelde chamado Guido Meyer, que estava sempre envolvido em algum tipo de encrenca com as autoridades escolares. Pouco tempo depois Meyer foi expulso; Nietzsche, em uma carta para a mãe e a irmã, chamou o dia da partida de Meyer, 1º de março, de "o dia mais triste que passei em Pforta". Adquiriu o hábito de ficar até tarde bebendo e conversando com o referido Granier, entre outros, e às vezes se sentia meio indisposto na manhã seguinte, não muito interessado em gramática grega. O fato culminante ocorreu em 14 de abril, um domingo: ele e um outro aluno chamado Richter desceram até a cidade próxima de Kösen e tomaram quatro canecas de cerveja cada um, na estação ferroviária; na volta para a escola tiveram o azar de encontrar um professor, que ficou escandalizado ao ver que Nietzsche estava bêbado e Richter mais ainda. Eles foram devidamente punidos depois, e Nietzsche deixou de ser monitor por algum tempo, um rebaixamento que parece tê-lo abalado. Em uma carta para a mãe escrita na terça-feira seguinte ele promete tentar se recompor. "Não tenho nenhuma desculpa", escreve, "exceto que não sei quanto posso beber e que estávamos meio empolgados naquela tarde." E desde então parece realmente ter se recomposto; pelo menos o livro de castigos de Pforta não contém mais nada a seu respeito.

9. BLUNCK, R. op. cit., p. 87.

Entretanto, continua a figurar no registro de doenças. As dores de cabeça que haviam começado quando chegou à escola estavam ficando piores. Teve uma crise particularmente grave em meados de janeiro de 1861, e novamente em fevereiro, tendo sido dispensado para casa por duas semanas; mas as dores de cabeça persistiam, e ele escreveu em seu diário: "Preciso aprender a me acostumar com isso.". Existem vinte anotações no registro de doenças entre março de 1859 e maio de 1864 afirmando que, além das dores de cabeça, sofreu de reumatismo, catarro, resfriados e congestão enquanto esteve em Pforta, com crises que duravam em média uma semana.

Deixou Pforta em 4 de setembro de 1864. Seu *Valediktionsarbeit* foi *De Theognide Megarensi* (Sobre Teógnis de Mégara), escrito em latim e seu primeiro estudo original em filologia. Houve uma cerimônia de despedida no dia 7 e, depois disso, ele escreveu o melhor de seus poemas primevos, "Dem unbekannten Gott" (Ao Deus desconhecido). No mês seguinte ingressou na Universidade de Bonn como estudante de filologia e teologia.

Cabe destacar, em relação ao fato de Nietzsche beber enquanto estava em Pforta, que a embriaguez não era nada incomum nas escolas públicas daquela época. Pforta gozava na Prússia de um prestígio semelhante ao da Rugby School, na Inglaterra, e a quantidade de bebedeiras que ocorriam em Rugby é famosa.

2

Recapitular a obra literária dos anos em Pforta é ver o estilo, as ideias e as emoções do Nietzsche maduro começando a aparecer. Para começar, seu interesse principal ainda era a poesia, mas sua ânsia de expressar sentimentos subjetivos em versos agora competia com um desejo de aprender. "No momento estou dominado por uma ânsia incomum de conhecimento, de cultura geral [*Bildung*]", escreveu em agosto de 1859; "foi Humboldt quem despertou isto em mim. Se pelo menos fosse permanente como minha dedicação à poesia!". Sua dedicação à poesia, contudo, estava começando a ser recompensada: ele desenvolvera um estilo de verso extremamente rítmico e eufônico no qual era capaz de expressar algo de seus verdadeiros sentimentos. Em seu primeiro poema de genuína qualidade, "Ohne Heimat" (Sem lar), escrito em 10 de agosto de 1859, ele faz soar pela primeira vez um refrão que apareceria várias vezes em seus escritos posteriores: "ele não tem lar, por isso é livre":

Flüchtge Rosse tragen
Mich ohn Furcht und Zagen
Durch die weite Fern.
Und wer mich sieht, der kennt mich,
Und wer mich kennt, der nennt mich:
Den heimatslosen Herrn (...)

Niemand darf es wagen,
Mich danach zu fragen,
Wo mein Heimat sei:
Ich bin wohl nie gebunden
An Raum und flüchtge Stunden,
Bin wie der Aar so frei! (...)

(Cavalos velozes me levem, sem temor nem desânimo, por lugares distantes. Quem me vê me conhece, e quem me conhece me chama: o homem sem lar. Ninguém se atreve a me perguntar onde fica o meu lar: talvez eu nunca tenha sido acorrentado ao espaço e às horas fugazes, sou livre como uma águia.)[10]

Um pensamento semelhante é expresso de modo mais concreto em *Capri e Helgoland*, uma história fragmentada escrita mais ou menos na mesma época: "Somos peregrinos neste mundo – cidadãos do mundo.". Ele já pensava em si mesmo como um *Weltbürger*, ao menos ocasionalmente, e não como um prussiano, e sua transformação no "bom europeu" de anos posteriores sem dúvida teria amadurecido mais cedo se sua associação com Wagner não a tivesse retardado. Sua profunda antipatia pelo patriotismo tacanho pode ser vista com mais clareza no ensaio sobre Hölderlin, escrito em 19 de outubro de 1861. Hoje em dia quase venerado como um ser de uma esfera superior, Hölderlin era pouco conhecido naquele tempo e a reputação que possuía era baseada principalmente em seus ataques à Alemanha de sua época. Nietzsche defende o poema e tenta justificar sua investida contra o filisteísmo e a "barbárie" alemães, sustentando que isso não significa "atacar a Alemanha". O próprio Nietzsche, depois, foi bem mais longe que Hölderlin nesse sentido, e a crítica *dele* ao filisteísmo e à barbárie alemães expandiu-se para uma condenação radical do Estado e do povo inteiros. (Mas Hölderlin viveu no tempo de Goethe e Schiller, e Nietzsche no tempo de Wagner e do *Reich*.) As semelhanças entre os dois são frequentemente notadas e bastante evidentes: ambos foram muito in-

10. Objetivamente, é claro, ele tinha um lar em Naumburg; mas, como procurei indicar acima, sua sensação subjetiva de não ter um lar teve origem na morte do pai.

fluenciados pelo mundo helênico, ambos reagiram violentamente contra a Alemanha de sua época e ambos morreram após um longo período de insanidade; Nietzsche chama a prosa de *Hipérion* de "verdadeira música" e o mesmo já foi dito sobre a prosa de *Zaratustra*. O tutor que leu esse ensaio o aprovou, mas escreveu embaixo: "Devo dar ao autor o conselho camarada de se dedicar a um poeta mais sadio, mais claro e *mais alemão*"[11].

O ensaio sobre Byron (escrito em dezembro de 1861) é menos interessante, mesmo porque a reputação de Byron precisava ser esvaziada e não aumentada, e Nietzsche, aqui, está apenas reiterando a visão vigente a seu respeito. O que ele viu em Byron foi essencialmente o que seus contemporâneos e compatriotas viram: Karl Moor materializado. O herói-vilão de Schiller ainda era o arquétipo do rebelde romântico para os jovens alemães da década de 1860 – o entusiasmo de Nietzsche por Schiller naquela época era quase totalmente baseado num entusiasmo por *Os Ladrões* – e Byron era o homem que fizera o que Schiller apenas sonhara fazer. A admiração pelo "herói fora da lei" está implícita no ensaio de Nietzsche; é na verdade admiração pelo homem que tem a coragem de seguir seus instintos, e como isso é muito diferente do que ele quis dizer mais tarde com "super-homem", seria um erro superestimar a influência de Byron sobre este conceito. (Nietzsche se refere ao Manfredo de Byron como um "*Übermensch* que controla espíritos", mas a palavra não carrega outro significado além de um homem de grande paixão e força, ou talvez "quase um semideus"; o significado específico que ele lhe atribuiu posteriormente não pode ser enxergado aqui.)

Sua defesa de Byron, na verdade, era apenas um aspecto de sua crescente inquietação influenciada pelo amadurecer da sexualidade; esta relação fica muito clara a partir do fragmento de *Eufórion* escrito no verão de 1862.[12] Esta história, que Nietzsche estava certo em chamar de aberração, é um emaranhado de absurdos "satânicos":

> Uma enxurrada de harmonias suaves e relaxantes varre minha alma, [Eufórion nos informa.] Não sei por que me sinto tão triste; gostaria de chorar e depois morrer (...) O vermelho da manhã arde no céu, um fogo de artifício gasto que me entedia. Meus olhos faíscam com mais ardor, temo que possam

11. BLUNCK, R. op. cit., p. 60; em itálico no original. Para mais informações acerca deste ensaio sobre Hölderlin, consultar o Posfácio.

12. Era sabido que Eufórion, o filho de Fausto e Helena na segunda parte do *Fausto* de Goethe, representava Byron, cuja obra era considerada uma combinação do gótico e do helênico em uma nova e maravilhosa síntese; o Eufórion de Nietzsche é o próprio Nietzsche se fazendo de Byron.

> abrir buracos no céu. Sinto que irrompi de meu casulo, eu me conheço por completo e tudo que desejo é encontrar a cabeça de meu *Doppelgänger*, para poder dissecar seu cérebro (...) [O fragmento termina com:] No caminho mora uma freira que visito ocasionalmente a fim de desfrutar sua moralidade. Conheço-a muito bem, da cabeça aos pés, melhor do que a mim mesmo. Costumava ser uma freira esguia e frágil – eu era médico (...) Ela vive maritalmente com seu irmão (...) Eu o deixei magro e franzino – como um cadáver. Morrerá logo – para meu grande deleite, pois pretendo dissecá-lo. Mas primeiro escreverei a história de minha vida, porque, além de ser interessante, é também instrutiva acerca de como transformar jovens em velhos rapidamente (...) pois nisto sou mestre. (...) – Neste ponto Eufórion se recostou e soltou um gemido, pois sofria da coluna (...)

O ânimo rebelde que deu origem a isso perdurou até 1863. Um dos poemas daquele ano, "Vor dem Kruzifix", retrata um beberrão atirando uma garrafa de aguardente numa figura de Cristo Crucificado. Evidentemente, este é um gesto pseudobyroniano, mas também exprime algo mais profundo e duradouro em Nietzsche do que sua transitória fase de revolta byroniana. Em abril de 1862 ele escreveu uma carta para Pinder e Krug: "O cristianismo é, essencialmente, um assunto do coração (...) Adquirir bem-aventurança por meio da fé é não demonstrar nada além da verdade antiga de que somente o coração, e não o conhecimento, pode nos fazer feliz.". Mais ou menos na mesma época escrevera para a "Germania" um ensaio chamado *Da infância dos povos* no qual sustentava que, embora a religião fosse inicialmente um sinal da criatividade dos povos, em sua forma tardia o seu principal efeito era roubar toda a divindade "deste mundo" em favor do "próximo mundo".

> O fato de Deus ter se tornado homem, [escreve ele,] indica apenas que o homem não deve buscar sua bem-aventurança na eternidade, e sim fundar seu paraíso na terra; a ilusão de um mundo supraterreno levou o espírito humano a uma atitude equivocada perante o mundo terreno: isso foi produto da infância dos povos.

Ele havia deixado de ser um cristão fiel, e com o declínio de sua fé no cristianismo vieram dúvidas sobre a validade da religião como tal. Sua tentativa mais concreta de descarregar essas dúvidas foi o ensaio *Destino e História*, escrito em março de 1862 e apresentado à "Germania" em abril:

> Se pudéssemos contemplar a doutrina cristã e a história da Igreja com um olhar isento e livre, deveríamos chegar a muitas conclusões contrárias às ideias geralmente aceitas. Mas, como estamos reduzidos ao jugo do hábito e do preconceito desde os nossos primeiros dias, inibidos na evolução do

> nosso intelecto [*Geist*] pelas impressões da nossa infância, (...) vemo-nos obrigados a considerar quase um crime a escolha de um ponto de vista mais livre a partir do qual possamos emitir um juízo imparcial e adequado às necessidades da nossa época sobre a religião e o cristianismo. Uma tentativa como esta [*Versuch*] não é obra de algumas semanas, mas de uma vida inteira. Ousar aventurar-se no mar da dúvida sem bússola nem timoneiro é morte e destruição para os cérebros imaturos; a maioria deles é arrastada pelas tempestades e pouquíssimos descobrem novas terras. Em meio a este imensurável oceano de ideias, muitas vezes se anseia por voltar à terra firme.

Ele recomenda a história e a ciência como "os únicos fundamentos sólidos sobre os quais podemos construir a torre de nossas especulações" e cabe notar que sua desilusão com o cristianismo e a religião não o levaram a nenhum outro dogmatismo ou ortodoxia, mas sim a uma condição de dúvida permanente. Já chama a investigação filosófica de *Versuch* – uma tentativa ou experimento – e emprega a imagética de uma tempestade para descrever o estado de inconvicção em que vive o verdadeiro investigador, prenunciando o estilo de *Zaratustra*:

> Nunca viram cruzar o mar uma vela redonda, inflada e trêmula diante da impetuosidade do vento? Semelhante à vela, trêmula diante da impetuosidade do espírito, assim cruza o mar a minha sabedoria. (Za/ZA II, 8)
>
> A vocês, audazes exploradores e aventureiros [*Suchern*, *Versuchern*], e a todo aquele que tenha se lançado com ardilosas velas por mares inexplorados (...) (Za/ZA III, 2)
>
> O mar arrebenta: tudo está no mar. Pois muito bem! Avante, velhos corações de marinheiros! Nada de terra pátria! Queremos rumar para *longe*, onde está a *terra de nossos filhos*! Lá onde arrebenta o nosso grande anseio, mais tempestuoso do que o mar. (Za/ZA III, 12, 28)

No mais tardar até 1862 ele já havia trocado a certeza religiosa pelo seu oposto, e logo estava recomendando a condição de incerteza, de mudar de opinião e humor constantemente, como desejável por si só:

> O conflito[13] é o alimento perpétuo da alma, que sabe muito bem como extrair dele a doçura. A alma destrói ao mesmo tempo em que produz coisas novas; luta furiosamente, mas atrai para si com delicadeza o adversário, unindo-se a ele em seu interior. E o mais maravilhoso é que ela nunca se importa com os aspectos externos – nomes, pessoas, lugares, palavras bonitas, floreios,

13. *Kampf*. Nietzsche emprega os termos *Kampf*, *Krieg*, *Streit* sem muita distinção para indicar um estado de combate ativo e agressivo em oposição a um estado de paz e tranquilidade. "Conflito" parece ser a melhor tradução desses termos como são usados por Nietzsche. Que não se refere ao conflito armado entre nações, isso fica evidente.

> tudo isto tem menos valor; dá importância ao que está por dentro (...) Penso agora em tantos que amei; os nomes e as pessoas mudaram, e não estou dizendo que sua natureza tenha se tornado sempre mais profunda e bela, mas é certo que cada um desses sentimentos representou para mim um progresso e que é insuportável para o espírito [*Geist*] voltar a um degrau que já ultrapassou; ele quer atingir maiores alturas e profundidades. (*Sobre os estados de ânimo*)

Seria possível apresentar a filosofia do poder de Nietzsche como uma exegese da frase "O conflito é o alimento perpétuo da alma", e a imagética do degrau foi empregada por ele muitas vezes depois, como por exemplo no poema "Meine Härte" (Minha Dureza):

> Ich muss weg über hundert Stufen,
> Ich muss empor und hör euch rufen:
> "Hart bist du! Sind wir denn von Stein?"
> Ich muss weg über hundert Stufen,
> Und niemand möchte Stufe sein.
>
> (Preciso transpor cem degraus, preciso subir e ouço-vos gritar: "Como és duro! Achas que somos feitos de pedra?" Preciso transpor cem degraus, e ninguém quer servir de degrau. (FW/GC Preliminares, 26))

ou no aforismo posterior:

> Eles foram degraus para mim, eu subi por eles – por isso tinha que transpô-los. Mas achavam que eu queria descansar sobre eles. (GD/CI I, 42)

Neste aspecto, então, ele já é o próprio Nietzsche, e o interesse pela obra de seu período em Pforta reside nesta antecipação do homem maduro. As ideias que expressa não são originais, é claro, mas isso não tem importância; de certo modo não existe originalidade no mundo do pensamento, apenas uma nova forma de ver e apresentar o que já foi pensado antes: uma nova síntese de elementos antes díspares, uma nova ênfase, uma luz inesperada lançada repentinamente sobre algum canto meio esquecido. A vontade de poder é, em certo sentido, uma ideia banal e Nietzsche foi apenas o primeiro a apreciar seu significado; o mais importante em sua primeira obra não é o fato de ter começado repetindo observações pouco originais, mas de já ter tomado o caminho no qual prosseguiria.

Exclusivamente como poeta, seu estilo foi amadurecendo durante todos aqueles anos em Pforta e, quando saiu de lá, ele já era capaz de expressar sua incerteza em relação ao futuro e sua sensação de ter se afastado para sempre do Deus de seus pais em um poema relativamente tão brilhante como "Dem unbekannten Gott":

> Noch einmal, eh ich weiterziehe
> und meine Blicke vorwärts sende,
> heb ich vereinsamt meine Hände
> zu dir empor, zu dem ich fliehe,
> dem ich in tiefster Herzenstiefe
> Altäre feierlich geweiht,
> dass allezeit
> mich deine Stimme wieder riefe (...)

> (Mais uma vez, antes de seguir viagem e contemplar o caminho que vou tomar, solitário ergo as mãos a ti, meu refúgio, a quem solenemente dediquei altares nos recônditos mais profundos do meu coração, para que tua voz sempre me possa clamar.)

À incerteza em relação ao futuro somava-se a insatisfação com o passado, com o que era e o que fizera. Numa historieta, *Sonho de uma Noite de Ano Novo*, escrita em 1864, o autor amaldiçoa o Ano Velho por ter sido tão improdutivo; o Ano Velho o repreende por sua impaciência e lhe diz: "A fruta cairá quando estiver madura, não antes.".

CAPÍTULO 3
O UNIVERSITÁRIO

Tudo que faz agora é correto e adequado,
mas sua consciência não está tranquila.
Pois sua tarefa é o extraordinário.
(FW/GC 186)

1

Olhando para trás, Nietzsche considerava os dez meses que passou em Bonn como tempo perdido. O que eles de fato representam é o período de sua vida em que tentou viver como qualquer outro jovem e descobriu que não conseguia. O desejo de ser "diferente" é comum – e superficial; aquele que é realmente diferente muitas vezes não quer ser, pois pressente o descontentamento que sua singularidade vai lhe custar. No fim das contas, não há nada que possa fazer; precisa enfrentar o isolamento e a desilusão que a vida lhe reserva da melhor maneira possível; mas a princípio talvez resista a seu destino, ou tente negá-lo totalmente, envolvendo-se com falso entusiasmo nas atividades que os outros a seu redor parecem achar normais. Foi isso que Nietzsche tentou fazer em Bonn, e por isso achou depois que estivesse desperdiçando seu tempo.

No início, certamente experimentou uma sensação de liberdade ao sair de Pforta e deu rédeas a ela numa viagem de férias ao Reno que fez com Deussen, que também estava se mudando para Bonn, e um jovem chamado Schnabel; os três se fartaram de andar a cavalo e tomar vinho, e Nietzsche teve um breve flerte com a irmã de Deussen. (A família de Deussen morava na Renânia.) Nietzsche e Deussen se matricularam na universidade juntos em 16 de outubro de 1864.

Bonn tinha uma excelente reputação no campo da filologia por estarem presentes ali Otto Jahn e Friedrich Ritschl, que não só eram filólogos de primeira ordem, como também homens de vasta cultura e professores capazes de inspirar grande dedicação em seus alunos. Jahn é mais lembrado por sua biografia de Mozart, e ambos provavelmente teriam atingido posições de destaque em qualquer campo que tivessem escolhido. No início, Nietzsche era mais ligado a Jahn do que a Ritschl, mas quando, por conta de uma desavença que não conseguiram resolver, os dois homens deixaram Bonn, foi Ritschl quem ele seguiu até Leipzig,[14] e ao nome de Ritschl é que o dele sempre será associado. O encontro deles, como descreve Deussen,[15] não poderia ter sido mais trivial. Nietzsche e Deussen tinham a mesma carta de apresentação e foram com ela até a casa de Ritschl. Ele a abriu e exclamou: "Ah, meu velho amigo Niese!" – o professor de Pforta que escrevera a carta – "O que ele anda fazendo? Está bem? Então seu nome é Deussen. Muito bem, volte a me procurar em breve.". A entrevista parecia ter chegado ao fim; mas Nietzsche, que estava junto, tossiu para chamar a atenção ao fato de que seu nome também estava na carta. "Ah, é", disse Ritschl. "Tem dois nomes, Deussen e Nietzsche. Bom. Certo. Muito bem, cavalheiros, voltem a me procurar em breve." Assim Ritsch foi apresentado ao jovem que se tornaria, de longe, o seu mais famoso pupilo.

Logo depois de chegar à universidade, Nietzsche se juntou à *Burschenschaft* "Frankonia". Essas "associações estudantis" foram formadas em 1815 para unir os alunos de todas as universidades alemãs num movimento que tinha como objetivo uma Alemanha liberal e unida, mas na década de 1860 seu fervor político já havia esfriado quase ao ponto de congelamento e elas não passavam de clubes sociais com uma ornamentação ritualística. Nietzsche fez o que pôde para se encaixar: teve algum sucesso fazendo sátiras, e seus talentosos improvisos ao piano também foram de grande valia. Mas o que mais caracterizava os *Burschenschaften*, sua "*Biergemütlichkeit*" – bebedeira – ele nunca conseguiu apreciar. Seu curto período de (leve) libertinagem tinha acabado e seu temperamento, em geral, não era dado a grandes porres de cerveja; preferia bolos de creme, dos quais podia comer o quanto quisesse. Um dos costumes mais tolos dos estudantes era o ritual do duelo de espadas e, como agora era membro da

14. Não é rigorosamente correto afirmar que Nietzsche se mudou para Leipzig *por causa de* Ritschl. Se não estivesse insatisfeito com sua vida em Bonn ele não teria partido; e o que o fez escolher Leipzig em vez de alguma outra universidade foi, em parte, o fato de que Gersdorff também estava indo para lá. Mas a presença de Ritschl em Leipzig provavelmente foi o fator decisivo.

15. DEUSSEN, P. *Erinnerungen an Friedrich Nietzsche*. Leipzig, 1901. p. 20.

"Frankonia", Nietzsche também começou a sentir necessidade de adquirir uma cicatriz num duelo, marca de virilidade entre os estudantes. (Absurdamente, ninguém podia ser considerado um *bom* espadachim até que tivesse uma cicatriz para exibir.) Deussen[16] nos conta como ele a obteve. Uma noite, estava andando e conversando amigavelmente com um membro de outra fraternidade quando, de repente, sugeriu que travassem um duelo para trocar cicatrizes. O combate, marcado segundo as regras tradicionais e travado na presença de testemunhas conceituadas, durou três minutos, ao fim dos quais Nietzsche foi atingido por um golpe no nariz que lhe tirou sangue; os juízes consideraram a expiação suficiente. A cicatriz resultante foi minúscula e a narrativa de Deussen parece sugerir, por seu silêncio sobre o assunto, que o próprio Nietzsche não desferiu nenhum golpe contra o adversário.

É também graças a Deussen que sabemos de um incidente, em fevereiro de 1865, que ganhou certa notoriedade e tem importância em qualquer consideração sobre a posterior insanidade de Nietzsche. Segundo afirma,[17] Nietzsche lhe contou que viajara sozinho a Colônia; um cocheiro o conduziu num passeio pela cidade e, por fim, ele pediu que o levasse a um bom restaurante. Em vez disso, foi levado para um bordel. "De repente me vi rodeado por meia dúzia de figuras com lantejoulas e véus, que me olhavam com expectativa", dizia Nietzsche. "Fiquei mudo por um instante. Depois, fui instintivamente até um piano que havia na sala como se fosse o único ser vivo ali e toquei alguns acordes. Eles quebraram o encanto e saí correndo." Na opinião de Deussen, este incidente foi singular na vida de Nietzsche e as palavras *mulieram nunquam attigit* poderiam se aplicar a ele. Já não se pode concordar com isso, pois temos hoje evidências das quais Deussen não dispunha quando escreveu. É praticamente certo que a doença que vitimou Nietzsche foi uma demência paralítica; isso significa que certamente deve ter contraído sífilis, e a maioria dos que estudam sua vida concorda que ele a contraiu, provavelmente na juventude. Crane Brinton[18] afirma: "O fato de Nietzsche ter mesmo tido sífilis pode ser considerado comprovado (até onde uma coisa do tipo pode ser comprovada)"; Walter Kaufmann[19] é mais cauteloso ao afirmar: "Tudo que

16. Ibid., p. 22.

17. Ibid., p. 24.

18. BRINTON, C. *Nietzsche*. p. 15.

19. KAUFMANN, W. *Nietzsche*. p. 49.

podemos dizer – e todos os tratados médicos sérios e não sensacionalistas sobre o assunto parecem concordar com isto – Nietzsche muito provavelmente contraiu sífilis.". Richard Blunck[20] reproduz evidências a partir das quais é impossível duvidar de que Nietzsche tenha se tratado de uma infecção sifilítica com dois médicos de Leipzig durante o ano de 1867, embora talvez não tenha sido informado quanto à natureza de sua enfermidade. Como a contraiu ainda é uma questão estritamente especulativa, embora não seja muito difícil deduzir: um jovem na situação de Nietzsche dificilmente teria entrado em contato com a doença em outro lugar que não um bordel. H. W. Brann[21] sugere que o poema "Die Wüste wächst" inserido na quarta parte de *Zaratustra* é uma reminiscência de uma visita a um bordel, baseando sua sugestão em alguns ecos no poema das palavras usadas por Nietzsche para descrever a Deussen sua experiência de fevereiro de 1865; Thomas Mann[22] supõe que, depois de ter sido levado a um deles contra sua vontade, tenha retornado voluntariamente. Seja como for, as evidências existentes descartam qualquer necessidade de acreditar que Nietzsche herdou a insanidade de seu pai e que, portanto, "sempre foi louco". Pois seu destino estava longe de ser incomum. A sífilis não tinha cura e, por isso, em geral o paciente não era informado de que a contraíra: a consequência era uma vida pontuada de acessos cada vez mais graves de uma "doença misteriosa" que muitas vezes terminava em loucura e morte prematura. Já foi sugerido que Nietzsche possa ter contraído sífilis quando trabalhou como enfermeiro na Guerra Franco-Prussiana, mas a partir das evidências apresentadas por Blunck de que já se tratara da doença em 1867, torna-se impossível que a tivesse contraído apenas em 1870 e improvável que viesse a ter contato com ela de alguma outra forma que não esta apenas sugerida.

Enquanto esteve em Bonn, Nietzsche decidiu abandonar o estudo de teologia. Já vimos que sua crença na verdade do cristianismo e na validade da religião praticamente se extinguiu antes de sair de Pforta: naquela época não tinha uma ideia clara do que ia fazer da vida, mas deve ter percebido que a profissão de seu pai e de seus dois avôs não seria a sua. Provavel-

20. BLUNCK, R. op. cit., p. 160 ss.

21. BRANN, H. W. *Nietzsche und die Frauen*. p. 138.

22. MANN, T. "Nietzsches Philosophie". In:______. *Neue Studien*. (Para detalhes mais completos sobre esta obra, consulte a Bibliografia.)

mente, jamais teria se envolvido com o estudo sério da teologia se sua mãe não ansiasse por isso, mas sua atitude em relação ao assunto se consolidou durante seus primeiros meses em Bonn, e na Páscoa de 1865 ele já havia desistido. Talvez por saber que sua decisão aborreceria a mãe, e temendo que ela o dissuadisse de colocá-la em prática, foi para casa com humor truculento no feriado da Páscoa. Permitia-se fazer comentários ferinos sobre a igreja e os que a ela pertenciam e alegava ser agora superior a uma superstição tão primitiva como o cristianismo; recusou-se a ir à igreja no domingo de Páscoa – sabendo, é claro, que os protestantes não podem deixar de receber a comunhão neste dia – e finalmente informou à mãe, sem muito tato, que havia desistido da teologia. O resultado de tudo isso foi uma cena doméstica, com lágrimas e recriminações; mas o sofrimento durou pouco: Frau Nietzsche logo viu que, se Deus comanda todas as nossas ações, devia estar comandando essa atitude de Fritz, e se resignou a aceitar a Sua vontade. Mas Elizabeth ficou furiosa com o comportamento do irmão e abalada com sua apostasia. Ela era uma fiel devota e presumira que ele também o fosse; depois que Nietzsche voltou a Bonn ela se aconselhou com um dos tios para encontrar argumentos que pudessem contestar os que ele utilizara para justificar sua atitude. Escreveu-lhe uma carta muito séria defendendo a fé cristã, e a resposta dele, de 11 de junho de 1865, tornou-se um dos documentos mais famosos de sua biografia:

> Em relação ao seu princípio básico, o de que a verdade está sempre do lado mais difícil, [escreveu ele,] concordo em parte. No entanto, é difícil acreditar que duas vezes dois não seja igual a quatro; isso, porém, o torna verdade? Por outro lado, será mesmo tão difícil aceitar simplesmente como verdadeiro tudo aquilo que nos foi ensinado e aos poucos foi criando em nós profundas raízes, que é tido como verdade em nosso círculo familiar e por tantas pessoas de bem, e que além disso conforta e enaltece efetivamente os homens? Acha isso mais difícil do que se aventurar por novos caminhos, contradizendo o costume, com a insegurança que acompanha a independência, sob constantes hesitações de coragem e até de consciência, muitas vezes sem consolo, mas sempre buscando o verdadeiro, o belo e o bom? Será que o mais importante é chegar àquela concepção particular de Deus, do mundo e da reconciliação que nos são familiares? Um verdadeiro investigador não deveria ser totalmente indiferente ao resultado de sua investigação? Pois, quando investigamos, estamos em busca de descanso, paz, felicidade? Não, apenas da verdade, por mais feia e repulsiva que possa ser. Uma última pergunta: se tivéssemos acreditado desde a infância que toda salvação provinha de outra pessoa que não Jesus, como Maomé, por exemplo, não é certo que teríamos recebido as mesmas bênçãos? É a fé que nos torna abençoados, e não a realidade objetiva que se encontra por trás dela

> (...) Toda fé verdadeira é infalível, cumpre o que a pessoa de fé espera dela, mas não oferece a menor base para comprovação de uma verdade objetiva. E aqui os caminhos dos homens se dividem: se você deseja paz de espírito e felicidade, creia; se deseja ser um discípulo da verdade, então investigue.

Deste ponto de vista ele nunca se desviou; pelo contrário, enfatizou várias vezes: o objeto da investigação filosófica é a verdade; não há uma correspondência predeterminada entre verdade e felicidade, entre o que é verdadeiro e o que é agradável; o autêntico investigador deve ser indiferente à "paz de espírito e felicidade", ou pelo menos não deve persegui-las, pois, se estes forem seus objetivos, terá de se afastar do caminho que leva àquelas verdades feias e repulsivas.

Em meio a seu esforço para se tornar mais alegre e superficial, e talvez exatamente em reação a isso, Nietzsche se tornava cada vez mais sério e profundo. Ele já era um "livre-pensador", mas ao contrário de seus predecessores começava a perceber que "liberdade" não significava apenas se livrar de um fardo, mas assumir um outro ainda mais pesado em seu lugar. Logo não sentiria nada além de desprezo pelo infiel "liberal" que acha que é livre para dispensar o arquiteto divino mas continuar com o prédio, que acabou com o legislador mas continua exigindo a proteção da Lei por ele criada. Logo veria que, se Deus deixasse de existir enquanto realidade para a humanidade, a vida como tal ficaria desprovida de significado e a humanidade poderia acabar desabando sob o peso de sua própria insensatez. Em 1865 já percebia a gravidade da situação: Deussen e ele haviam comprado exemplares da *Vida de Jesus*, de David Strauss, uma eminente contribuição à oportuna desmistificação da religião em curso na época; quando Deussen declarou que se sentia obrigado a concordar com o que Strauss escrevera, Nietzsche respondeu: "Isso pode ter sérias consequências; se abandonar Cristo, você terá de abandonar também Deus."[23].

No que diz respeito à atividade criativa durante esses meses em Bonn, seu principal interesse era a música: ele compunha e tocava bastante, e em junho de 1865 participou de um festival de três dias em Colônia, cantando num coral de seiscentas pessoas sob a regência de Ferdinand Hiller.

Em 17 de agosto daquele ano transferiu-se de Bonn para Leipzig. Depois de partir, enviou uma carta à "Frankonia" comunicando seu desligamento (datada de 20 de outubro) que revela o quanto estivera em conflito com seu ambiente:

---

23. DEUSSEN, P. op. cit., p. 20.

> Ao me desligar, não estou deixando de valorizar os ideais das *Burschenschaften*, [escreveu ele] confessarei apenas que o modo como eles se manifestam atualmente não me agrada muito. Talvez seja, em parte, por culpa minha. Foi difícil para mim suportar um ano na "Frankonia", mas me achava na obrigação de me tornar membro. Agora sinto não ter mais nenhum vínculo, por isso estou dizendo adeus. Que a "Frankonia" passe em breve desse estágio de evolução em que se encontra atualmente.

Em resposta a esta ambígua expressão de benevolência, a "Frankonia" apagou o nome de Nietzsche de seus registros.

2

Os anos em Leipzig - de 1865 a 1869 - marcaram o fim da juventude de Nietzsche. A importância deles pode ser estudada sob quatro aspectos principais: seu progresso como estudante de filologia, a descoberta de Schopenhauer e Lange, sua amizade com Erwin Rohde e o início de sua relação com Wagner.

Ritschl fez sua palestra inaugural em Leipzig em 25 de outubro de 1865 para um auditório lotado; Nietzsche estava presente, e Ritschl, que estava de muito bom humor, saudou-o e a vários outros ex-alunos de Bonn com comentários jocosos da plataforma. Nietzsche foi membro da classe de filologia de Ritschl desde o início e, junto com outros três, foi um dos membros fundadores da Sociedade Filológica de Leipzig, formada em dezembro por sugestão de Ritschl e sob sua tutela. A primeira palestra de Nietzsche na sociedade, realizada em 18 de janeiro de 1866, foi sobre "A última redação da Teognídea", uma revisão de seu ensaio sobre Teógnis. No mês seguinte, depois de revisar mais uma vez a palestra, ele levou o manuscrito a Ritschl e pediu que fizesse seus comentários. No dia 24, Ritschl chamou Nietzsche ao seu escritório e lhe perguntou o que pretendia com a obra.

> Disse a ele a primeira coisa que veio à minha cabeça, [escreve Nietzsche,] que ter servido de base para uma palestra em nossa sociedade já servira a seu propósito. Então ele perguntou minha idade, há quanto tempo estudava etc., e quando respondi, declarou que jamais havia visto no trabalho de um estudante de terceiro semestre tamanho rigor metodológico ou segurança na compilação. Insistiu veementemente que desenvolvesse a palestra para transformá-la num livreto (...) Depois desta cena, minha autoconfiança disparou (...) Por algum tempo andei por aí com a cabeça em turbilhão; foi o período em que nasci como filólogo.[24]

24. *Rückblick auf meine zwei Leipziger Jahre*, escrito em agosto de 1867.

A entrevista foi um evento decisivo. O respeito de Ritschl por sua capacidade como filólogo crescia com o passar do tempo e, em certo sentido, Nietzsche se tornou seu protegido. Ritschl estava convencido de que ele era excepcionalmente talentoso no assunto e convencia os outros disso, a ponto de recomendá-lo para uma cátedra vaga na Universidade da Basileia quando tinha apenas 24 anos, e depois conseguir-lhe o doutorado em Leipzig sem exame ou qualquer outra formalidade. Nietzsche só adotara a filologia clássica como campo de estudo, creio eu, porque o latim e o grego eram "empurrados" em Pforta; ele não planejara dedicar sua vida a uma carreira acadêmica; não fizera plano algum, mas, como tantos jovens sem ambição definida, tornara-se um "estudante" porque era a coisa mais fácil e óbvia a fazer. A entrevista de fevereiro de 1866 mudou tudo isso, e no verão daquele ano ele tomou o rumo que o levaria à Basileia.

Em novembro do mesmo ano a universidade (isto é, Ritschl) escolheu Diógenes Laércio como tema para a premiação de ensaios filológicos; como esperado, o prêmio foi para Nietzsche. O ensaio sobre Teógnis foi publicado em 1867 com o título *Zur Geschichte der Theognideischen Spruchsammlung* na revista *Rheinisches Museum für Philologie*. Foi a primeira publicação de Nietzsche. O ensaio sobre Laércio foi publicado em quatro partes em 1868 e 1869; outros estudos filológicos foram publicados durante estes anos nas revistas *Rheinisches Museum* e *Literarisches Centralblatt*.

Seus estudos foram interrompidos em 1867-1868 por um ano de serviço militar. A Guerra Alemã de 1866 havia sido rápida demais para envolver civis[25], mas o serviço supostamente voluntário por doze meses era obrigatório aos jovens prussianos, e Nietzsche foi recrutado em 9 de outubro de 1867; ele serviu como soldado raso num regimento de artilharia de campanha instalado em Naumburg. Não apreciou exatamente o seu ano como militar, de qualquer modo abreviado por um sério acidente a cavalo em março de 1868, que o deixou de cama por um mês e exigiu que passasse o resto do período como convalescente. Estava no hospital quando, em 1º de abril, foi promovido a segundo-cabo [*Gefreiter*]. "Preferia ter sido dispensado [*Befreiter*]", escreveu ele. Conseguiu sua dispensa em 15 de outubro.

25. Travada entre a Prússia de um lado e a Áustria e a Bavária do outro, teve início no dia 14 de junho e terminou com a vitória da Prússia em 22 de agosto. [Conhecida como Guerra Austro-Prussiana. (N.T.)]

Ao regressar a Leipzig, começou a refletir sobre as áreas do conhecimento em que era fraco, especialmente a ciência. Ainda era muito jovem – 24 anos – e sentia que sua vida estava se tornando muito limitada. Planejava deixar completamente a vida acadêmica por cerca de um ano e ir a Paris com Rohde para experimentar "o divino cancã e o veneno amarelo, o absinto". O plano era sério, o que pode ser comprovado pelo número de vezes em que ele e Rohde se referem a isso nas cartas que trocavam um com o outro. Não obstante o seu brilhantismo em seu campo de estudo, nunca exagerou a importância da filologia, pelo contrário, era dado a depreciá-la como um estudo mal-humorado de livros mortos, por isso não surpreende que o encontremos pensando em abandoná-la, ao menos por algum tempo, em favor de outros estudos ou de outro tipo de vida. Mas a deixara demasiado tarde: nos primeiros meses de 1869 veio a irresistível oferta que o amarraria à filologia e à vida acadêmica pelos dez anos seguintes.

Sua atitude ambígua em relação a seu campo de estudo fica bem evidente na carta que escreve a Rohde em 16 de janeiro de 1869, na qual fala de sua provável nomeação – ele a anuncia como um golpe que em parte saúda e em parte lamenta:

> Certamente, o destino nos faz de tolos: semana passada me veio a ideia de lhe escrever e sugerir que deveríamos estudar química juntos e deixar a filologia onde deve ficar, no meio das velharias. Agora o diabo do "Destino" vem me tentar com uma cátedra de filologia.

A verdadeira importância da relação de Nietzsche com Schopenhauer será discutida mais à frente, mas não se pode negar que sua descoberta do principal livro de Schopenhauer, *O mundo como vontade e representação*, foi um evento marcante em sua vida intelectual. Isso aconteceu no fim de outubro ou início de novembro de 1865, logo depois que chegara em Leipzig. Ele ainda estava impregnado do descontentamento e insatisfação que trouxera consigo de Bonn.

> Eu vivia, então, num estado de indecisão e impotência, sozinho com certas experiências dolorosas e decepções, sem princípios fundamentais [*Grundsätze*], sem esperanças e sem guardar uma única lembrança boa (...) Agora imagine o impacto que teria a leitura da principal obra de Schopenhauer para um homem nessas condições. Um dia encontrei este livro em (...) [uma] loja de livros usados, peguei-o nas mãos como algo totalmente desconhecido e comecei a folhear. Não sei que diabo me sussurrou "Leve este livro para casa". Isso ia contra o meu costume habitual de não me precipitar ao comprar livros. Chegando em casa, joguei-me no sofá com o tesouro recém-conquistado e deixei que aquele gênio enérgico e sombrio começasse a agir

> sobre mim (...) Via ali um espelho no qual contemplava o mundo, a vida e minha própria natureza em sua espantosa grandiosidade (...) via ali doença e saúde, exílio e refúgio, Inferno e Paraíso.[26]

Será mais conveniente dedicar um capítulo à parte à discussão sobre a filosofia de Schopenhauer e a reação que provocou em Nietzsche[27]; resumiremos aqui seu efeito estritamente biográfico: ele se tornou um schopenhaueriano e fez de tudo para transmitir a seus amigos a visão do filósofo. Rohde e Gersdorff logo se tornaram "schopenhauerianos" também, embora não fique muito claro se o fizeram de modo independente ou sob a influência de Nietzsche. Certamente foi ele quem apresentou a obra de Schopenhauer a Deussen, que anos mais tarde seria o verdadeiro sucessor de Schopenhauer na Alemanha. A admiração comum por Schopenhauer foi o que consolidou a amizade entre Nietzsche e Wagner e, talvez, a razão definitiva para o domínio de Nietzsche pelo homem mais velho; em todo o caso, é improvável que tivesse se tornado tão próximo dele se tivesse sido indiferente ou contrário a Schopenhauer.

Durante esses anos Nietzsche sentia-se totalmente em harmonia com o grande pessimista; mas a palavra-chave aí é "sentia"; era tudo, em grande parte, uma questão de sentimento: o que Schopenhauer tinha a dizer batia com o que Nietzsche queria ouvir. Um forte indício disso é seu grande entusiasmo, na mesma época, pela *História do materialismo* de Friedrich Albert Lange, que leu durante o verão de 1866. Numa carta a Gersdorff de 16 de fevereiro de 1868 – ou seja, cerca de dezoito meses depois de conhecer o livro de Lange – faz as melhores recomendações possíveis a seu respeito: ele "oferece infinitamente mais do que o título promete" e "é um verdadeiro tesouro que não nos cansamos de abrir e reler". Nietzsche se refere ao "movimento materialista dos nossos tempos, as ciências naturais e suas teorias darwinianas (...) materialismo ético, teoria de Manchester" que o livro descreve. Planejava visitar Lange, mas nunca chegou a fazê-lo e, quando uma nova edição da *História do materialismo* surgiu em 1887, comprou um exemplar e leu-a novamente. O ponto a ser observado é que as visões de Lange não são apenas diferentes das de Schopenhauer, mas contrárias e incompatíveis com elas: se Lange está certo, Schopenhauer está errado, e vice-versa. Nietzsche conseguia admirar os dois ao mesmo tempo porque Schopenhauer tinha um apelo mais emocional, enquanto

26. *Rückblick auf meine zwei Leipziger Jahre.*

27. Ver o Capítulo 5, onde se discutirá também a dívida de Nietzsche para com F. A. Lange.

o de Lange era totalmente intelectual; ou, em outras palavras, Schopenhauer propunha uma atitude completa em relação à vida que só podia ser aceita ou rejeitada por um homem completo, enquanto Lange apenas discutia filosofia.

Os anos em Leipzig também viram surgir nos escritos de Nietzsche certas ideias das quais faria uso mais tarde. Duas delas são especialmente notadas. Ele fez um estudo de Homero e Hesíodo e de sua lendária "disputa", e a partir dele teve os primeiros indícios quanto à importância do conceito do *agon* ou disputa para o desenvolvimento da cultura grega – uma revelação que viria a ser de grande significado quando fosse reunir exemplos da aquisição de poder por meios indiretos. A primeira parte do ensaio sobre Diógenes, publicada em 1868, trazia no cabeçalho a máxima de Píndaro: "Torna-te quem tu és!". Nietzsche adotou esta máxima como sua; ela é citada como uma das "sentenças de granito" que encerram o terceiro livro de *A gaia ciência*:

> *O que diz sua consciência?* "Que deves tornar-te quem tu és." (FW/GC 270)

e intitulou sua autobiografia (1888): *Ecce homo. Como alguém se torna o que é.*

Nietzsche e Erwin Rohde foram quase exatamente contemporâneos. Rohde nasceu em 9 de outubro de 1845, filho de um médico de Hamburgo; veio para Leipzig aproximadamente na mesma época que Nietzsche, e se conheceram quando Rohde se afiliou à Sociedade Filológica. Nietzsche o descreveu numa carta a Gersdorff de setembro de 1866 como "um sujeito muito inteligente, mas obstinado e teimoso" (o roto falando do rasgado, se é que isso existe). A amizade entre os dois se fortaleceu no semestre de Páscoa de 1867 e eles fariam juntos uma longa viagem de férias no mês de agosto seguinte. Com o passar do tempo, desenvolveram o gosto por concertos e logo estavam unidos por um amor à antiguidade grega, um entusiasmo por Schopenhauer e uma devoção a Wagner; Nietzsche afirma que compartilhavam também a abominação dos "maneirismos e vaidades" da filologia. A amizade deles resistiu a uma década sem esmorecer; naufragou devido à incapacidade de Rohde de compreender a evolução de Nietzsche após cerca de 1880, e em 1886, quando se encontraram pela última vez, eram praticamente estranhos um ao outro. No ano seguinte Nietzsche tentou retomar a relação, mas Rohde declinou. Por meio de suas cartas a outras pessoas que também conheciam Nietzsche, pode-se observar que Rohde aos poucos perdia a paciência com o modo cada vez mais intransigente com que Nietzsche conduzia sua vida e com a instabilidade de sua forma de pensar. "O que Nietzsche precisa", explodiu ele depois de ler *Além do bem e do mal*, "é de um emprego adequado!"[28] A observação é reveladora e compreensível. Ele próprio construíra uma reputação na carreira que ambos pareciam mais aptos a seguir, casara-se e tinha uma família, estabilizara-se. Nietzsche, por outro lado, parecia ter se retirado para uma fortaleza nas montanhas de onde, de tempos em tempos, atirava livros semicompreensíveis sobre os quais fazia as maiores afirmações de grandeza que se pode imaginar; não tinha família, emprego, vínculos nem responsabilidades; em seus livros se vangloriava de seu isolamento, em suas cartas se lamentava dele; em relação à vida que levara antes, e que seus amigos ainda levavam, mostrava apenas sarcasmo, e o desprezo pelas coisas que costumam preencher a vida dos homens parecia pairar sobre tudo que escrevia. Se acrescentarmos a tudo isso o egoísmo cada vez maior de Nietzsche, não teremos a menor dificuldade em explicar a deserção de Rohde: ele simplesmente se exasperou com o comportamento de seu ex-amigo.

Em 1866, quando os dois se tornaram próximos, Rohde era um jovem um tanto retraído, que quase nunca expressava seus sentimentos abertamente; ele confessa isso na carta que escreveu a Nietzsche no Natal de 1868, o que nos ajuda a avaliar o grau de sentimento envolvido na relação:

> Somente a você devo as melhores horas de minha vida; gostaria que pudesse ver o interior de meu coração e saber quanto sou grato por tudo que me deu; você abriu para mim a terra abençoada da mais pura amizade que eu antes contemplava com um coração sedento de amor, como uma criança pobre contempla um rico jardim. Eu, que sempre fui solitário, hoje me sinto unido ao melhor dos homens; e será difícil para você compreender o quanto isso mudou minha vida interior.

As cartas de Nietzsche para ele são cheias de afirmações de amizade e de planos para um futuro a ser compartilhado por ambos. Os amigos supunham, durante aqueles anos, que suas carreiras futuras de qualquer modo seguiriam trajetórias paralelas, mas discutiam determinados projetos que poderiam empreender juntos, e o mais profundamente almejado era a viagem a Paris já mencionada; a carta de Nietzsche a Rohde de 16 de janeiro de 1869 em que fala de sua provável nomeação para a Basileia é comovente por sua ansiedade em convencê-lo de que não tinha como recusar a nomeação, embora este plano tão acalentado, sem dúvida, fosse ruir por causa dela.

28. Ver Capítulo 12.

Em agosto de 1867 Nietzsche e Rohde fizeram juntos uma viagem de férias à Floresta da Boêmia; enquanto estavam naquela região, escreveu Nietzsche, ouviram um "concerto de *Zukunftsmusik*" regido por Lizst. O termo "música do futuro" era uma deturpação jornalística do título de um dos principais escritos teóricos de Wagner, *Das Kunstwerk der Zukunft* (A obra de arte do futuro), em que esboçara suas ideias sobre a integração de artes como a música, o drama, a pintura e a pantomima em uma futura "obra de arte unificada"; jornalistas da época sustentavam – alguns de má fé, mas a maioria por ignorância – que Wagner estava defendendo sua horrível música alegando que soaria bela em alguns séculos. *Zukunftsmusik* era, portanto, um termo irônico, e o fato de ter sido usado por Nietzsche mostra que até o verão de 1867 ainda não se deixara impressionar por Wagner. Mas continuava tentando: no mesmo ano tocou o arranjo para piano da *Valquíria* com "sentimentos contraditórios", declara, e deve ter experimentado outras coisas até 28 de outubro de 1868, dia em que anunciou sua conversão a Wagner depois de ouvir uma apresentação dos prelúdios de *Tristan* e *Meistersinger.*

> É impossível para mim assumir uma postura friamente crítica no que tange a esta música [escreve ele a Rohde com entusiasmo no mesmo dia]. Cada fibra, cada nervo meu estremece, nunca experimentei tamanha sensação de êxtase como a que tive ao escutar essa abertura [o prelúdio de *Meistersinger*].

Ele estava obcecado, mas talvez tivesse se desvencilhado em pouco tempo se não tivesse conhecido o Mestre em pessoa meros onze dias após ter experimentado esse êxtase. Wagner estava nessa época atravessando uma das mais intensas das muitas crises domésticas que fizeram da biografia de Ernest Newman sobre ele uma leitura tão interessante e a deixaram tão extensa, que praticamente fugira para se esconder em Leipzig, onde estava hospedado com sua irmã Ottilie e o marido dela, Hermann Brockhaus (um descendente do editor de Schopenhauer). Seu esconderijo certamente não permaneceria em segredo se os jornais tomassem conhecimento de sua presença em Leipzig, por isso mantinha-se rigorosamente incógnito e somente amigos próximos da família tinham permissão para vê-lo. Um desses amigos próximos era Frau Ritschl, que estava presente numa noite em que Wagner tocava a Canção do Prêmio de Walter de *Meistersinger* ao piano; ela observou que já conhecia a música por meio de um aluno de seu marido que era um ardoroso admirador de Wagner. Richard expressou sua satisfação e disse que gostaria de conhecer o jovem se fosse possível. Por conseguinte, quando Nietzsche retornou aos seus aposentos na tarde de 6 de novembro, encontrou à sua espera um bilhete de um colega, Ernst Windisch: "Se quiser conhecer Richard Wagner, venha ao Café Théâtre às três e quarenta e cinco.". Windisch havia sido encarregado de levar um convite à residência dos Brockhaus, jurando guardar segredo sobre o destinatário.

Devemos ao fato de Rohde estar em casa doente a longa carta de Nietzsche de 9 de janeiro, da qual provém nosso conhecimento sobre este encontro. Nietzsche e Windisch partiram juntos na tarde do dia 7, mas Wagner havia saído "usando um enorme chapéu" (supostamente como disfarce) e eles receberam um convite para a noite seguinte, um domingo. Achando que haveria uma grande reunião, Nietzsche procurou seu alfaiate, que, por acaso, havia prometido lhe entregar um terno de cerimônia naquele mesmo dia. O terno não estava totalmente pronto, e prometeram entregá-lo em quarenta e cinco minutos; ainda não estava pronto quando ele voltou, e lhe foi entregue, por fim, às seis e meia. Com ele veio a conta, que o assistente do alfaiate exigia que fosse paga antes de entregar o terno. Nietzsche não tinha dinheiro suficiente consigo – muito provavelmente, nem dispunha dele – e tentou vestir o terno (havia tirado o seu para provar o novo); seguiu-se uma briga em que o alfaiate saiu vitorioso; ele desapareceu, levando consigo o terno, e Nietzsche precipitou-se sob a chuva torrencial, temeroso de estar atrasado para seu compromisso e esperando que suas velhas roupas fossem adequadas. No fim das contas, não havia nenhuma grande reunião: apenas a família Brockhaus, Nietzsche e Windisch, além de Wagner. Nietzsche foi apresentado, e seguiu-se aquele tipo de noite tão familiar aos que estudam a biografia de Wagner, durante a qual Wagner, rodeado por um pequeno grupo de admiradores, domina a conversa:

> Antes e depois do jantar, Wagner tocou [ao piano] os trechos principais de *Meistersinger*, imitando todas as vozes com muita exuberância. Pois é um homem incrivelmente alegre e vibrante, que fala muito depressa, é muito espirituoso e capaz de tornar uma reunião íntima como esta muito animada. Nos intervalos, tive uma conversa bastante longa com ele sobre Schopenhauer; e você pode imaginar que alegria foi para mim ouvi-lo falar dele com indescritível entusiasmo, dizer quanto deve a ele e que é o único filósofo capaz de compreender a natureza da música (...) Depois leu uma parte da autobiografia que está escrevendo, uma passagem extremamente engraçada de seus tempos de estudante em Leipzig, na qual ainda não consigo pensar sem deixar de rir (...) Ao fim da noite, quando nos preparávamos para partir, deu-me um aperto de mão muito caloroso e convidou-me gentilmente a visitá-lo para conversar sobre música e filosofia.

Ao fascínio pelo músico somava-se, agora, o fascínio pelo homem: do primeiro Nietzsche se libertaria com o tempo, mas do último, nunca mais.

Sua "revolta contra Wagner" anos depois - que era, na verdade, um retorno a si mesmo - não foi uma libertação das amarras que o prendiam ao adorado tirano, mas uma resolução de seguir seu próprio caminho a despeito delas. Wagner era 31 anos mais velho que Nietzsche - ou seja, velho o bastante para ser seu pai, fato cuja importância não escapou aos psicólogos - e incapaz de ver o mundo por meio de outros olhos que não os seus. Para Wagner, um "amigo" deveria servi-lo, ou deixaria de ser amigo e se tornaria, na avaliação dele, um inimigo - Wagner dividia a humanidade em amigos e inimigos. Olhando para trás, e tendo como resultado as óperas, o teatro e o festival de Bayreuth, ele teve uma vida magnífica e foi um indivíduo gigantesco, proeminente até mesmo num século de grandes indivíduos; mas se tentarmos vê-lo como seus contemporâneos o viam, não surpreende que alguns dos que tentou usar tenham se afastado dele, e às vezes o amaldiçoado pelo domínio que ainda tinha sobre eles. Em primeiro lugar, Nietzsche - de todos os homens que Wagner conheceu, o mais parecido com ele em gênio e ambição, e o mais acima dele em intelecto; e o episódio do domingo à noite com música de *Meistersinger* acabou se revelando a abertura de uma tragédia que terminaria com as críticas dramáticas de *O Caso Wagner* e a difamação de *Nietzsche contra Wagner.*

3

No início de 1869, a cadeira de filologia clássica na Universidade da Basileia ficou vaga e pediram a Ritschl para indicar um possível candidato a ela. As atribuições do cargo incluíam ensinar grego no Instituto associado. Ritschl indicou Nietzsche. Em 10 de janeiro contou a ele que a possibilidade de lhe oferecerem a cadeira na Basileia estava sendo discutida. Em 13 de fevereiro Nietzsche foi nomeado, e em 23 de março teve seu doutorado concedido em Leipzig sem exame, com base no trabalho que publicara no *Rheinisches Museum.* Na Basileia quiseram que adotasse a nacionalidade suíça para evitar que seus deveres como cidadão prussiano o fizessem ser convocado a prestar serviço militar no futuro; isso implicava também requerer dispensa de suas obrigações militares às autoridades prussianas: Nietzsche fez os dois requerimentos necessários. Ficou com sua família em Naumburg desde o fim de março até o dia 12 de abril, quando partiu para a Basileia. No dia 17 deixou de ser um cidadão da Prússia; no entanto, nunca preencheu depois as qualificações exigidas para a cidadania suíça, e por isso permaneceu pelo resto da vida sem uma nacionalidade formalmente definida. Chegou à Basileia no início da manhã do dia 19.

Isto constitui um resumo dos eventos do primeiro trimestre de 1869 e encerra o relato sobre a juventude de Nietzsche. Aos 24 anos chegara o mais longe que podia em sua carreira como filólogo; pelas vias normais esperaria anos antes de poder almejar uma cátedra numa universidade – agora, subitamente, era conduzido a uma sem esforço. Para sua irmã e sua mãe, parecia um incrível golpe de sorte, mas o próprio Nietzsche estava longe de ter certeza de que isso era o melhor para ele. "Ninguém", escreveu ele depois, "deve se tornar professor universitário aos 24 anos" – uma opinião com a qual a maioria das pessoas certamente concordaria. Não se pode deixar de sentir que Ritschl havia permitido que o entusiasmo dele se esvaísse sem querer: o que Nietzsche precisava naquele momento não era de mais responsabilidade, e sim de menos; não era de estreitar seu campo de atuação, e sim ampliar. Acima de tudo, ele precisava de mais *experiência* – para o bem de sua psique e de seu intelecto. Estivera na escola desde os 6 anos de idade – dezoito anos, portanto – e agora ficaria na escola por mais dez; quando deixou a Basileia em 1879 estava com 34, e nunca se distanciara do ambiente de sala de aula por mais de alguns meses desde que se matriculara na escola para meninos de Naumburg. Seu objetivo como filósofo era romper com as fórmulas acadêmicas de pensamento e vocabulário para apreender a realidade, ou, como diz ele, *Dinge* – "as coisas". "Não devemos permitir que os livros se interponham entre nós e as coisas", escreveu ele, mas passou os primeiros 34 anos de sua vida mergulhado nos livros, e grande parte desse período na mais livresca das disciplinas, a filologia, na qual as únicas "coisas" *são* livros. Esta foi a origem do único ponto verdadeiramente fraco da sua formação: sua falta de conhecimento sobre como os homens e mulheres "comuns" realmente vivem.

Não menos importante, entre os incentivos oferecidos a ele para aceitar o posto na Basileia, foi o salário que o acompanhava. A família Nietzsche estava literalmente pobre: o principal sustento da mãe era sua pensão de viúva, e a educação do filho teria sido impossível sem ajuda do governo. O salário de um professor universitário era algo que ele dificilmente estaria em posição de recusar.

As considerações financeiras, o orgulho de ter "subido" tanto e tão depressa, a falta de qualquer outra opção evidente, tudo isso tornava, em última instância, impossível para ele recusar-se a ir para a Basileia. Mas foi para lá com um estado de espírito que deixaria Ritschl perturbado caso o suspeitasse. Na véspera de sua partida para a nova vida, ele expressa algo que não parece apenas insatisfação com a filologia, mas total desprezo por ela:

> Chegou a hora, esta é a última noite que passo no meu país [escreveu ele a Gersdorff em 11 de abril]: amanhã cedo devo partir para este grande e vasto mundo, rumo a uma profissão nova para mim, ao ambiente pesado e opressor do trabalho e das obrigações. Mais uma vez digo adeus: os tempos áureos de atividade livre e desimpedida (...) irremediavelmente ficaram no passado: reina agora a severa deusa das Obrigações Cotidianas (...) Chegou a minha vez de ser um filisteu! (...) Não se pode aceitar favores e dignidades impunemente – a única questão é saber se essas algemas são feitas de ferro ou de fios. E ainda me resta coragem para quebrar as algemas quando necessário. [A influência de Schopenhauer sobre ele, afirma, foi demasiadamente profunda para acabar se transformando apenas num "profissional".] Infundir em minha ciência este sangue novo [filosofia schopenhauriana], transmitir aos meus ouvintes aquela seriedade schopenhauriana estampada na fronte do homem de espírito elevado – eis o meu desejo, minha audaciosa esperança; quero ser mais do que um preceptor de bons filólogos.

O tom desta carta – que na íntegra soa ainda mais eloquente – talvez seja resultado de um compromisso que Nietzsche sentia que não deveria estar assumindo. No seu íntimo, já não queria mais saber de filologia; sob a influência de Schopenhauer, estava buscando algo mais satisfatório e gratificante para sua natureza peculiar do que uma cátedra de professor, algo que dificilmente poderia ser chamado ainda de filosofia, mas relutava em considerar-se menos do que isso.[29] Ele era muito ambicioso; ainda não sabia em que direção realizar suas ambições, mas já suspeitava que não fosse na direção da filologia. Daí sua decisão não totalmente honesta de vir a ser "mais" do que um mero instrutor de futuros filólogos. Afinal, seus ouvintes supostamente assistiriam a suas aulas para serem instruídos sobre filologia – e não para lhe empurrarem a filosofia de Schopenhauer em seu lugar. Para sorte dele, não conseguiu cumprir o que planejou: quando começou a lecionar descobriu, talvez para surpresa sua, que era um bom professor e que gostava de sê-lo.

---

29. Nos últimos meses em Leipzig, quando sua mente se voltava para várias direções não filológicas, ele tivera a ideia de fazer seu doutorado em Filosofia, e escolhera até o tema para sua tese: "O conceito do orgânico a partir de Kant". Mas o projeto pertence àqueles que deixara para mais tarde.

PARTE II

1869-1879

Quão pouco é a razão e quão imensamente
é o acaso quem governa os homens,
o que se indica pela quase invariável
disparidade entre suas supostas profissões
e sua evidente inaptidão a elas:
os casos felizes são exceções (...),
e nem mesmo estes são ocasionados pela razão.
Um homem escolhe *uma profissão*
quando ainda não é capaz de escolher:
ele não conhece as várias profissões,
não conhece a si mesmo.

(*Wir Phologen*)

CAPÍTULO 4
O PROFESSOR

Aquele que possui grandeza
é cruel para com suas virtudes
e interesses secundários.
(FW/GC 266)

A Basileia era uma cidade totalmente alemã e escapara por pouco de ser incorporada ao *Reich*. Quando Nietzsche ingressou na universidade ela já tinha 400 anos; era pequena, mas sua reputação se estendia muito além das fronteiras da Suíça e o fato de tê-lo contratado tão jovem mostrava que estava disposta a fazer experiências.

Após sua chegada, ele se instalou num alojamento temporário enquanto procurava uma residência permanente. Encontrou-a depois de dois meses no número 45 de Schützgraben, perto do Spalentor*, onde alugou um grande aposento. Quando Franz Overbeck chegou à Basileia morou no mesmo endereço e quase todas as noites durante cinco anos ele e Nietzsche faziam sua refeições juntos no quarto de Overbeck.

A incumbência que Nietzsche assumira não era das mais simples. Numa carta de 10 de maio de 1869, ele conta a Ritschl que tinha bastante com que se ocupar para "não ficar entendiado":

> Durante a semana, todas as manhãs dou minhas palestras às 7 horas, [escreve ele]. Às segundas realizo um seminário, (...) às terças e sextas leciono no Instituto duas vezes, às quartas e quintas uma vez; até o momento estou apreciando (...) Tenho sete alunos em minhas aulas, e dizem por aqui que deveria estar contente com isso.

Os temas de suas palestras durante esses primeiros anos refletem seus verdadeiros interesses. Sua palestra inaugural sobre *Homero e a filologia clássica*, ministrada em 28 de maio e impressa em edição particular no

*. Principal pórtico de entrada da cidade. (N.T.)

mesmo ano, deixava claro que ele acreditava que a filologia estava a serviço da arte. Durante o ano de 1869 ele deu palestras sobre as *Coéforas* de Ésquilo e os poetas líricos gregos (e também, a pedido de seus alunos mas com certo desagrado, sobre gramática latina); em 1870, sobre *Édipo Rei* de Sófocles e sobre Hesíodo; em 1871, sobre os diálogos de Platão, "uma introdução ao estudo da filologia" e epigrafia latina. A ênfase é nos gregos, especialmente na poesia e no drama. Em suas palestras públicas, quando podia ceder às suas predileções sem reservas, ele falava sobre *O drama musical grego* (18 de janeiro de 1870) e *Sócrates e a tragédia* (1º de fevereiro de 1870). No mesmo ano escreveu *O princípio dionisíaco*, mas parece não tê-la proferido. A palestra sobre Sócrates teve uma edição particular em 1871, e as três são estudos preparatórios para *O nascimento da tragédia*. A série de palestras mais longa desses primeiros anos é *Sobre o futuro de nossas instituições de ensino*, que ele proferiu em 16 de janeiro, em 6 e 27 de fevereiro e em 5 e 23 de março de 1872; já foi reimpressa várias vezes desde sua morte, mas ele não a considerou suficientemente importante ou representativa de seu pensamento para tentar publicá-la. (Isso vale para todas as palestras e escritos desses anos, com exceção de *O nascimento da tragédia* e das quatro *Considerações intempestivas* concluídas.)

Quando começou na Basileia ele descobriu que tinha talento para lecionar e para despertar o interesse de seus alunos. Carl Bernoulli afirma[30] que nos primeiros anos do século XX conversara com ex-alunos de Nietzsche – então homens feitos, é claro. "Quando pergunto sobre ele", diz Bernoulli, "todos passam a impressão de ter se sentado não aos pés de um educador, mas de um éforo vivo da antiga Grécia, que avançara no tempo para estar entre eles e falar sobre Homero, Sófocles, Platão e seus deuses. Como se falasse com conhecimento próprio de coisas muito evidentes e totalmente válidas ainda – esta era a impressão que dava a eles." Ficava satisfeito que lessem autores gregos em traduções para o alemão, desde que lessem o máximo possível: estava mais interessado em familiarizar seus alunos com o mundo da Grécia antiga do que em despejar neles gramática e língua gregas (das quais presumia que já tivessem um conhecimento avançado). Às vezes saía do conteúdo curricular para discorrer sobre algo não tão relevante. Por exemplo, perguntava de repente "Digam-me, o que é um filósofo?" e, quando dessem uma resposta inadequada, fazia uma pa-

30. BERNOULLI, C. A. *Friedrich Nietzsche und Franz Overbeck. Eine Freundschaft*. v. 1. Jena, 1908. p. 67.

lestra de improviso sobre o assunto. Um incidente ocorrido em sala de aula ficou famoso. Ele sugeriu aos alunos que lessem a descrição do escudo de Aquiles na *Ilíada* durante as férias de verão; no início do semestre seguinte, perguntou a um deles se o havia lido realmente. O aluno (não há registro do nome dele) respondeu que sim, embora não fosse verdade. "Bem, então descreva-nos o escudo de Aquiles", disse Nietzsche. Seguiu-se um silêncio embaraçoso, que ele deixou continuar por dez minutos – o tempo que considerava necessário para uma descrição do escudo de Aquiles – andando de um lado para o outro, como se escutasse com atenção. Depois disse: "Muito bem, agora que o senhor X nos descreveu o escudo de Aquiles, vamos continuar".

Sua aparência durante os dez anos que passou na Basileia suscitava comentários por causa de sua excessiva atenção às roupas, que beirava o dandismo. Segundo Bernoulli, além de um velho conselheiro público de Baden, ele era o único homem da Basileia que usava uma cartola cinza. Tinha uma estatura um pouco abaixo da média, compleição atarracada e a juventude um tanto obscurecida pelo bigode que já constituía um belo adorno ao seu lábio superior. (Uma foto dele em 1867 já mostra o bigode em seu lugar; uma outra tirada enquanto estava na Basileia revela um aumento considerável no tamanho e espessura, deixando-o cada vez mais parecido com o característico "bigode Nietzsche" da década de 1880, que se pode ver melhor na conhecida foto de 1882, em que parece cobrir a boca inteira. Numa foto tirada com a mãe por volta de 1890, o bigode ultrapassa todos os limites do razoável, arqueando-se sobre a boca e chegando até o queixo.) Ludwig von Scheffler, um de seus alunos, descreveu a aparência de Nietzsche quando o viu pela primeira vez em 1875:[31]

> Eu não esperava que o professor entrasse na sala esbravejando (...) como Burckhardt. Também sabia perfeitamente que um tom desafiador num escritor nem sempre reflete seu comportamento pessoal. Mesmo assim fiquei surpreso com a modéstia, ou mesmo humildade, da postura de Nietzsche ao entrar. Além disso, ele tinha uma estatura abaixo da média (...) E os óculos reluzentes e o bigode espesso davam ao seu rosto aquela impressão de intelectualidade capaz de deixar até homens baixos um tanto imponentes. No entanto, sua personalidade como um todo não expressava nada além de indiferença a qualquer que fosse a impressão que pudesse estar causando.

Esta última observação não parece compatível com o cuidado de Nietzsche ao se vestir, também apontado por Scheffler; mas, em 1875, vestir-se

31. Ibid., v. 1, p. 252.

bem provavelmente era mais um hábito do que um esforço consciente. Scheffler também afirma o que ouvimos igualmente a partir de outros testemunhos: "Quem nunca ouviu a voz de Nietzsche não pode dizer que o conhece.".

Quando foi para a Basileia, não via com bons olhos as pessoas com quem teria de se misturar. Ele escreveu a Ritschl (em 10 de maio de 1869): "Sobre as pessoas da Basileia e seu filisteísmo aristocrático haveria muito a escrever e mais ainda a falar. – Este é o lugar certo para se curar do republicanismo.". Mas depois que se estabeleceu, passou a apreciar consideravelmente a companhia da alta burguesia, fossem eles filisteus ou não, e foi um jovem popular junto à sociedade um tanto fechada e pretensiosa da pequena cidade.

Quando foi designado para a Basileia, a universidade havia lhe pedido para requerer a cidadania suíça a fim de evitar ser removido de seu posto por obrigações militares como cidadão da Prússia; mas embora tentasse cumprir esta exigência, não hesitou em contrariar seu objetivo tão logo se sentiu compelido a fazê-lo, o que aconteceu em agosto de 1870 após a deflagração da Guerra Franco-Prussiana. No dia 8 solicitou uma permissão para "ser útil como soldado ou enfermeiro", e no dia 11 concederam-lhe uma licença "para serviços médicos" junto às forças prussianas. Em meados de agosto começou a trabalhar como enfermeiro em Erlangen, Wörth, Sulz-bei-Weissenburg, Hagenau-Bischweiler, Luneville e Nancy. No dia 7 de setembro, de volta a Erlangen, caiu doente com disenteria e difteria após ter passado três dias e noites cuidando de feridos sem parar. Ele próprio foi para um hospital militar, de onde o transferiram para sua casa em Naumburg a fim de se recuperar. No fim de outubro estava de volta à Basileia.

O descontentamento com a vida acadêmica que o invadira ao assumir sua cátedra ficara encoberto pela torrente de novas impressões que acompanharam seu primeiro ano na universidade; agora, talvez sob a influência da guerra e certamente sob a influência de Wagner, ele vinha à tona outra vez. A referência ao ensino universitário como um "jugo" sempre foi uma constante em sua correspondência com Rohde, com quem nunca deixou de manter estreito contato desde que saiu de Leipzig, e no final de 1870 ele sugeriu que deixassem a vida acadêmica para fundar uma espécie de monastério secular. A sugestão, numa carta de 15 de dezembro, é vaga em relação aos detalhes, mas referências a Wagner deixam claro que a ideia era um desdobramento de seu entusiasmo wagneriano. "Um dia nos livraremos deste jugo", afirma, "*para mim* isso já está decidido." A sugestão dele, acrescenta, não é uma excentricidade, e sim uma "necessidade imperativa [*Not*]". Ele e Rohde escreverão livros, mas não se discute como irão viver. Afirma que acabou de ler a última carta que Rohde lhe escreveu e que, como ele, sente que "seria uma vergonha não conseguirmos sair um dia dessa languidez nostálgica [*sehnsüchtigen Schmachten*] por meio de uma atitude enérgica [*kräftige Tat*]". Essa linguagem é wagneriana: as expressões citadas em alemão pertencem todas ao vocabulário típico de Wagner, e o projeto todo sugere o redespertar de sua ambição de fazer algo "grande" sob o impacto das façanhas de Wagner na independência. Em 1876, como veremos depois, Nietzsche conseguiu por um breve período algo bem parecido com seu monastério secular.

Enquanto isso, estava ansioso para que seu afastamento de Rohde acabasse e insistiu para que encontrasse algum jeito de ir à Basileia. Uma forma de conseguir isso pareceu surgir em janeiro de 1871, quando a cadeira de filosofia da universidade ficou vaga. Nietzsche se candidatou a ela, e indicou Rohde como seu substituto para a cadeira de filologia. Em seu entusiasmo de garantir a nomeação de Rohde, ele superestimou suas chances de ser aceito para o posto filosófico. Não tinha formação acadêmica em filosofia, e sua conhecida parcialidade em relação a Schopenhauer - para não mencionar o fato de defender Wagner - não o ajudava: ele não conseguiu garantir a nomeação, e Rohde não veio para a Basileia, nem naquela ocasião nem depois.

A amizade entre os dois não esfriara; pelo contrário, a distância parecia aumentar o encanto, e por mais alguns anos Nietzsche ainda sentiria que Rohde era seu companheiro de batalha contra o mundo filisteu. Mas havia outros amigos de sua juventude com quem ainda mantinha contato: Pinder e Krug, dos tempos de Naumburg, e Deussen, de Bonn e Leipzig. Com Deussen ele tendia a adotar uma postura mais paternal, quase pedagógica, e o pequeno número de cartas que se tem dele a Deussen revela-o sob um prisma pouco atraente: sem dizer com estas palavras, ele consegue dar a impressão de estar insatisfeito com o progresso de Deussen e sugere que este último deveria pensar melhor sobre o curso que sua vida estava tomando. Como as realizações posteriores de Deussen não deixam nada a dever às de qualquer pessoa do convívio de Nietzsche nos tempos de estudante, não se pode levar muito em conta a opinião de Nietzsche em relação a ele. Sua necessidade de dominar os outros intelectualmente fica bem clara aqui, e mais ainda no cômico desfecho de sua longa amizade com Heinrich Romundt, que havia sido seu colega em Leipzig e agora era professor particular na Basileia, instalado no número 45 da Schützgraben. Na carta em que sugere a fundação de um monastério secular ele cita Romundt como um possível terceiro membro, o que indica ter uma opinião bastante elevada quanto às suas qualidades. Certo dia, em algum momento posterior ao ponto em que estamos, Romundt anunciou sua intenção de se tornar católico. Nietzsche ficou extremamente perturbado, mas em meio às objeções quase (ou pseudo) filosóficas transparece claramente o *amour-propre* ferido de um perfeito egoísta: Romundt estivera sob influência sua quase que diariamente a maior parte da década, e no entanto essa influência havia sido tão pequena que se propunha a fazer algo que, para Nietzsche, parecia inconcebível a alguém que pensa. Nascer católico era uma coisa; mas decidir tornar-se católico depois de passar dez anos escutando Nietzsche – não, isso ele não podia entender nem perdoar.

A necessidade de imprimir suas opiniões em seus contemporâneos e só chamar de amigo a quem concordasse com ele fazia parte de sua natureza inquestionavelmente; mas, ao mesmo tempo, ele era capaz de manter uma amizade sincera com homens mais velhos sobre os quais não tivesse nenhuma influência intelectual. O mais importante, claro, foi Wagner, mas na Basileia ele conheceu outros dois por quem manteve grande afeição pelo resto da vida. O mais velho era Jakob Burckhardt, o historiador. Burckhardt nasceu na Basileia em 1818; sua obra mais famosa, *A Cultura do Renascimento na Itália*, surgiu em 1860, quando tinha 42 anos, e quando Nietzsche o conheceu em 1869 ele já era totalmente firme em suas convicções. Estava presente na palestra inaugural de Nietzsche, que teria gostado muito de manter com ele uma amizade regular. Mas Burckhardt se esquivava de qualquer convivência estreita: as evidências deixadas por aqueles que acompanharam mais de perto o modo como Nietzsche e Burckhardt se comportavam um com o outro – Jakob Mähly, Overbeck e Peter Gast, que conheceram ambos na Basileia – deixam claro que Burckhardt não desejava manter nenhum relacionamento próximo com Nietzsche e o tratava de modo apenas cordial.[32] A influência de um sobre o outro é uma questão a ser debatida, mas de todo modo era fraca. Martin analisa-os como "tipos humanos e filosóficos contrastantes",[33] e de fato os contrastes são

32. Ver VON MARTIN, A. *Nietzsche und Burckhardt*. Munique, 1941, 1947, p. 173 ss., onde as evidências são reunidas e discutidas.

33. Ibid., p. 7.

bem mais marcantes do que as semelhanças, que decorrem principalmente de uma fonte comum em Schopenhauer. O campo de estudo específico de Burckhardt era a história da cultura (em oposição à história política); sua natureza profundamente pessimista fez com que se interessasse pela filosofia de Schopenhauer, e seu desprezo pela filosofia hegeliana da história como "nosso velho conhecido progresso" disfarçado ganhou a aprovação de Nietzsche. A atitude geral de Burckhardt em relação ao estudo histórico é a mesma de Nietzsche, mesmo assim não se pode dizer propriamente que tenha influenciado o jovem, uma vez que isso vem de Schopenhauer, que Nietzsche já teria conhecido. Nietzsche tentou despertar o interesse de Burckhardt pelos seus escritos, e Burckhardt reagiu de modo bastante favorável a *Humano, demasiado humano*, afirmando que fazia lembrar a obra dos grandes moralistas franceses; também achava muito louváveis as obras que vieram logo depois: admirava sua frieza e independência, em contraste com o entusiasmo e o envolvimento de *O nascimento da tragédia* e das *Considerações*. (Foi justamente essa mudança que afastou Rohde.) Anos depois, ele ignorou Nietzsche, embora Nietzsche continuasse a admirá-lo. Erich Heller chama de "frieza quase desumana" a incapacidade de Burckhardt de responder às súplicas de Nietzsche por uma palavra de incentivo, e a compara à frieza de Goethe com aqueles que ele achava que poderiam perturbar seu delicado equilíbrio.[34] Mas o equilíbrio de Burckhardt era bem mais precário do que o de Goethe, e ao ler Burckhardt temos a impressão de que está lutando para evitar uma profunda melancolia. O pessimismo filosófico de Burckhardt parece ser decorrente de uma perda precoce da fé na religião cristã combinada com uma tendência de seu temperamento à introspecção; o próprio Schopenhauer, que nunca teve fé alguma a perder e tinha um lado fortemente sensual em sua natureza, era bem menos pessimista do que Burckhardt. Em todo caso, na época em que Nietzsche propunha meios de Burckhardt superar sua falta de esperança filosófica, Burckhardt estava velho demais para mudar seu caráter ou suas opiniões, e provavelmente foi esta sensação que o fez manter o homem mais jovem à distância.

Alguns meses depois de Nietzsche se estabelecer na Basileia, Franz Overbeck chegou de Jena para assumir a cadeira de "teologia crítica". Overbeck, que nasceu em 1837 e portanto era sete anos mais velho do que Nietz-

34. HELLER, E. "Burckhardt and Nietzsche". In: ______. *The Disinherited Mind*. Londres, 1952.

sche, tornou-se seu único amigo permanente, cuja amizade tinha um caráter puramente pessoal e instintivo. Embora tenha se entusiasmado muito com Wagner durante algum tempo por influência de Nietzsche, na maior parte de sua vida teve opiniões muito divergentes das dele, e seu histórico pessoal era o mais diferente possível. Seu pai era um comerciante alemão naturalizado britânico; sua mãe era francesa. Ele nasceu em São Petersburgo e já tinha 11 anos quando veio morar na Alemanha; falava inglês, francês e russo em casa, e aprendeu alemão quando teve de ir à escola em Dresden. Overbeck tinha talento para fazer amigos. Após sua morte em 1905, foi atacado por Elizabeth Nietzsche por não ter colaborado com o Arquivo Nietzsche em seus últimos anos; a título de resposta, um ex-colega da Basileia escreveu um depoimento sobre as qualidades de Overbeck como homem e como intelectual e enviou a todos os amigos de Overbeck de que se lembrava; ele foi publicado com mais de vinte assinaturas, muitas delas famosas no mundo acadêmico, de cerca de uma dezena de universidades. Mas seu amigo mais chegado na maior parte da vida foi Nietzsche, a quem conheceu quando se instalou no número 45 da Schützgraben. Seu relato desta amizade é uma manifestação absoluta de gratidão pela experiência.[35] "Não havia sombras em nossa amizade", escreve ele. Ao mesmo tempo, não é comedido em suas críticas, que certamente expressou enquanto Nietzsche ainda era capaz de compreendê-las; mas neste caso a crítica não constituía uma "sombra". Com o passar dos anos, Overbeck se afastou filosoficamente de Nietzsche, sendo incapaz de concordar com suas últimas obras; na mesma época, porém, tornou-se mais próximo dele como amigo e nos últimos anos, além de Gast, ele e sua esposa foram os únicos amigos realmente íntimos de Nietzsche.[36] Por fim, de todas as pessoas que o conheceram, foi Overbeck quem correu a Turim quando Nietzsche parecia ter enlouquecido e poderia estar fazendo sabe-se lá o quê. Aparentemente, nunca houve uma briga ou divergência grave entre eles durante toda sua relação – e isso, na história de Nietzsche, é algo singular. A conclusão a que se chega é que Overbeck, uma figura inexpressiva ao lado do herói das biografias de Nietzsche, era na verdade um mestre no trato com as pessoas – ou pelo menos com Nietzsche – que sabia ins-

35. Publicado em BERNOULLI, C. A. op. cit., v. 1 e 2.

36. As recordações de Ida Overbeck sobre Nietzsche são extraordinariamente vívidas e agradáveis; a partir delas se obtém um raro vislumbre de como ele era quando estava à vontade na companhia de pessoas cujo intelecto e opiniões respeitava, e com quem podia conversar naturalmente. Elas foram publicadas em BERNOULLI, C. A. op. cit., v. 1, p. 234-51.

tintivamente quando ceder ou não, quando falar e quando manter silêncio, a fim de preservar uma amizade que não queria perder.

Uma estranha coincidência é que Overbeck conheceu Wagner mais ou menos nas mesmas circunstâncias em que Nietzsche o conheceu. Quando era estudante em Leipzig, havia sido amigo da família Brockhaus e comparecido a reuniões sociais na casa deles em que Wagner estava presente. Wagner não o impressionara muito: ele escreveu aos pais que Wagner tinha "*quelque chose de phraseur et de pathétique*" ao expor suas ideias.[37] Na década de 1870, influenciado por Nietzsche, mudou de opinião, e em 1875, quando visitou Bayreuth durante os ensaios para o festival, foi membro da *Patronatverein* e um ardoroso propagandista da causa wagneriana.[38]

Foi em 1871 que Nietzsche ficou realmente doente pela primeira vez. Já vimos como ele provavelmente contraiu sífilis enquanto estava em Bonn ou em Leipzig, e que desde seus primeiros anos estava sujeito a dores de cabeça, talvez por causa da visão fraca. Até 1870, contudo, não sofrera nenhuma consequência grave; naquele ano sua saúde ficou debilitada pelo acesso de disenteria e difteria que encerrou seu serviço militar, e pouco depois de voltar à Basileia passou a sofrer recorrentes períodos de exaustão; eles se tornaram tão graves que foi obrigado a pedir afastamento. Concederam-lhe uma licença em 15 de fevereiro de 1871 "até o fim do semestre de inverno, para se recuperar de problemas de saúde". Partiu quase imediatamente na companhia da irmã para Lugano, onde permaneceu até o início de abril e, em vez de descansar, trabalhou arduamente em *O nascimento da tragédia*. Provavelmente por causa disso, ainda estava indisposto no verão, que passou com Elizabeth e Gersdorff no Oberland Bernês*. Em outubro foi para Naumburg e visitou Leipzig, onde passou dias agradáveis com Gersdorff e Rohde e foi apresentado ao editor de Wagner, Fritzsch, que publicaria *O nascimento da tragédia*. Regressou à Basileia no fim do ano. Por mais que parecesse curado, havia sido um nefasto interlúdio; embora mal pudesse perceber, sua saúde ficara abalada para sempre; dali para frente nunca mais se recuperaria totalmente, e qualquer tentativa de entender

37. BERNOULLI, C. A. op. cit., v. 1, p. 61.

38. A *Patronatverein* (Associação de Patrocinadores) era uma organização formada por Wagner e seus principais apoiadores para ajudar a financiar o Festival de Bayreuth de 1876. A literatura acerca de Wagner diz muita coisa sobre essa manifestação de apoio, mas o objetivo da *Verein* – cobrir os custos do festival – não foi atingido, e sua real importância é acrescentar às já grandiosas realizações de Wagner ainda mais uma: a formação do primeiro fã-clube organizado.

*. Região mais elevada do cantão de Berna nos Alpes Suíços. (N.T.)

seu comportamento de 1871 em diante deve sempre levar em conta o fato de que, além de qualquer outra coisa que pudesse estar fazendo, estava engajado numa batalha diária contra seus problemas de saúde. O inimigo que aparecia com mais frequência era a enxaqueca: atacava-o durante a noite e às vezes durava três dias, durante os quais ele era incapaz de comer ou, se comesse, de reter o que havia comido. Essas crises deixavam-no exausto e faziam dele uma vítima fácil para outros males. No entanto, sua resistência era tremenda: por várias vezes pareceu estar nas últimas, e por várias vezes se recuperou; até finalmente resumir sua experiência no conhecido epigrama: "O que não me mata me fortalece" (GD/CI I, 8). Pode ser uma máxima questionável, de modo geral, mas no caso dele parece corresponder à realidade.

CAPÍTULO 5
WAGNER,
SCHOPENHAUER, DARWIN E OS GREGOS

Eles foram degraus para mim,
eu subi por eles – por isso tinha de transpô-los.
Mas achavam que eu queria repousar sobre eles.
(GD/CI I, 42)

1

Logo depois de chegar à Basileia, assim que pôde Nietzsche visitou Wagner em Tribschen. Wagner estava trabalhando quando ele o procurou pela primeira vez no dia 15 de maio (1869), mas convidou Nietzsche a voltar para o almoço; Nietzsche não podia, por isso Wagner sugeriu que retornasse dois dias depois, na segunda-feira de Pentecostes. O encontro foi tão produtivo que o convidaram novamente, desta vez para participar das comemorações do aniversário de Wagner no dia 22. Impossibilitado por seus deveres como docente, Nietzsche só voltou a Tribschen no fim de semana de 5 a 7 de junho. Dali em diante se tornou um frequentador assíduo, hospedando-se na casa da família Wagner por 23 vezes entre maio de 1869 e abril de 1872, quando Wagner partiu para Bayreuth. Passou com eles o Natal de 1869, e novamente o de 1870; nesta ocasião fez parte do pequeno público que ouviu a primeira apresentação do *Idílio de Siegfried*, presente de Natal e aniversário de Wagner para Cosima. (Ela fazia aniversário no dia 24 de dezembro.) Antes que o ano de 1869 terminasse ele já havia sido aceito – ou seria quase adotado – como membro da casa, tendo um quarto que poderia usar sempre que quisesse; costumava cuidar dos filhos de Wagner, que o tratavam como um irmão mais velho.

A importância da relação com Wagner na vida de Nietzsche dificilmente pode ser exagerada. A experiência foi um despertar: seus olhos se abriram às possibilidades de grandeza ainda existentes na natureza humana.

Conheceu o significado de genialidade e força de vontade, expressões que havia usado sem ter consciência real de seu verdadeiro significado. Com o passar do tempo ele aprendeu outras coisas com Wagner, coisas que nem sempre Wagner teria lhe ensinado com o maior prazer: que até o homem mais sincero é um ator, que mesquinhez e grandeza podem coexistir na mesma alma, que amor e ódio não são incompatíveis, e sim aspectos contrários da mesma emoção. Observando Wagner ele se tornou um psicólogo, tendo diante de si uma das naturezas mais versáteis e abertas que já surgiram na face da terra, e a revelação decisiva que originou a teoria da vontade de poder surgiu quando ele percebeu que as tremendas obras de Wagner eram essencialmente um produto de sua necessidade igualmente tremenda de dominar os outros.

Tribschen era (e ainda é) uma grande casa quadrada na Suíça alemã, com vista para o Lago Lucerna. Wagner se mudou de Munique para lá em abril de 1866, e foi acompanhado um mês depois por Cosima, esposa de Hans von Bülow, e pelas três filhas dela, uma das quais era também filha de Wagner. (Ele e Cosima se casaram em agosto de 1870. Nietzsche foi convidado a ser testemunha, mas na época estava servindo às forças prussianas na França.) Durante os seis anos em que residiu ali, Wagner concluiu o *Meistersinger* e *Siegfried* e compôs *Götterdämmerung*; estava, portanto, no auge de sua atividade quando Nietzsche se tornou íntimo de Tribschen.

Vimos que Nietzsche era um entusiástico admirador de Wagner antes de sair de Leipzig, e podemos arriscar um palpite de que a proximidade entre Lucerna e a Basileia – cerca de 80 km de distância – contribuiu para sua decisão de aceitar o posto na Basileia. Seja como for, ele procurou Wagner sem perda de tempo. É verdade que Wagner o convidara a visitá-lo, mas pode ter sido simplesmente por mera educação: não era muito provável que sequer se lembrasse do estudante de Leipzig. Mas, como se viu, Nietzsche o havia impressionado; Wagner se lembrava dele, e quanto mais o conhecia mais gostava dele. Nietzsche estava dominado, e sua devoção a Wagner logo se revelou. Suas cartas desse período são um testemunho de seu fascínio sem limites. Em sua primeira carta a Wagner (de 22 de maio de 1869), ele assinou como "seu mais fiel e devoto seguidor e admirador", e em pouco tempo se dirigia a Wagner como *Meister*. Suas cartas aos amigos transbordavam de elogios à genialidade e alegria de Wagner com sua própria sorte. Ele escreveu a Gersdorff com entusiasmo (em 4 de agosto):

> Encontrei um homem que se revela aos meus olhos, como nenhum outro, a imagem do que Schopenhauer chama de "gênio" e totalmente impregnado

> desta filosofia tão maravilhosamente intensa [a de Schopenhauer]. Não é outro senão Richard Wagner, e não acredite em nada do que os jornalistas e musicógrafos escrevem sobre ele. *Ninguém* o conhece nem pode julgá-lo porque o mundo todo está numa posição diferente da dele e fica desorientado em sua atmosfera. Nele reside um idealismo tão intransigente, uma humanidade tão profunda e comovente, uma seriedade de propósitos [*Lebensernst*] tão exaltada, que perto dele me sinto perto do Divino.

Esta linguagem eufórica e não muito coerente caracteriza uma dezena de manifestações semelhantes. Sua própria carreira começou a ficar em segundo plano diante da importância de apoiar os planos de Wagner: em 1870 Nietzsche propôs tirar uma licença de dois anos da universidade para trabalhar no projeto de Bayreuth, e em 1872 teve a ideia de abandonar totalmente sua cátedra para se colocar à disposição de Wagner. Se estes sacrifícios não lhe foram exigidos de fato é porque não teriam grande utilidade.

Mas embora estivesse disposto a dedicar seu tempo e energia a serviço do homem mais velho, sua devoção ao "wagnerismo" sempre foi ambígua. É verdade que passou a manifestar uma predileção pelas expressões wagnerianas, mostrando um declínio em sua competência no uso correto da língua alemã, e exortava os amigos a estudar certas composições em prosa de Wagner, chegando a recomendar o terrivelmente absurdo *Estado e religião*, escrito por Wagner para edificar seu patrono, o rei Ludwig da Baviera, e que Nietzsche chama de "profundo" e acrescenta: "Jamais alguém se dirigiu a um rei de maneira mais digna e filosófica."[39]. Mas com os fundamentos da filosofia de Wagner ele nunca concordou. Sua pose de filósofo e visionário não se justificava: ele tinha um cérebro extremamente ativo, mas sua capacidade de raciocínio não era das melhores; pontificava sobre questões nas quais era totalmente ignorante; e tinha o hábito de revestir seus escritos com uma terminologia não totalmente compreendida de Feuerbach e Schopenhauer, conferindo-lhes um ar de profundidade espúrio. O fato de Nietzsche admirar alguns deles deve ser considerado uma demonstração da proverbial cegueira do amor. (Ele atinge o sublime com inconsciente ironia quando, numa carta de abril de 1873, conta a Wagner que tem nas mãos um texto polêmico contra "o famoso escritor" David Strauss, no qual pretende expor as falhas estilísticas "do tipo mais abominável" da prosa do pobre homem. O estilo de prosa do próprio Wagner é um dos mais "abomináveis" de toda a literatura alemã por sua obscuridade

39. Carta a Gersdorff de 4 de agosto de 1869.

e contorções labirínticas.) Foi nos escritos de Wagner sobre estética, e especialmente nas cinco obras do período entre 1849 e 1851, que Nietzsche encontrou ideias que poderia utilizar. Um breve relato de seus principais argumentos indicará o que extraiu delas.[40] A série que vai desde *Arte e revolução* até *Comunicado aos meus amigos* constitui um grupo pertencente ao período entre *Lohengrin* e *Rheingold*, em que Wagner não compôs quase nada por cinco anos e meio, enquanto retomava a problemática da relação entre a música, as palavras e a ação dramática na ópera. Os cinco ensaios possuem uma coerência lógica e emocional que confere a eles, como um todo, um caráter muito tocante: *Arte e revolução* começa com uma visão do teatro da Grécia antiga como centro e expressão máxima da vida cultural de um povo; *Comunicado* termina com o anúncio da intenção de Wagner, "em algum momento futuro", de oferecer à Alemanha um modelo para reconduzir o teatro a essa posição elevada.

Arte e revolução (julho de 1849) enuncia um dos dois principais preceitos da estética de Wagner: o de que as artes individuais outrora fizeram parte de uma única atividade artística, a tragédia da antiga Atenas. O drama, afirma ele, é a "forma mais elevada de arte que se pode conceber" (p. 33) porque, em sua verdadeira perfeição, é uma união de todas as artes. Ele só atingiu essa perfeição uma vez: no drama trágico de Atenas; esta forma suprema de arte desapareceu quando se desintegrou em seus componentes individuais. Por fim "todos os impulsos da Arte permaneceram estagnados diante da Filosofia (...) À *Filosofia*, e não à Arte, pertencem os dois mil anos que se passaram desde a decadência da Tragédia Grega até os nossos dias" (p. 35). Durante a era cristã o gosto pela beleza, do qual a Igreja se serviu, não foi uma expressão da cultura do povo, mas uma profunda contradição com toda a visão de mundo cristã: a admiração pela beleza é pagã (p. 40). *A obra de arte do futuro* começa com a afirmação: "A Arte está para o Homem como o Homem está para a Natureza" (p. 69). A Natureza, afirma Wagner, trabalha por necessidade; o homem, por capricho ou egoísmo, e por isso se perde. "Mas o Erro é o pai do Conhecimento; e a história de como o Conhecimento nasceu do Erro é a história da raça humana" (p. 70). Na arte, esse egoísmo do indivíduo se reflete no egoísmo das artes individuais isoladamente; mas a arte verdadeiramente

40. As citações são extraídas de tradução de W. A. Ellis para as *Obras em prosa* de Wagner (8 v., Londres, 1892-1899) e citadas pelo número da página. *Ópera e drama* constitui o v. 2; as demais são incluídas no v. 1.

necessária é a arte produzida pela natureza. A natureza não produz a arte por meio do indivíduo, mas do conjunto da massa humana, e este é o segundo preceito principal da estética de Wagner: o verdadeiro artista é o "povo". O "povo", aliás, foi responsável por todas as invenções humanas, desde a fala até o Estado; mas sua maior invenção foi o drama, a obra de arte total, na qual o homem inteiro se expressa com todas as suas forças. O "povo" ainda existe, mas anda submerso numa confusão de indivíduos; precisa ser novamente despertado a tomar consciência de sua "missão de redenção", que é a de restituir à arte "as instintivas leis da Natureza" (p. 81). A obra de arte do futuro será um produto de cooperação, em que o arquiteto, o pintor, o mímico, o poeta e o músico abandonarão sua individualidade egoísta para colaborar uns com os outros em direção a um único fim; mas, de uma forma mística não esclarecida, o verdadeiro criador da obra de arte será o "povo". Em *Arte e clima* (fevereiro de 1850) Wagner responde à crítica de que o tempo nos climas do norte não permitiria uma "embriaguez extasiada do sentido da beleza". A obra seguinte, *Ópera e drama* (janeiro de 1851), revela como nenhuma outra que ele tenha escrito as limitações e o completo egocentrismo, bem como a fertilidade quase sem limites da mente extraordinária de Wagner: em quase quatrocentas páginas de prosa tortuosa ele luta para sustentar uma tese cuja falsidade objetiva é quase palpável, mas cuja força reside em sua veracidade quando aplicada ao próprio Wagner. Ele começa com a alegação de que "o erro no gênero artístico da Ópera reside no fato de que um Meio de expressão (Música) se tornou o fim, enquanto o Fim da expressão (o Drama) se tornou um meio" (p. 17) e segue mostrando que até então a ópera e o drama eram formas de arte mutiladas e que o vindouro *O anel dos nibelungos* era, não apenas em geral mas também em todos os seus detalhes, a única forma válida de obra dramática. *Comunicado aos meus amigos* (agosto de 1851) se dispõe a explicar aparentes contradições entre suas óperas e suas teorias, e termina com o anúncio do projeto que consumiria boa parte do tempo e energia de Nietzsche enquanto esteve ligado a Wagner: "Proponho produzir meu mito [o *Anel*] *em três dramas completos*, precedidos por um longo *Prelúdio* (...) para sua apresentação, devo obedecer o seguinte plano: – Em um Festival especialmente destinado, proponho, em algum momento futuro, produzir esses três Dramas com seu Prelúdio, *no decurso de três dias e uma noite preliminar*" (p. 391). Esse festival constituirá um modelo para a obra de arte popular do futuro; como será produzido é algo que ele deixa para o futuro e para as ideias de seus amigos.

O efeito mais generalizado dessas teorias artísticas de Wagner sobre Nietzsche foi voltar sua atenção para o drama. Até então não tivera nenhum interesse especial pelo drama e não vira nele nenhum valor especial; mais tarde o depreciaria; mas durante seu período wagneriano ele o via através dos olhos de Wagner. Sua avaliação da tragédia ateniense era exatamente a de Wagner, e sua teoria sobre o porquê de seu declínio é perfeitamente bem expressa pelas palavras de Wagner: "À *Filosofia*, e não à Arte, pertencem os dois mil anos que se passaram desde a decadência da Tragédia Grega até os nossos dias.". A visão de que a arte é essencialmente não cristã, que Nietzsche sustentou pelo resto da vida, também é claramente anunciada em *Arte e revolução*. A dualidade inerente à filosofia de Schopenhauer, que Nietzsche transferiu para sua própria, também aparece na estética de Wagner, e o dualismo de *O nascimento da tragédia* provavelmente decorre tanto de Wagner como de Schopenhauer. Wagner aceitava a dicotomia entre o Homem e a Natureza, a Arte e o Homem, com sua habitual e despreocupada indiferença às dificuldades, e sob sua influência Nietzsche também procurava resolver os problemas por meio de dois princípios autossuficientes: Apolo e Dionísio de *O nascimento da tragédia* correspondem não apenas ao intelecto e à vontade, extraídos de Schopenhauer, mas principalmente à arte e à natureza, extraídas de Wagner. O homem fracassa, afirma Wagner, porque seu intelecto o afasta da natureza, mas "o Erro é o pai do Conhecimento, e a história de como o Conhecimento nasceu do Erro é a história da raça humana". Wagner nunca se pergunta como o erro contínuo pode acabar levando por fim ao conhecimento, e nos escritos de Nietzsche não há nada que simbolize melhor o seu afastamento da influência de Wagner do que a abertura de *Humano, demasiado humano*, em que questiona exatamente este ponto:

> Quase todos os problemas filosóficos ainda carregam a mesma pergunta de dois mil anos atrás: como pode algo se originar de seu oposto, por exemplo, o racional do irracional, o senciente do que está morto, o lógico do ilógico, a contemplação desinteressada do desejo cobiçoso, o viver para os outros do egoísmo, a verdade do erro? Até agora, a filosofia metafísica superou essa dificuldade negando que uma coisa se origina de outra e supondo para as coisas de maior valor uma origem milagrosa que reside no próprio cerne e na essência da "coisa em si". Já a filosofia histórica, que não se pode mais separar das ciências naturais, o mais recente de todos os métodos filosóficos, constatou em certos casos (...) que não existem opostos (...) e que na base desta antítese há um erro de raciocínio: segundo esta interpretação, a rigor não existe ato altruísta nem contemplação totalmente desinteressada; ambos são apenas sublimações em que o elemento básico parece ter se dispersado, revelando-se somente ante a observação mais cuidadosa. (MA/HH 1)

Esta passagem é um divisor de águas na filosofia de Nietzsche: de um lado está o dualismo que herdou de Wagner e Schopenhauer; do outro, o monismo que ele próprio desenvolveu.

Por algum tempo ele aceitou, ao menos em parte, a teoria wagneriana do *Gesamtkunstwerk* – a obra de arte total – mas nunca aceitou a mística wagneriana do "povo". A imagem deslumbrante de Wagner do povo como gênio não teve qualquer efeito sobre ele, nem mesmo durante a primeira onda de entusiasmo em 1869, e em sua palestra sobre *Homero e a filologia clássica* ele se empenhou em expressar seu desprezo pela ideia de uma poesia produzida pela massa popular: "As massas nunca receberam tratamento mais lisonjeiro do que ter suas cabeças vazias coroadas, assim, com os louros da genialidade", afirma ele; o "contraste entre a poesia popular e a poesia individual não existe". Em *A obra de arte do futuro* Wagner dedicara algumas linhas a Homero:

> Nem foi o verdadeiro *épico do Povo*, de forma alguma, um mero poema recitado: as canções de Homero, tais como hoje as possuímos, são resultado de crivos e compilações de um tempo em que a Epopeia genuína deixara há muito de existir (...) antes que estas canções épicas se tornassem objeto de (...) atenção literária, elas haviam florescido no meio do Povo, entremeadas de voz e gesto, como uma obra de arte realizada pelo corpo.

A Ilíada era, na verdade, um drama musical comunal, mas a música se perdeu e tudo que nos restou é um "mero" poema. Nietzsche parece contradizer isso diretamente ao afirmar sobre Homero que "nada ganhamos com a teoria da alma popular que poetiza, (...) somos sempre remetidos ao indivíduo poético".

A concordância ou divergência em relação à teoria, contudo, tinha importância secundária: o que mais importava era o relacionamento pessoal. É conhecida a maneira como o próprio Nietzsche resume: "Não faço muito caso do resto das minhas relações humanas; mas por preço nenhum apagaria de minha vida os dias passados em Tribschen, dias de confiança mútua, de alegria, de sublimes acasos – de momentos *profundos*. Não sei o que Wagner foi para os outros: em *nosso* céu jamais passou uma nuvem." (EH/EH II, 5). Já disseram que este relato idealizado não é sustentado pelos fatos, e uma vez que *Ecce Homo* costuma ser repudiado como sendo as últimas palavras desvairadas de uma mente à beira da dissolução, suas referências a Wagner são menosprezadas. Mas *Ecce Homo* é bastante lúcido no que diz respeito a Wagner, e o que ele nos conta é o que Nietzsche guardou consigo dos anos passados em Tribschen: a lembrança que tinha de sua vida com Wagner, dezesseis anos depois. Ele nos diz: "em *nosso* céu jamais passou uma nuvem.". Não somos obrigados a levar isso ao pé da letra e, ao ouvir as trovoadas, declarar que a memória dele falhou. Ele está se recordando de toda uma situação, e quando afirma que foi mais feliz na companhia de Wagner do que de qualquer outra pessoa, não temos escolha a não ser acreditar nele. É comum o comentário de que Wagner se tornou para ele uma "figura paterna", e havia mesmo determinadas razões que o tornavam particularmente apto a assumir o papel que o Pastor Nietzsche deixara vago vinte anos antes. Ele tinha exatamente a idade que o Pastor Nietzsche teria se estivesse vivo, uma vez que os dois homens nasceram em 1813; era nascido em Leipzig e sua voz guardava fortes traços do dialeto saxão, que às vezes exagerava para causar um efeito cômico; e também é fato que ele se parecia com o Pastor Nietzsche.[41] Mas embora Nietzsche possa ter entendido que Wagner assumira um papel de pai em sua vida, em momento algum tenta explicar o domínio de Wagner sobre ele dessa forma. O que ele diz é:

> Por ser, em meus instintos mais profundos, estranho a tudo que é alemão, a ponto de a simples presença de um alemão atrapalhar minha digestão, meu primeiro contato com Wagner foi também a primeira vez em minha vida em que respirei fundo: eu o senti, reverenciei como um *estrangeiro* [*als Ausland*], como o oposto, o protesto encarnado contra todas as "virtudes alemãs" (...) Wagner era um revolucionário – fugia dos alemães (...) O alemão é bonachão – não havia nada de bonachão em Wagner (...) [Ele emprega a mesma terminologia ao tentar explicar o fim da amizade:] O que nunca perdoei em Wagner? O fato de ter sido condescendente com os alemães – de ter se tornado *reichsdeutsch*. (EH/EH II, 5)

Em seus últimos anos ele empregava o termo "alemão" como um ideograma para o tipo de homem que seus compatriotas representavam para ele: o homem de classe média, o contente conformista em matéria de pensamento e moral, o *ungeistiger Mensch*; e nesse sentido Wagner era, definitivamente, "não alemão". Foi o caráter dele confrontado ao ambiente em que ambos viviam, sua conduta estranha e rebelde, que atiçou a imaginação de Nietzsche. Os contemporâneos de Wagner sabiam muito bem a que

41. BLUNCK, R. op. cit.; contém uma foto do Pastor Nietzsche. A semelhança com Wagner, longe de ser exata, é grande o suficiente para chamar a atenção e, certamente, grande o bastante para que seu filho a tivesse notado. Blunck registra que Wagner e Nietzsche eram parentes distantes: suas mães tinham um ancestral comum chamado Caspar Spörel ou Spörl, que viveu de 1530 até por volta de 1600 e foi burgomestre de Saalburg (p. 20).

espécie de homem ele pertencia: à do perfeito boêmio. De *Tannnhäuser* em diante suas óperas revelam um total desprezo pelos padrões normais de comportamento, e não há herói wagneriano que não os desrespeite. (Até mesmo no genial *Meistersinger* os representantes da respeitável classe média são ridicularizados.) No que se refere a seu próprio comportamento, ele talhou sua moral com a indiferença à opinião pública de um Goethe ou um Rimbaud. Seu temperamento boêmio se expressava de forma visível em suas roupas extravagantes: quando Nietzsche foi recebido pela primeira vez em Tribschen, na manhã da segunda-feira de Pentecostes de 1869, Wagner vestia seu traje de pintor holandês – casaco de veludo preto, calças até os joelhos, meias de seda, sapatos com fivelas, boina ao estilo de Rembrandt e uma gravata azul-clara. O esplendor exagerado de seus aposentos – as paredes forradas de cetim, a profusão de objetos de arte, o perfume – era tão famoso quanto suas óperas e objeto de escárnio para o mundo filisteu. Popularmente se considerava que seu egoísmo ultrapassara os limites do bom senso, e para muitas pessoas de bem ele era simplesmente maluco: o empreendimento de Bayreuth era visto como o projeto de um megalomaníaco para quem as casas de ópera existentes não eram boas o bastante. Para os mais íntimos Wagner também não parecia menos anormal do que para o resto do mundo; eles sabiam quanto era exigente além do normal, quanto desejava de seus amigos; mas sua genialidade lhes parecia tão evidente que muitos acreditavam estar servindo a seus próprios interesses ao servi-lo. Este era o "protesto encarnado" contra todas as coisas "alemãs" que primeiro fascinou e depois cativou Nietzsche, e cuja fascinação ele nunca negou, nem mesmo quando se convencera de que Wagner era um decadente.

Uma palavra a respeito de Cosima. Durante o período de que estamos tratando, ela era dedicada a Wagner a ponto de excluir todos os outros, e embora fosse, até onde se sabe, invariavelmente gentil com Nietzsche, estava inclinada também a patrociná-lo, e não hesitava em fazer comentários negativos sobre seu trabalho quando não estava à altura do que ela e Wagner esperavam – isto é, quando refletia outras opiniões que não as de Wagner ou, pior ainda, não tinha nada a ver com Wagner. Cosima o incumbiu de algumas pequenas tarefas pela causa[42] e o convidou a ir a Tribschen

42. O próprio Wagner confiou a Nietzsche a tarefa de providenciar a impressão de sua autobiografia, *Mein Leben*, numa gráfica da Basileia e se encarregar das provas, um sinal do quanto Nietzsche se tornara próximo dele.

porque sua presença parecia benéfica a *Wagner.* Apesar disso tudo, ela causou uma profunda impressão em Nietzsche. Ele escreveu seus *Cinco prefácios para cinco livros não escritos* de presente para ela; em seus devaneios dos últimos anos ela faz o papel de Ariadne para o seu Dionísio (Wagner é Teseu); e entre as cartas que enviou após seu colapso mental havia uma endereçada a ela onde se lia simplesmente: "Ariadne, eu te amo. Dionísio.". Posteriormente, já na clínica em Jena, há registros de que teria dito: "Minha esposa Cosima Wagner me trouxe para cá.".

2

A relação de Nietzsche com Wagner foi fortalecida por sua mútua atração por Schopenhauer e cabe ressaltar que, quando rompeu com Wagner por volta de 1876, ele rompeu também com Schopenhauer; pois, apesar de sua reputação como "discípulo", sua filosofia derradeira é contrária à de Schopenhauer em todos os pontos. O que mais atraiu Nietzsche, na verdade, foi a personalidade do homem, que apresenta uma estreita semelhança com sua própria.

No início de sua biografia de Schopenhauer escrita em 1890, o professor W. Wallace faz algumas observações pertinentes sobre as diferenças entre a filosofia da Alemanha e a da Inglaterra naquela época:

> Salvo algumas notáveis exceções, pode-se dizer que na Inglaterra (...) a corrente filosófica não teve sua nascente nas Universidades e o elemento profissional foi totalmente secundário. Na Alemanha, ao contrário, os tesouros da sabedoria erudita foram confiados aos cuidados de uma ordem oficial escolhida, os professores das Universidades (...) Enquanto a filosofia alemã usou um dialeto técnico próprio, a filosofia inglesa foi escrita na linguagem comum da literatura (...) Schopenhauer nos lembra mais a Inglaterra do que a Alemanha (...) Pela obra de professor sistemático que era, sem o preparo exigido de uma formação metódica, e destituído ainda mais da regular, precisa e quase prosaica faculdade que reparte a sabedoria em volumes palpáveis para ser consumida por públicos atraídos primeiramente não pela paixão filosófica, mas pela pressão das determinações acadêmicas. Mas se era inapto a ser um professor desta lógica e ética sistemáticas que nunca conheceu profundamente, ele era por seu próprio diletantismo, por sua faculdade literária, por seu interesse pelos problemas à medida que surgem à mente natural, qualificado para estimular, guiar, talvez até fascinar aqueles que, como ele próprio, eram levados pelo temperamento, pela situação, por problemas interiores, a perguntar o porquê e para quê de todo este mundo ininteligível.[43]

43. WALLACE, W. *A vida de Arthur Schopenhauer.* Londres, 1890. p. 11 ss.

O nome de Nietzsche poderia substituir o de Schopenhauer neste trecho sem prejudicar sua veracidade. Como Schopenhauer, ele era um verdadeiro filósofo atuando fora da disciplina em que os filósofos alemães geralmente atuam; e como ele, descobriu que seu caminho em direção ao reconhecimento, talvez por isso mesmo, seria difícil.

O mundo como vontade e representação surgiu no fim de 1818 (com data de 1819 na folha de rosto), publicado pela Brockhaus, de Leipzig. Quando, em 1834, Schopenhauer perguntou quantos exemplares ainda restavam, disseram-lhe que havia pouquíssimos – a maior parte da edição tinha sido vendida como papel velho. De fato, a obra não despertara o menor interesse. Schopenhauer tinha 30 anos quando sua grande obra surgiu; quando estava com 56, em 1844, convenceu Brockhaus a publicar uma segunda edição, mas o reconhecimento e o sucesso ainda lhe escapavam até que, em 1851, publicou *Parerga e paralipomena* (título deliberadamente pedante que significa "Fragmentos e sobras"), uma miscelânea de ensaios bem mais acessível do que sua obra principal, e que revelou a um grande corpo de leitores a presença em seu meio de um escritor e pensador do primeiro escalão. Seu êxito despertou o interesse por *O mundo como vontade e representação*, e em 1856 a faculdade de filosofia de Leipzig ofereceu um prêmio por uma apresentação crítica de sua filosofia. Desde então até sua morte em 1860 ele foi famoso, mas nem tanto quanto gostaria, e morreu um homem frustrado e amargurado.

O tipo de influência e aceitação que esperava só veio após sua morte. Vimos que seu principal livro era desconhecido para Nietzsche até 1866, quando o leu pela primeira vez, mas já cativara Wagner muito tempo antes, e com a ascensão de Wagner à fama mundial nas décadas de 1860 e 1870, Schopenhauer se tornou mais conhecido por intermédio de seu defensor; além disso, homens mais jovens como Nietzsche estavam fascinados por ele, e em meados da década de 1870 seu nome já ganhara na Alemanha o tipo de notoriedade que o de Shaw tinha na Inglaterra nos primeiros anos do século XX. Mas era solitária a proeminência em que se encontrava: nem Wagner, nem Nietzsche, seus "discípulos" mais famosos, merecem este nome, e seu verdadeiro sucessor, se é que teve algum, foi Paul Deussen. Quando se fala em Schopenhauer, é preciso fazer distinção entre três diferentes aspectos de sua obra: sua filosofia, seu filosofar e sua influência na popularização da filosofia do Oriente. Sua filosofia não é um sistema, e sim "um pensamento único", como ele mesmo afirma no prefácio da primeira edição de *O mundo como vontade e representação*, que não pode ser desenvolvido, apenas mais elaborado, e o próprio Schopenhauer se manteve fiel a isso até suas últimas conclusões, não deixando coisa alguma para qualquer "discípulo" fazer a não ser concordar; a "influência" desse pensamento único vem seguindo seu curso há muito tempo, e se a importância dele se resumisse a isso, ele seria hoje apenas mais um nome na história da filosofia. Mas não: tanto sua obra principal como *Parerga* estão repletas de genuína sabedoria e pensamento original, escritos no mais atraente estilo literário que qualquer filósofo alemão da época tivera a seu dispor. Foi este Schopenhauer que se tornou famoso e até hoje é lido – mas que já não poderia ter um sucessor como, digamos, Emerson ou Carlyle, a quem também se assemelha na seriedade de seu tom e na independência de sua mente. O único aspecto em que poderia ter sido um ponto de partida para um maior desenvolvimento é na popularização dos conceitos da filosofia hindu no Ocidente, e aqui o trabalho de Deussen pode ser considerado uma fecunda continuação do de Schopenhauer. Nietzsche extraiu de Schopenhauer o que poderia utilizar e deixou de lado o resto; Wagner ficou dominado por *O mundo como vontade e representação* quase tanto quanto Nietzsche, mas, incapaz de criticá-lo, simplesmente rendeu-se a ele, até onde o compreendia, em detrimento de sua compreensão de si mesmo; Deussen, por outro lado, aprendeu sânscrito, estudou a filosofia hindu em sua origem e dedicou seu talento para traduzi-la e apresentá-la ao Ocidente, inspirado pela convicção de que Schopenhauer mostrara o grande valor deste mundo de ideias até então pouco conhecido e de que a sabedoria nele contida era idêntica à contida na própria filosofia de Schopenhauer.

Em sua primeira onda de entusiasmo, Nietzsche aceitou Schopenhauer *tout court* e "negou a vontade" tão veementemente quanto Wagner pensava fazê-lo. (Uma crítica válida em relação à filosofia de Schopenhauer é a de que sua definitiva exortação à "negação da vontade" é impossível na prática, e que tanto Nietzsche como Wagner não chegaram nem perto da santidade ascética exigida pelo moralista em quem ambos, sem dúvida, acreditavam com a maior sinceridade. O próprio Schopenhauer era notoriamente um *bon vivant*, fato que Nietzsche não esqueceu ao escrever a quarta parte de *Zaratustra*, em que Schopenhauer aparece.) Mas esta foi uma fase passageira que deixou poucas marcas em sua própria filosofia: o que ele guardou foi a imagem de um filósofo incansável em sua busca pela verdade, que não tinha medo de "verdades duras" e, caso singular entre os filósofos alemães, realmente sabia escrever – pois não se pode esquecer que uma parte da influência de Schopenhauer, talvez sua maior parte, devia-se não ao que ele dizia, mas ao modo como dizia. Seu belo estilo, aliás, é a chave para o mistério que fez com que uma doutrina tão estranha e desoladora como a de Schopenhauer conseguisse dominar a mente de tantos jovens, conflitando-se desta maneira com o que a maioria dos jovens sempre prezou. Schopenhauer falava diretamente a eles como artista, e oferecia "o mundo, a vida, (...) Inferno e Paraíso" explicados, representados, perfeitamente dominados num único lampejo de inspiração. Quando rompeu com o cristianismo e a religião, Nietzsche falava em se aventurar no mar da dúvida, em meio ao qual muitas vezes se anseia por voltar à terra firme: Schopenhauer era a terra firme sobre a qual descansou temporariamente.

Embora tenha rido mais tarde da brutal incoerência entre a doutrina de Schopenhauer e o modo como o filósofo vivia na realidade, Nietzsche nunca perdeu realmente seu respeito pelo "sábio de Frankfurt", que lhe forneceu o primeiro indício de que um filósofo pode trabalhar completamente sozinho e sair vitorioso. Mas pela filosofia de Schopenhauer ele realmente acabou perdendo todo o respeito, considerando-a não apenas totalmente equivocada, mas um grave sintoma da decadência do homem ocidental. É verdade que tirou de Schopenhauer o conceito de primazia da vontade, mas a vontade de poder é tão diferente da vontade de Schopenhauer que os dois princípios não têm praticamente nada em comum a não ser a palavra "vontade", e se Nietzsche tivesse sido mais cuidadoso com sua terminologia talvez tivesse usado alguma outra expressão.

A filosofia de Schopenhauer tem sua origem em Kant, de quem ele se considerava o único sucessor, e deriva de duas conclusões principais de Kant: a de que o mundo da realidade objetiva é um mundo de "aparência", e a de que a razão prática é primária, e a razão teórica, secundária na vida do homem. O mundo de Kant enquanto númeno e fenômeno, enquanto coisa em si e aparência, torna-se o mundo de Schopenhauer enquanto vontade e representação; a razão teórica de Kant é identificada com o intelecto, e sua razão prática, com a vontade; e a vontade é primária, o intelecto, secundário.

Em sua tese *Sobre a raiz quádrupla do princípio da razão suficiente* (1813), Schopenhauer mencionara quatro tipos de conhecimento: lógico, ético, científico e matemático. Em nenhum deles, afirmava, fazemos mais do que estabelecer relações entre as ideias. Agora, em *O mundo como von-*

tade e representação, ele fala de um outro tipo de conhecimento que não relaciona uma ideia a outra, mas sim a uma realidade imediata: o conhecimento de si mesmo. O "pensamento único" que constitui sua filosofia é a premissa: "Meu corpo e minha vontade são uma coisa só.". Tenho consciência de mim mesmo objetivamente, como tenho consciência das outras coisas, enquanto um objeto existente no espaço e no tempo, enquanto "fenômeno"; mas também tenho consciência de mim mesmo subjetivamente, enquanto vida, sentimento, sofrimento, desejo – ou, no termo abrangente de Schopenhauer, enquanto vontade. Esta forma de percepção difere radicalmente da percepção intelectual. O intelecto divide a realidade em fragmentos, e tudo o que vê são "aparências" ou "representações", mas a consciência imediata do eu não é uma percepção desse tipo: conhecendo a mim mesmo enquanto vontade posso sentir a unidade interior da vida, fora do espaço e do tempo. Como é da natureza do intelecto fragmentar e isolar as coisas, na vida cotidiana vemos a nós mesmos como objetos isolados, individuais. Mas todo conhecimento é relativo, depende de outro conhecimento, e a fragmentação do mundo não é completa nem mesmo no nível intelectual. Há uma unidade básica ligando todas as coisas, e esta unidade básica é percebida por nós pelo modo de conhecimento acima descrito: percebemos uma identidade entre nosso corpo físico e nossa vontade imaterial, e este princípio de identidade é a chave para a unidade de todas as coisas, materiais e imateriais. Schopenhauer insiste firmemente na antítese absoluta entre o intelecto e a vontade, e limita os atributos da vontade a um simples desejo de viver, atribuindo todas as outras qualidades, inclusive a consciência, ao intelecto. A razão pela qual deve fazer isso se torna clara a partir do estágio seguinte de nosso argumento: se conseguirmos entender que nosso corpo é a forma exterior de nossa vontade, e que nossa vontade é a forma interior de nosso corpo, devemos ver que todos os outros objetos também são a forma exterior de uma vontade interior. A vontade que sentimos como nosso verdadeiro ser é também o verdadeiro ser de todas as coisas; e uma vez que o tempo, o espaço e a separação são propriedades do mundo fenomênico apenas, o mundo numênico da vontade deve ser uno e indivisível.

O mundo visto por Schopenhauer é uma dualidade: por fora um mundo de eventos, de objetos, de tempo, espaço, causa e efeito, fenômenos, "representação"; por dentro um mundo silencioso, sem tempo nem espaço, causa nem efeito, o mundo numênico, a coisa em si, uma "vontade" onipresente. A vontade é a força primária da vida; ela mantém o universo em movimento; literalmente, "faz o mundo girar", pois Schopenhauer a identifica com forças físicas como a gravidade e com os instintos do mundo animal e os impulsos cegos do mundo vegetal. O intelecto evoluiu enquanto "instrumento" da vontade e, portanto, é secundário a ela; mas aqueles indivíduos singulares cujo intelecto se desenvolve conseguem libertá-lo do domínio da vontade. Ao intelecto totalmente liberto da vontade, Schopenhauer chama de "gênio".

O ponto crucial da filosofia de Schopenhauer é o julgamento ético de que a vontade individual é má e deve ser negada. A razão para isso é a seguinte: O indivíduo é, num sentido muito literal, a vontade personificada: a unicidade do mundo numênico está fragmentada no mundo fenomênico em uma infinidade de "vontades" separadas, cada uma delas uma encarnação da força primária da vida. O indivíduo, enquanto fragmento de vontade, inicia sua existência com a intenção de existir pelo máximo de tempo possível; ele não pode agir de outra forma, pois a vontade é essencialmente desejo pela vida, vontade de viver. Por conseguinte, o indivíduo enxerga todas as coisas e todos os outros em relação a si mesmo, e acaba *usando* todas as coisas e todos os outros como se existissem para seu benefício. Mas, uma vez que todas as coisas e todos os outros se sentem exatamente da mesma forma, o resultado é o conflito universal. O conflito gera infelicidade, e onde houver vontade haverá sofrimento; a natureza da vontade é confrontar e este confronto sempre vai produzir conflito, e a infelicidade sempre predominará sobre a felicidade. O único bem é o bem negativo da melhora: a felicidade nunca pode ser uma qualidade positiva, somente uma redução do sofrimento. A vida é incuravelmente miserável, e a resposta daquele que percebe isso é de negação: ele "nega a vontade", renuncia a todo confronto, liberta-se das algemas do desejo e se torna asceta e santo, à espera apenas de sua libertação da vida. A morte – que para Schopenhauer significa a completa extinção – é o único bem real; antes da morte, a boa vida é aquela de um tipo de gênio, o santo, para quem "resta apenas o conhecimento: a vontade desapareceu". Este é o "pessimismo" de Schopenhauer – sua convicção de que a vida é *incuravelmente* má – e distingue sua filosofia de todas as outras.

A diferença mais profunda entre a filosofia madura de Nietzsche e a de Schopenhauer é que a de Nietzsche não é metafísica, e sim materialista, e sua vontade de poder uma inferência a partir de dados observados, não um postulado metafísico como a vontade de viver de Schopenhauer. Já vimos como Nietzsche foi capaz de conciliar seu entusiasmo por Schopenhauer com uma admiração pela *História do materialismo* de F. A. Lange, e quando seu entusiasmo arrefeceu ele foi levado a adotar uma posição tão parecida com a de Lange que temos razões para ver uma influência direta em ação. Lange era, como Schopenhauer, seguidor de Kant, mas com uma diferença decisiva. Segundo Lange, a realidade definitiva não é somente incognoscível, como sustentava Kant, mas a própria *ideia* dela é uma consequência do modo como pensamos; ou seja, o conceito da coisa em si faz parte do mundo fenomênico. Traduzido em termos schopenhauerianos, a vontade não passa de mais uma representação. Como até mesmo a ideia de realidade definitiva deve pertencer ao plano da aparência, afirma Lange, nada de significativo pode ser dito a seu respeito, e os filósofos devem se preocupar somente com o mundo material – o mundo dos fenômenos, o único mundo que conhecemos. Embora ele ocasionalmente se esqueça disso, e escreva sobre a vontade de poder e o eterno retorno como se fossem descrições da realidade definitiva, a verdadeira posição de Nietzsche é, sem dúvida nenhuma: ambas são concepções materialistas, como define Lange, e isso é demonstrado muito claramente por sua atitude geral em relação ao "além", ao "mundo real" e à coisa em si: até onde sabemos, afirma ele várias vezes, de diversas maneiras, essas coisas não existem. A expressão mais famosa de sua orientação "mundana" é "Deus está morto", subentendendo-se aqui tudo o que um dia esteve ou poderia estar subsumido no nome "Deus": todos os substitutos de Deus, outros mundos, realidades definitivas, coisas em si, planos numênicos e vontades de viver – toda "necessidade metafísica" do homem e todos os seus produtos.

Existem duas outras distinções importantes. A primeira é temperamental. A base da visão de mundo schopenhaueriana é a de que a vida é sofrimento, e esta é uma conclusão temperamental. Não foi comprovada, nem pode ser; Schopenhauer apenas sente que isso é verdade, e se esforça retoricamente na tentativa de transmitir esse sentimento a seus leitores. Mas se os seus leitores não sentirem que a felicidade é somente a melhora do sofrimento e insistirem em gozar a vida de vez em quando, não há mais nada que Schopenhauer possa fazer: para ser "schopenhaeuriano" é preciso primeiro ser pessimista. Houve uma forte veia pessimista percorrendo a natureza de Nietzsche, é verdade, e foi isso que o atraiu para Schopenhauer no início; mas não foi o elemento decisivo e, com o tempo, o pessimismo a respeito da vida como tal não foi possível para ele. De certa maneira, ele o transferiu da vida para o homem, de modo a ser capaz de conciliar um otimismo fundamental em relação à natureza da vida com o pessimismo em relação à humanidade em geral. Ele não negava que grande parte da vida era sofrimento, mas acreditava que este sofrimento era a moeda que comprava a felicidade e que desejar a felicidade sem sofrimento era pedir o impossível. A segunda distinção é que Schopenhauer era incapaz de libertar sua filosofia de um dualismo intrínseco que torna algumas de suas fases claramente incertas, enquanto Nietzsche, que incorporou esse dualismo em sua filosofia inicial, foi capaz de subsumi-lo num monismo mais satisfatório logicamente. A tendência dualista em Schopenhauer está presente desde o início na dicotomia entre vontade e representação, e isso é enfatizado ainda mais por sua insistência na antítese absoluta entre vontade e intelecto. A dualidade correspondente no Nietzsche primitivo é entre Dionísio e Apolo em *O nascimento da tragédia*; e a pergunta de Walter Kaufmann "De onde vem Apolo?"[44] se apresenta como uma objeção a Schopenhauer: De onde vem o intelecto? Schopenhauer responde que ele se desenvolveu a partir da vontade, como um instrumento dela, mas nada aponta mais diretamente ao caráter metafísico de sua filosofia do que sua total incapacidade de explicar de modo convincente *como* ele se desenvolveu, ou por que, se o intelecto surgiu da vontade, ele é a antítese absoluta da vontade. (A resposta a esta última objeção seria que, se a vontade é una, ele *tem* de estar igualmente presente em toda parte e em todas as coisas, uma vez que conceder à vontade quaisquer outros atributos que não a vontade em si significaria conceder a objetos inanimados atributos que eles obviamente não possuem; é por isso que até mesmo a consciência deve ser um atributo do intelecto e não da vontade.) Toda a força dessa dualidade só pode ser sentida no final, ou seja, quando o santo vence o desejo e "resta apenas o conhecimento: a vontade desapareceu". Como isso é possível, considerando-se tudo o que o precedeu, Schopenhauer está longe de esclarecer. O problema foi que a dualidade inicial se revelou intratável. O intelecto não pode vencer a vontade a menos que ele também tenha vontade, e tenha sido a vontade o que negou absolutamente; por outro lado, se o intelecto *realmente* vence a vontade, ele próprio deve ser um aspecto da vontade – possivelmente seu aspecto consciente. Esta solução é proibida pela insistência de Schopenhauer de que a vontade é totalmente má, deve ser "negada" (isto é, vencida) e, no santo, ela *é* vencida. As fases finais de sua filosofia, na verdade, não passam de uma afirmação do que o

44. KAUFMANN, W. op. cit., p. 131.

próprio Schopenhauer deseja que o leitor de sua filosofia se sinta compelido a fazer. O santo, ele espera, desejará negar a vontade; o que pode ser este desejo se não a própria vontade, Schopenhauer não é capaz de dizer. Ao tornar a vontade suprema metafisicamente e depois afirmar que ela é totalmente má, ele privou o "bem" de qualquer vontade própria. Por conseguinte, a vontade não pode ser "negada", o mal não pode ser vencido ou mesmo diminuído, e a situação justifica um pessimismo ainda maior do que a célebre marca registrada de Schopenhauer.

Por fim, o *fons et origo* dos erros que permeiam a filosofia de Schopenhauer é o modo como ele explora a realidade definitiva. Em *O mundo como vontade e representação* ele fala da vontade, a realidade definitiva da existência, de modo tão familiar como alguns apologistas da religião falam de Deus. Mas eu acho improvável no mais alto grau que a natureza da "realidade definitiva" algum dia seja apreensível a mentes finitas, ou que algo significativo seja dito a esse respeito. Quando Schopenhauer concebeu que havia chegado ao cerne mais profundo da existência com um único salto, cometeu um grave erro de julgamento em relação à distância envolvida. Nietzsche, que geralmente é considerado "arrogante", neste aspecto foi a própria modéstia: nem a vontade de poder, nem o eterno retorno se propõem a descrever a realidade definitiva, que é considerada incognoscível e, consequentemente, ignorada; e esta é a diferença mais radical entre ele e Schopenhauer.

As teorias artísticas de Wagner e a filosofia de Schopenhauer ocuparam grande parte do tempo de Nietzsche durante seu período em Leipzig e na Basileia, mas em nada contribuíram para sua filosofia madura. (A influência da personalidade de Wagner e do exemplo de Schopenhauer é outra questão.) Ambas são, no sentido estrito da palavra, excêntricas, enquanto o pensamento de Nietzsche faz parte da corrente dominante da filosofia ocidental e trata de questões centrais ao "predicamento" do homem moderno. Wagner e Schopenhauer pertencem ao século XIX, Nietzsche é um precursor do século XX no sentido de que antecipa o que hoje faz parte da consciência de cada pensante: a filosofia de Nietzsche pressupõe uma crise em questões humanas das quais não há nenhum indício em Wagner nem em Schopenhauer. Para descobrir a origem dessa filosofia precisamos nos afastar deles em direção a outros três fenômenos que ocupavam sua mente naqueles anos: a filosofia da Grécia, o declínio da fé cristã, e o problema suscitado pela teoria da evolução pela seleção natural de Darwin.

3

Todo filósofo cujo pensamento constitui uma importante contribuição à filosofia encontra-se, inicialmente, diante de uma determinada situação nova a qual sente que ninguém senão ele está preparado para entender e explicar. O exemplo clássico é o de Kant, que foi "despertado de seu sono dogmático" pela percepção de que as conclusões gerais da filosofia britânica, especialmente as de David Hume, haviam tornado o mundo inexplicável e destruído à base a partir da qual foram feitas tentativas anteriores de explicá-lo, mas não podiam simplesmente ser refutadas: em linguagem comum, as conclusões da filosofia britânica eram verdadeiras, mas inaceitáveis. Hume representava para Kant um perigo que não podia ser contornado; era preciso enfrentá-lo e produzir uma nova visão de mundo que o contemplasse mas não fosse anulada por ele. A filosofia de Kant era uma resposta ao desafio do niilismo britânico - assim como a de Nietzsche. O adversário dessa vez era Charles Darwin, em nome de quem a teoria da evolução se tornara vitoriosa. É desnecessário ressaltar que Darwin não inventou essa teoria; mas *é* necessário ressaltar que antes de Darwin a evolução era apenas uma de várias teorias sobre a gênese da raça humana, ao passo que depois de Darwin ela parecia ser a teoria comprovada. A crise filosófica produzida por Darwin foi essencialmente a crise da evolução, que só se tornou um "problema" premente após ele ter demonstrado, com sua hipótese da seleção natural, que existia um mecanismo pelo qual ela poderia realmente ter acontecido. Nietzsche aceitou a implicação fundamental da hipótese de Darwin, isto é, a de que a humanidade havia se desenvolvido de uma forma puramente naturalista por acaso e acidentalmente: parecia haver propósito na evolução, mas Darwin demonstrara que os animais superiores e o homem poderiam ter evoluído exatamente da mesma maneira por meio de variações fortuitas em indivíduos. Para Nietzsche, a seleção natural era essencialmente a evolução livre de toda implicação metafísica: antes da descoberta simples, mas fundamental, de Darwin havia sido difícil negar que o mundo parecia estar seguindo algum curso estabelecido por uma força diretriz; depois dela, a necessidade desta força diretriz desapareceu, e o que parecia ser ordem podia ser explicado como mudança aleatória. "O caráter geral do mundo", escreveu Nietzsche em *Die fröhliche Wissenschaft*, "é (...) por toda a eternidade, o caos" (FW/GC 109), e este pensamento, fundamental em sua filosofia, surgiu diretamente de sua interpretação de Darwin.

O darwinismo completou uma visão da realidade que Nietzsche havia construído em sua mente durante a juventude. Primeiro, ele perdera sua fé na religião revelada: o sentido da realidade era agora um mistério. Voltou-se para Schopenhauer em busca de uma explicação, mas ao mesmo tempo absorveu o antídoto contra Schopenhauer: F. A. Lange. O mundo metafísico não havia sido revelado ao homem; teria sido revelado a Schopenhauer? Não, porque era irrevelável. Qualquer coisa que viesse à mente era uma "representação", consequentemente a coisa em si era uma representação, a vontade era uma representação, o mundo metafísico inteiro era uma representação. Esta postura foi aceita por Nietzsche. O mundo fenomênico era o único mundo, as pessoas não poderiam entrar em contato com uma realidade suprassensível. Se o fato da evolução parecia sugerir a atuação de uma força externa sobre o mundo mundano, Darwin mostrara que aqui, também, a hipótese de uma força diretriz não era necessária para explicar os fenômenos observados.

As consequências eram graves. Deus, se existisse, era incognoscível: não passaria de uma ideia na mente dos homens. Nada que existisse no mundo fenomênico poderia ter vindo de "fora": se o universo fosse inteligível, teria de ser inteligível de dentro. Parte dessa inteligibilidade havia sido exposta por Darwin: os atributos "divinos" do homem, na realidade, haviam sido transmitidos a ele pelos animais. O homem não estava em contato com nenhum "além", e não era diferente de qualquer outra criatura. Mas, como Deus havia sido o sentido do universo, assim o homem havia sido o sentido da terra. Agora Deus e o homem, como até então eram compreendidos, não existiam mais. O universo e a terra não tinham mais sentido. A percepção de que o sentido havia evaporado parecia escapar àqueles que acolhiam Darwin como um benfeitor da humanidade. Nietzsche considerava que a evolução apresentava uma visão correta do mundo, mas que era uma visão desastrosa. Sua filosofia foi uma tentativa de produzir uma nova visão de mundo que contemplasse o darwinismo mas não fosse anulada por ele.

O conhecimento e a simpatia de Nietzsche pela Grécia antiga eram profundos, e uma das coisas mais sabidas sobre ele é que rejeitava a visão que Winckelmann e Goethe tinham dos gregos enquanto uma raça de crianças belas e via-os como um povo cruel, selvagem e belicoso que desenvolveu uma cultura excepcionalmente valiosa dominando e redirecionando seus impulsos. Ele demostrava um apreço especial pelo mundo helênico do século VI – antes considerado quase uma bárbara preliminar às glórias do século V – e é provável que, mesmo que ele próprio não tivesse sido um pensador original, ainda seria lembrado por sua exposição dessa era. Seu sentimento pela Grécia do século VI era tão acentuado que devemos ponderar se ele tem alguma influência sobre a sua filosofia. Isso fica evidente, penso eu, ao entendermos de que modo ele considerava sua própria época semelhante à dos filósofos pré-socráticos.[45] A situação de sua própria época ele caracterizava como "niilista": os valores e o significado haviam deixado de fazer sentido, e a filosofia estava diante de um universo inexplicável de uma forma como não havia sido antes de Platão. A filosofia de Platão em diante se fundamentara em suposições que já não eram válidas, e para encontrar filósofos que tivessem enfrentado seus problemas sem pressupostos era preciso retornar a Heráclito, Pitágoras e Sócrates.

Nietzsche não só encontrou a natureza de seu dilema entre os gregos, como encontrou também a chave para sua solução. Muito tempo antes de formular a teoria da vontade de poder ele descobrira que a força motriz por trás da cultura da Hélade havia sido a disputa, o *agon*, o confronto a ser superado. Insatisfeito com a imagem da vida recebida na Antiguidade, ele usara seu domínio da filologia clássica para criar para si uma imagem correspondente, pensava ele, mais próxima da realidade. Este, na verdade, ele considerava ser o objeto da filologia clássica: "Todo o movimento artístico-científico" da filologia, afirmou ele em *Homero e a filologia clássica*, está "inclinado (...) a cruzar o abismo entre a Antiguidade ideal – que talvez seja apenas o magnífico desabrochar da nostalgia germânica pelo sul – e a antiguidade real.". No mundo antigo como ele o via, as emoções "básicas" estavam indissoluvelmente ligadas às emoções "superiores":

> Quando se fala em *humanidade*, [escreveu ele em "A disputa de Homero", um dos *Cinco prefácios para cinco livros não escritos* de 1872,] a ideia que se tem é a de algo que *separa* e distingue o ser humano da natureza. Mas, na realidade, tal separação não existe: as qualidades "naturais" e aquelas especificamente chamadas de "humanas" são inseparáveis. O homem, em suas mais nobres e elevadas faculdades, é inteiramente natureza e carrega consigo seu inquietante caráter duplo. Aquelas capacidades terríveis e consideradas desumanas, na verdade, talvez constituam o único solo fértil do qual possam brotar todos os ímpetos, feitos e obras que chamamos de humanidade. Assim, os gregos, o povo mais humano da Antiguidade, possuem uma veia de crueldade, um prazer brutal na destruição.

45. Nietzsche, entretanto, não se refere aos filósofos "pré-socráticos", mas aos "pré-platônicos". Em *A filosofia na época trágica dos gregos*, ele fala da "república de gênios que vai de Tales a Sócrates" (seção 2), e sua admiração pelos "pré-socráticos" pode ser mal interpretada a menos que se perceba que ele considerava o próprio Sócrates como sendo o último deles.

Os gregos eram cruéis, selvagens e predatórios; mas haviam se tornado o povo mais humano da Antiguidade, inventor da filosofia, da ciência e da tragédia, a primeira e a melhor das nações europeias. Como surgira este mundo helênico? Em "A disputa de Homero" Nietzsche chama a atenção para a abertura de *Os trabalhos e os dias*, de Hesíodo, trecho que chama de "um dos mais notáveis pensamentos helênicos e digno de ser gravado no pórtico de entrada da ética helênica":

> Há *duas* deusas Éris sobre a terra. Se formos sensatos, devemos louvar uma delas tanto quanto culpamos a outra, pois estas duas deusas têm inclinações totalmente diferentes. Pois uma delas, a cruel, promove o mal da guerra e a discórdia. Nenhum mortal a aprecia, mas sob o jugo da necessidade prestam-se honras à Éris opressora segundo os desígnios dos Imortais. Ela, sendo a mais velha, deu à luz a negra noite. Mas Zeus, o sumo soberano, assentou a outra Éris nas raízes da terra e entre os homens como algo muito melhor. Ela impele até o homem incapaz a trabalhar; e se um que não tem posses vê outro que é rico, ele se apressa em semear, plantar e prover sua casa como fez o rico; um vizinho rivaliza com outro que se esforça para prosperar. Esta Éris faz bem aos homens. O oleiro também sente inveja de outro oleiro, e o carpinteiro de outro carpinteiro; o mendigo inveja outro mendigo, e o cantor, outro cantor.

Ele comenta sobre essa passagem:

> Toda a Antiguidade grega pensa de modo diferente do nosso em relação ao rancor e à inveja, e compartilha o julgamento de Hesíodo, que primeiro designa como má aquela Éris que joga os homens uns contra os outros numa guerra de extermínio, e depois elogia a outra Éris como uma deusa boa que, assim como o ciúme, o rancor, a inveja, incita os homens à ação, mas não aos atos de guerra e sim aos atos de *disputa*.

A visão dos gregos, afirma ele mais adiante no mesmo Prefácio, era a de que "todo talento natural deve se desenvolver por meio da disputa".

Ele já havia declarado que "O conflito é o alimento perpétuo da alma" e, assim, parafraseado o filósofo que afirmou que "A guerra é a mãe de todas as coisas". Heráclito, "o obscuro" sábio de Éfeso, o profeta do "eterno vir a ser", incorporou ao seus ensinamentos, acreditava Nietzsche, a mais profunda compreensão da natureza da alma grega. Em *A filosofia na época trágica dos gregos* ele fala de Heráclito com grande entusiasmo: Heráclito concebeu o real como uma luta entre opostos, afirma ele, e esta concepção,

> extraída da mais pura fonte do Helenismo, (...) é a boa Éris de Hesíodo transfigurada no princípio do mundo; é a ideia de competição (...) transferida

> dos ginásios e palestras, dos *agons* artísticos, da luta dos partidos políticos e das cidades, para o princípio mais universal, de modo a regular a engrenagem do universo. [Além disso, Heráclito ensinava] o eterno e único vir a ser, a total inconstância de todo o real, que somente age e vem a ser continuamente, sem nunca ser, [e isto] é uma ideia terrível e perturbadora (...) Foi preciso uma força assombrosa para transformar este efeito no seu oposto, no sublime, no assombro afortunado. (Seção 5)

Do modo como Nietzsche apresentou, isso se parece muito com sua própria filosofia tardia, e ele sugeriria depois que Heráclito talvez tivesse ensinado o próprio eterno retorno.

Embora os primeiros filósofos possam ser fascinantes, devemos ter o cuidado - que Nietzsche não teve - de imaginar que os vemos apenas com contornos muito vagos. Eles parecem gigantescos - mas talvez seja efeito da névoa em que estão envoltos. Talvez Heráclito seja um velho excêntrico e rabugento, como Schopenhauer; Nietzsche, porém, pinta para si uma imagem heroica do antigo sábio, "orgulhoso e solitário descobridor da verdade",[46] e reproduz essa imagem sempre que deseja que vejamos a prática da filosofia como uma difícil e solitária vocação. Este Nietzsche em forma de Heráclito, sozinho e resoluto contra um cenário de penhascos alpinos, é uma figura passível de aparecer em qualquer obra de Nietzsche desde *Humano, demasiado humano* até *Ecce Homo*. O "Andarilho" da última seção de *Humano, demasiado humano* (MA/HH 638), do prólogo e do epílogo de *O andarilho e sua sombra*, e da seção 380 de *A gaia ciência*, é esse Nietzsche-Heráclito; assim, com uma alusão à doutrina do fogo de Heráclito, é o autorretrato contido no poema chamado "Ecce Homo":

> Ja! Ich weiss, woher ich stamme!
> Ungesättigt gleich der Flamme
> Glühe und verzehr ich mich.
> Licht wird alles, was ich fasse,
> Kohle alles, was ich lasse:
> Flamme bin ich sicherlich.
>
> (Sim, eu sei de onde vim! Insaciável como uma chama, queimo e me consumo! Tudo o que toco se torna luz, tudo o que deixo, cinzas: certamente sou uma chama. (FW/GC Preliminares, 62))

O filósofo que conduz o diálogo bastante antissocrático na série de palestras de 1872 chamada *Sobre o futuro de nossas instituições de ensino* é, ao mesmo tempo, uma premonição de Nietzsche enquanto um solitário, e uma visão moderna de Heráclito. É assim que o filósofo descreve seu papel:

---

46. *Os filósofos pré-platônicos*, Palestra 10.

> (...) você quer levar uma vida solitária em hostil isolamento da multidão? (...) Acha que pode alcançar com um único salto o que consegui conquistar por mim mesmo somente após uma luta longa e obstinada, a fim de poder viver como filósofo? E não teme que a solidão venha se vingar de você? Pois experimente viver como um eremita da cultura – é preciso possuir uma riqueza abundante a fim de viver para os outros com seus próprios recursos! (Palestra 1)

O retrato em grande escala que Nietzsche faz de si mesmo em sua postura heraclitiana é a imagem de Zaratustra, um orgulhoso e solitário descobridor da verdade ainda mais orgulhoso, mais solitário e mais enigmático do que seu modelo.

Mas havia um outro lado da personalidade de Nietzsche: o investigador paciente, o filósofo "científico" que examinava pequenas questões individuais e procurava entender a realidade em detalhes. Foi este lado dele que se expressara quando ele chamou a filosofia de "experimento" (*Versuch*), e que adotou a experimentação como método filosófico:

> Louvo qualquer tipo de ceticismo que me permita responder: "Vamos tentar!" [*Versuchen wir's!*]. Mas não quero mais ouvir falar de qualquer coisa ou questão que não admita experimentação. (FW/GC 51)

Esta faceta sua ele identificava com Sócrates. O lócus clássico do argumento de que Nietzsche admirava Sócrates e o usava como modelo é o capítulo 13 do livro de Kaufmann, e a ele devo encaminhar o leitor. O tom socrático – sensato, lógico, levemente sarcástico, debochando até de si mesmo – é mais frequente em Nietzsche do que poderiam supor aqueles que só conhecem Zaratustra. Além do mais, o próprio Sócrates – uma figura bem mais vibrante e realista do que Heráclito, em grande parte fictício – era um "problema" para Nietzsche que lhe ocupava todos os seus dias: o "Problema de Sócrates" (GD/CI II) era o problema da própria razão, e o reconhecimento de que a razão, a faculdade do raciocínio, era uma faculdade questionável foi o que possibilitou a Nietzsche admirar Sócrates e, ao mesmo tempo, chamá-lo de "decadente". No "Ensaio de autocrítica" que serviu de prefácio para a edição de 1886 de *O nascimento da tragédia*, Nietzsche afirma que a "tarefa" do livro havia sido "apreender (...) o problema da própria ciência (...)" (GT/NT Prefácio, 2):

> (...) o que significa, enquanto sintoma da vida, toda ciência? Para onde vai – ou, pior, de onde vem – toda ciência? Seria o espírito científico apenas um temor e um refúgio do pessimismo? Um sutil meio de autodefesa contra – a *verdade*? E, moralmente falando, algo como covardia e falsidade? Amoralmente falando, uma astúcia? (GT/NT Prefácio, 1)

Essa interrogação quanto à filosofia como tal foi personificada por Nietzsche na figura de Sócrates, o homem que se tornara "absurdamente racional". Sócrates tivera de combater os instintos de sua época, e "*Ter* de combater os instintos é a fórmula da *décadence*: enquanto a vida está em *ascensão*, a felicidade e os instintos são uma coisa só" (GD/CI II, 11). Mas todos os filósofos combatem os instintos de sua época:

> O que um filósofo exige de si mesmo, em primeiro e último lugar? Superar em si a sua época (...) Tanto quanto Wagner, sou filho de minha época, ou seja, um *décadent*: só que compreendi isso, e me defendi contra isso. (WA/CW Prefácio)

Nietzsche tivera de "superar sua época" e combater os instintos de uma época decadente não era nada menos que ser um decadente. A filosofia era justamente o questionamento da própria vida e, como tal, um sintoma de decadência. A vida saudável é uma vida alegre, afirma ele, e quando a dor e o sofrimento predominam sobre a alegria, a vida é doente, isto é, decadente. A vida alegre não precisa de explicação – ela é sua própria justificativa; somente onde predomina o sofrimento sente-se necessidade de uma "explicação", e quando se oferecem explicações (ou seja, filosofias), pode-se inferir um estado de coisas em que a vida se torna angustiante.

Darwin e os gregos, então, e não Wagner e Schopenhauer, foram o ponto de partida da filosofia de Nietzsche; e a razão pela qual suas primeiras obras representam um falso início é que ele procurava interpretar o problema darwiniano e as evidências da Grécia antiga à luz da estética wagneriana e da metafísica schopenhaueriana. Só depois de deixar ambos de lado é que iniciou seu próprio campo de estudo.

4

A visão wagneriana-schopenhaueriana domina o primeiro livro de Nietzsche, *O nascimento da tragédia*, que começa como um estudo da cultura grega e termina como uma polêmica em favor da ópera wagneriana. Ele está organizado em 25 seções; a mudança de rumo ocorre na seção 16, e a última parte do livro parece ter sido anexada a uma tese já completa. *O nascimento da tragédia no espírito da música* foi publicado em janeiro de 1872. Dois anos antes Nietzsche proferira na Basileia suas palestras sobre *O drama musical grego* e *Sócrates e a tragédia*, que não tinham nada a ver com Wagner e suas intenções artísticas. Em julho de 1870 ele fez uma visita a Tribschen em companhia de Rohde e, enquanto estava lá, leu para o grupo o seu *Drama musical grego*. "Wagner tinha 'certas dúvidas' em relação à palestra", escreve Newman, "que expressou ao jovem professor em termos 'claros e penetrantes'". Essas "dúvidas" de Wagner foram suficientes na ocasião para deixar Nietzsche preocupado com o rumo que seus pensamentos sobre a cultura grega estavam tomando, e ele causou uma impressão melhor com o manuscrito de um livro que se chamaria "A origem da ideia trágica", que deu de presente a Cosima no Natal de 1870. "Cosima ficou encantada com o manuscrito, mas anotou caracteristicamente em seu diário que estava 'particularmente satisfeita que as ideias de Richard pudessem encontrar uma extensão neste campo'. Como de costume, ela via pouca razão para a existência do jovem professor a menos que sua erudição grega pudesse servir aos fins wagnerianos."[47]

O trabalho em *O nascimento da tragédia* propriamente dito deve ter começado por volta do início de 1871. No dia 15 de fevereiro concederam a Nietzsche um afastamento da universidade por problemas de saúde e ele foi para Lugano em companhia da irmã, onde trabalhou incessantemente no novo livro, como nos conta Elizabeth. A definição de como seria esse livro deve ter ficado clara em sua mente o mais tardar no fim de fevereiro, pois está descrita no Prefácio escrito durante esse mês. Esse prefácio, dirigido a Richard Wagner mas depois rejeitado em favor de outro bem mais curto que aparece no início da edição de 1872, deixa claro que aquele não se destinava a ser um livro sobre Wagner, mas sobre a cultura grega e seu significado para a Alemanha dos anos 1870. Seu título seria "A jovialidade grega" e ele não incluiria nenhuma discussão sobre o drama musical wagneriano.

No começo de abril Nietzsche partiu de Lugano de volta à Basileia, mas no caminho parou em Tribschen, chegando no dia 3 e permanecendo até o dia 8. É válido supor que "A jovialidade grega" estivesse concluído, ou quase concluído, e que Nietzsche o levasse consigo para ler aos Wagner. Podemos apenas deduzir o que aconteceu durante aquela semana, mas parece não haver como evitar a conclusão de que Wagner convenceu Nietzsche a alterar seu livro. Ele continuou a fazer isso quando regressou à Basileia, e no dia 26 enviou o manuscrito do início da obra a Fritzsch, afirmando que seu "verdadeiro objeto" era revelar a relação de Wagner com a tragédia grega: o título agora era "Música e tragédia". Durante o mês de outubro ele esteve em Leipzig com Rohde e Gersdorff, e foi então

---

47. As citações são de NEWMAN, E. op. cit., v. 4, Londres, 1947, p. 319; os termos entre aspas dentro das citações são do diário de Cosima.

que entregou a Fritzsch o manuscrito completo de *O nascimento da tragédia no espírito da música*. O curto "Prefácio a Richard Wagner" é datado do "final de 1871".

O peso do livro agora recai sobre o argumento de que o drama musical wagneriano é um renascimento da tragédia antiga e, na falta de outra evidência, só isto bastaria para mostrar até que ponto Nietzsche sucumbira à influência de Wagner. Em suas cartas da época, nada sugere que tenha alterado sua obra a contragosto ou sem intenção: depois de conversar com Wagner, ele agora via as coisas sob uma ótica diferente – isso é o que importa. Quaisquer que fossem as mudanças ocorrendo em seu interior, por enquanto, ele as guardava para si; até onde se sabia, estava disposto a fazer qualquer coisa para ajudar a causa de Wagner. Quanto ao próprio Wagner, era incapaz de agir de outra maneira. Dizer que se precipitou em publicar à menor provocação seria subestimar o caso. Ele já havia compreendido o axioma fundamental do ofício de publicista – ter seu nome conhecido – e divulgou seu nome na imprensa alemã de uma forma sem precedentes até a era da propaganda moderna. Já foi dito que muitas de suas publicações lhe teriam causado mais danos que benefícios; que ele era seu pior inimigo em matéria de promover impopularidade; e que as coisas teriam sido mais fáceis se conseguisse conter sua tendência à controvérsia pública. Acho isso muito discutível. Wagner nunca se preocupou com a impopularidade, ou com atitudes incorretas, e ninguém jamais foi tão descuidado com o seu "bom nome". Ele não desejava um bom nome, desejava poder e fama; e porque realmente os desejava, ele os possuía. As gerações posteriores ficaram com a ilusão de que foram as *óperas* wagnerianas que provocaram a comoção que cercou o nome de Wagner na última metade de sua vida, mas a verdade é que o próprio Wagner criou as óperas e *também* a comoção quase que independentemente: se tivesse sido sapateiro, ele teria se tornado o sapateiro mais comentado da história das botas. Portanto, não precisamos nem perguntar se o interesse de Wagner por *O nascimento da tragédia* se devia a seu provável apoio à sua causa. O livro de Nietzsche ofereceria um meio de publicidade: isso bastava.

O efeito do livro sobre o público foi o que se podia esperar: os wagnerianos convictos achavam maravilhoso, e a primeira edição logo se esgotou, mas para as pessoas do círculo profissional do próprio Nietzsche ele demonstrava um certo desprezo pelos padrões científicos em favor da propaganda. Esta foi a opinião de Ritschl, a quem Nietzsche enviou antecipadamente um exemplar no fim de dezembro de 1871: ele registrou em seu diário no dia 31 o comentário "*geistreiche Schwiemelei*", que pode ser parafraseado como "deboche intelectual". Nietzsche esperou um mês, depois escreveu a ele em 30 de janeiro expressando desapontamento por não ter recebido suas observações. Ritschl respondeu em 14 de fevereiro. Foi educado, mas deixou sua opinião bem clara: fazia objeções ao livro no sentido de que ele não era acadêmico, e sim diletante, e que isso poderia levar jovens estudantes a menosprezar o conhecimento exato. A acusação é uma das mais graves que poderiam ter sido feitas a um filólogo profissional, e perfeitamente justificável; mas o tom em que foi proferida tirou boa parte de sua mordacidade, e quando Nietzsche a enviou a Rohde, observou que Ritschl "não perdera nada de sua cordial generosidade para comigo".

A primeira retaliação pública veio no dia 1º de junho, com a publicação de *Zukunftsphilologie!*, de Ulrich von Wilamowitz-Möllendorff. Wilamowitz, um filólogo que havia sido aluno de Pforta na mesma época que Nietzsche, considerava *O nascimento da tragédia* uma insolente perversão da filologia com fins wagnerianos e acusava seu autor de erros fatuais grosseiros e de total incompetência. O ataque de Wilamowitz foi contestado em outubro por *Afterphilologie*, de Rohde, descrito como uma "Carta aberta de um filólogo a Richard Wagner". Rohde acusava Wilamowitz de "estupidez e inverdades sem limites" e de não entender o que Nietzsche quis dizer. Nietzsche forneceu material ao amigo para *Afterphilologie*, e lhe escreveu em 25 de outubro dizendo que ele e os outros camaradas de Rohde haviam achado o panfleto "lessinguiano". Mas isso não foi tudo que o estúpido Wilamowitz tirou de sua cabeça mentirosa: numa edição de novembro da revista *Musikalisches Wochenblatt* apareceu uma "Carta aberta a Friedrich Nietzsche, professor de Filologia Clássica da Universidade da Basileia" redigida pelo próprio *Meister*. Sem dúvida, Wagner tinha boas intenções, mas sua defesa de Nietzsche, devidamente criticada por Newman como "bravatas de um incorrigível *amateur*", deve ter lhe prejudicado mais do que qualquer ataque.[48] No início de 1873 Wilamowitz voltou ao combate com *Zukunftsphilologie! Zweites Stück*, onde se dirige a Rohde e não a Nietzsche. A altercação havia se degenerado numa farsa: a primeira contribuição de Wilamowitz ditara o tom, com seu insulto a Nietzsche e seu livro; Rohde respondera à altura; Wagner, com seu arsenal inesgotável de epítetos ofensivos, chamara Wilamowitz

48. A tradução de Ellis para a "Carta aberta" de Wagner pode ser encontrada no v. 5 das *Obras em Prosa*.

de "camponês arruaceiro"; agora Wilamowitz estava de volta, redobrando os golpes sobre o inimigo. Anos depois, Rohde e Wilamowitz riram desse episódio juvenil, e nenhum dos tiros trocados atinge realmente o alvo: a cordial carta de Ritschl causaria mais estragos.

O que tudo isso significou para Nietzsche é revelado numa carta a Wagner em meados de novembro de 1872:

> Depois de tudo que me aconteceu ultimamente, não tenho o direito de ficar deprimido, pois vivo realmente num sistema solar de amizade, apoio reconfortante e esperança encorajadora. No entanto, há um ponto que me perturba consideravelmente no momento: nosso semestre de inverno começou e não tenho absolutamente nenhum aluno! Nossos filólogos não apareceram! (...) A situação é muito fácil de ser explicada – subitamente adquiri uma reputação tão ruim entre meus colegas de profissão que nossa pequena universidade está sofrendo por isso! (...) Até o semestre passado o número de alunos de filologia aumentava continuamente – agora é como se todos tivessem evaporado!

Durante o semestre de inverno de 1872-1873 ele deu apenas uma palestra, e para dois alunos de outros cursos. Talvez sua defesa de Wagner tivesse parte da culpa, mas seu maior erro foi tratar de forma totalmente não profissional um assunto em que deveria ser especialista. Vemos agora que certas ideias filosóficas estiveram flutuando vagamente em sua mente, e em seu estudo da tragédia antiga ele tentara capturá-las; mas seus contemporâneos só conseguiam ver o que estava diante deles, preto no branco: um estudo nada acadêmico de um problema que nem todo o aparato acadêmico disponível seria capaz de solucionar.

A filosofia inicial de Nietzsche, além dos escritos que abandonou ou considerou muito superficiais para serem publicados, compreende *O nascimento da tragédia* e as quatro *Considerações intempestivas*. O campo de pesquisa é a "cultura", e o objetivo é descobrir que tipo de cultura melhor promoverá o desenvolvimento de "filósofos, artistas e santos".

O grande valor de *O nascimento da tragédia* é a sua ligação com a filosofia de Nietzsche como um todo: a hipótese de que a criação é produto de uma disputa, e de que a força criativa é a paixão controlada e redirecionada. O que a vicia é sua dependência da dualidade entre vontade e representação, natureza e homem – aqui chamados de Dionísio e Apolo –, o caráter metafísico do qual Nietzsche parece não estar totalmente consciente. O livro começa com uma comparação equivocada que indica confusão:

> Teremos ganhado muito em favor da estética quando (...) chegarmos à percepção direta de que a evolução da arte está ligada à dualidade entre o

> *apolíneo* e o *dionisíaco*, do mesmo modo que a procriação (...) depende da dualidade entre os sexos. (GT/NT 1)

A dualidade entre os sexos não é uma dualidade no sentido em que Apolo e Dionísio se revelam: eles são imaginados como impulsos contrários, enquanto o masculino e o feminino são aspectos contrários do mesmo impulso. Nietzsche imagina Apolo e Dionísio não como fenômenos, mas como "princípios" incorpóreos, e como tal eles só podem ser descritos por metáfora: o *sonho* e a *embriaguez* estão um para o outro mais ou menos do mesmo modo que o apolíneo e o dionisíaco:

> Apolo, enquanto deus de todas as forças plásticas, é também o deus da adivinhação (...) Apolo poderia ser descrito como a gloriosa imagem divina do *principium individuationis*, a partir de cujos gestos e olhares nos falam todo o prazer e a sabedoria da "ilusão", juntamente com sua beleza. (...) O êxtase dionisíaco [surge] por influência das poções narcóticas que todos os povos e raças primitivas cantam em seus hinos, ou com a vigorosa (...) aproximação da primavera (...) [O homem] se sente um deus, caminha com o mesmo êxtase e altivez dos deuses que viu em sonho. O homem já não é um artista, tornou-se uma obra de arte: a força artística de toda a natureza (...) se manifesta neste delírio. (GT/NT 1)

O artista "imita" os sonhos ou a embriaguez, ou, num exemplo único, ambos ao mesmo tempo:

> Diante destas condições criativas imediatas da natureza, todo artista é um "imitador", seja como o artista apolíneo dos sonhos ou como o artista dionisíaco da embriaguez, ou finalmente – como, por exemplo, na tragédia grega – como artista do sonho e da embriaguez em um só. (GT/NT 2)

A arte apolínea é uma arte de máscaras: incapaz de suportar a face da realidade, o artista a mascara com "ilusões". Inclui-se aqui o panteão olímpico:

> O mesmo impulso que se materializou em Apolo deu origem a todo o mundo olímpico (...) Qual foi a formidável necessidade da qual nasceu uma sociedade tão ilustre de seres olímpicos? (...) O grego conhecia e sentia os temores e horrores da existência: a fim de poder viver, tinha de colocar diante de si a reluzente imagem onírica dos olimpianos (...) Sempre que encontrarmos o "ingênuo" na arte, temos de reconhecer o maior efeito da cultura apolínea, que precisa sempre derrubar um império de titãs, matar monstros e, por meio de fortes e jubilosas ilusões, triunfar sobre uma terrível percepção das profundezas da realidade e uma intensa propensão ao sofrimento (...) A "ingenuidade" de Homero só pode ser compreendida como a completa vitória da ilusão apolínica. (GT/NT 3)

O pensamento é schopenhaueriano; a intrepidez, wagneriana. O que é especificamente nietzschiano é a linguagem de combate: "derrubar um império de titãs, matar monstros (...) triunfar sobre (...) sofrimento". O que parece ser repouso, e no caso de maior êxito é realmente repouso, é resultado de um conflito e uma vitória: isso é nietzschiano. Mas esta visão continua envolta num dualismo confuso: Dionísio parecer dar nome a esta realidade dolorosa cuja visão os gregos não conseguem suportar; mas só pode haver uma "realidade", e Apolo, que é capaz de vencê-la, deve fazer parte dela; no entanto, é colocado contra ela. Isso continua sendo o mundo como vontade e representação.

A teoria de Nietzsche sobre a ascensão e queda da tragédia pode ser reduzida, em sua essência, a algumas breves citações:

> O drama é uma materialização apolínea de percepções e influências dionisíacas. (GT/NT 8)

> É uma tradição incontestável que a tragédia grega, em sua forma mais antiga, representava apenas os sofrimentos de Dionísio, e que por muito tempo Dionísio foi o único herói. Mas pode-se afirmar com a mesma certeza que, até Eurípedes, Dionísio nunca deixou de ser herói trágico, e que todas as figuras célebres do palco grego (...) são apenas máscaras daquele herói primitivo, Dionísio. (GT/NT 10)

A grandeza de Ésquilo e Sófocles reside no fato de terem personificado Dionísio em uma forma apolínea. A obra deles foi destruída por Eurípedes:

> A tragédia grega (...) morreu por suicídio, em consequência de um conflito insolúvel. [Eurípedes lutou contra Ésquilo e Sófocles] não com polêmicas, mas como um poeta dramático que contrapõe *sua* concepção de tragédia à concepção tradicional. (GT/NT 11)

> Eliminar da tragédia aquele elemento dionisíaco original e onipotente e reconstruí-la totalmente, tendo como base uma arte, um costume e uma filosofia não dionisíacos – este é o (...) propósito de Eurípedes (...) Eurípedes, em certo sentido, era apenas uma máscara: a divindade que falava por meio dele não era Dionísio nem Apolo, e sim um *daimon* recém-surgido chamado *Sócrates*. Esta é a nova antítese: o dionisíaco e o socrático, e por causa de seu conflito pereceu a obra de arte da tragédia grega. (GT/NT 12)

> A "lei suprema" do "socratismo estético" é "Para ser belo é preciso ser também racional", um paralelo à máxima de Sócrates "Só o conhecimento leva à virtude". (GT/NT 12)

Dionísio é a força explosiva e desgovernada da criação; Apolo é o poder que o governa; quem, então, é Sócrates? Eis aqui como Nietzsche o descreve:

> Sócrates deve ser designado como o específico *não místico*, no qual, por superfetação, o lógico se desenvolveu tão excessivamente quanto o instintivo no místico. (GT/NT 13)

> [Sócrates é o] tipo do *homem teórico* (...) ele se apresenta para nós como o primeiro que soube não apenas viver guiado pelo (...) instinto científico, como também – o que é bem mais difícil – morrer; é por isso que a imagem do *Sócrates moribundo* – um homem que se liberta do medo da morte por meio do conhecimento e da razão – é como um emblema gravado no pórtico de entrada da ciência que nos recorda sua missão: tornar a existência compreensível e, portanto, justificável. [Sócrates é] um divisor de águas (...) da chamada história do mundo. (GT/NT 15)

O que move Sócrates não é nem Apolo, nem Dionísio, e sim algo novo: a lógica. Dali em diante, o otimismo socrático se contrapõe ao pessimismo dionisíaco, e a filosofia usurpa o lugar da arte.

Nietzsche considerava *O nascimento da tragédia* uma obra filosófica, e a designou como seu "primeiro livro", ou seja, como algo distinto da quantidade considerável de trabalhos que produzira nos campos da filologia, estudos clássicos e reflexões filosóficas. Neste contexto, o fato de o conhecimento moderno ter confirmado sua intuição de que a tragédia nasceu do controle de Dionísio por Apolo parece quase uma irrelevância; somos obrigados a ficar do lado dos críticos de sua época que consideravam o livro excêntrico e pouco erudito. Em seu "Ensaio de autocrítica", Nietzsche praticamente o repudiou – e, mesmo assim, muitas de suas ideias eram perfeitamente válidas e à frente de seu tempo. Há uma lição contida nesse fato. Em filosofia não existe isso de estar certo pelas razões erradas: as razões *são* a filosofia, e se a conclusão não é decorrente delas, pouco importa que haja outras razões das quais ela possa decorrer. Nietzsche tenta mostrar como a tragédia se originou nos rituais de Dionísio, e fracassa: a dualidade Apolo-Dionísio não é viável, porque a origem de Apolo não é considerada. Mais tarde ele conceberá Dionísio como vontade de poder, e Apolo como a sublimação de Dionísio (e por isso usará o nome de Dionísio para designar toda a força criativa, a soma de Dionísio e Apolo), mas não chega a esta conclusão em *O nascimento da tragédia*. Portanto, embora talvez seja correto afirmar, como faz Francis Cornford, que o livro era "uma obra de profunda percepção imaginativa, que deixou os estudiosos de toda uma geração labutando na retaguarda",[49] os estudiosos primeiro tinham de "labutar" antes que se pudesse fazer tal julgamento sobre *O nascimento da tragédia*.

---

49. CORNFORD, F. *Da religião à filosofia*, 1912. p. 111.

CAPÍTULO 6
A BASILEIA
E BAYREUTH

Wagner era apenas um dos meus males.
Não que eu queira ser ingrato a este mal (...)
o filósofo não é livre para prescindir de Wagner (...)
Eu entenderia se um filósofo declarasse:
"Wagner resume *a modernidade.*
Não há o que fazer,
é preciso antes de tudo ser wagneriano".
(WA/CW Prefácio)

1

Em sua síntese do histórico mental de Nietzsche, Kurt Hildebrandt conclui que entre 1873 e 1880 ele "atravessou um período de neurose, cuja causa fundamental foi um conflito psíquico", que atingiu seu ponto culminante em 1879.[50] O decurso de sua vida interior durante a primeira parte desse período, que teve um clímax abafado em sua fuga e posterior retorno a Bayreuth em 1876, constitui um mecanismo quase perfeito para a produção da neurose: a tensão crescente entre seu desejo de independência e o sentimento de subserviência a Wagner; o conflito entre o mundo do "livre-pensamento" para o qual se dirigia e a germano-mística "ideia de Bayreuth"; a frustração emocional que coincide com o casamento de seus amigos mais próximos; os constantes problemas de saúde que lhe proporcionavam um refúgio e uma "desculpa" para a indecisão. Mais tarde, Nietzsche caracterizou como "decadente" alguém que deseja o que lhe faz mal; devemos, neste caso, falar do "neurótico", e um sinal de que Nietzsche estava se tornando neurótico em meados da década de 1870

50. HILDEBRANDT, K. *Gesundheit und Krankheit in Nietzsches Leben und Work*. Berlim, 1926. p. 159. Hildebrandt, que foi médico-chefe do Sanatório Wittenau, em Berlim, não encontrou qualquer "insanidade" na vida e obra de Nietzsche até o último trimestre de 1888.

é o fato de sua inclinação emocional estar totalmente voltada para o que, intelectualmente, ele sabia que deveria estar abandonando: daí a dicotomia entre suas opiniões particulares acerca de Wagner e Bayreuth e aquelas expressas em suas obras publicadas. Ele podia ver que o lado "ideológico" de Wagner, que se mantivera sob controle enquanto ele era o artista solitário em seu retiro em Tribschen, viera cada vez mais à tona após ter ido para Bayreuth, e que cedo ou tarde ele teria de romper com essa ideologia; mas quando viu Wagner em ação, ouviu sua voz e sua música, associou-se a sua família e seus colaboradores, ou escutou os ataques a ele vindos de homens que não eram dignos sequer de amarrar seus sapatos, seu antigo amor pelo homem e sua missão se reafirmaram com força irresistível. Nesses momentos a ideia de desertá-lo parecia inconcebível; mesmo assim a considerava. Ele confiava suas dúvidas a seus cadernos de anotações, mas isso não as dissipava: toda sua forma de pensar estava mudando, ou melhor, retornando a algo semelhante ao que havia sido antes de conhecer Wagner. Suas cartas aos amigos ainda eram cheias de entusiasmo pela causa, e não era fingimento: ele ainda queria ser um wagneriano. À medida que o primeiro festival se aproximava, sua condição física piorou e ele passou a se refugiar na doença com mais frequência. No verão de 1875, aparentemente estava tão interessado quanto qualquer um de seus amigos em assistir aos ensaios da orquestra em Bayreuth; mas embora Overbeck, Rohde e Gersdorff estivessem lá, ele estava em Steinabad, uma pequena estância medicinal na Floresta Negra para problemas de estômago. Levando-se em conta tudo o que se sabe a seu respeito nessa época, não se pode duvidar de que o problema de estômago que o levou a Steinabad e o afastou de Bayreuth justamente nesse momento tivesse origem psicossomática. Sua indecisão crônica em relação a Wagner, sua incapacidade de se posicionar francamente a favor ou contra, manifestou-se mais claramente, como era de se esperar, na época do próprio festival.

Nietzsche fez sua última visita a Tribschen em 25 de abril de 1872 e ficou até o dia 27; Wagner havia partido para Bayreuth no dia 22, e Cosima estava ocupada em embalar seus livros, cartas e manuscritos. Nietzsche ficou para ajudá-la. A partida de Wagner para um lugar (relativamente) distante como a Francônia marca o início do longo processo de libertação de Nietzsche: mesmo que não estivesse inconscientemente se afastando de Wagner, o aumento da distância, por si só, teria afrouxado os laços entre eles.

A cerimônia de colocação da pedra fundamental do Teatro do Festival foi marcada para a data do aniversário de Wagner, 22 de maio. Nietzsche foi para Bayreuth no dia 18, e no dia 22 acompanhou Wagner em sua carruagem até o local do teatro, uma colina nos arredores da cidade. Chovia torrencialmente, e restringiram-se o máximo possível as formalidades: Wagner assentou a pedra acompanhado por alguns de seus colaboradores e cantores, e subiu novamente em sua carruagem, segundo afirma Newman, "terrivelmente pálido". Em sã consciência, aquilo foi para ele um momento emocionante, talvez até assustador, e Nietzsche descreveu em *Richard Wagner em Bayreuth* que ele permaneceu calado e retraído enquanto voltavam para a cidade. As demais formalidades se realizaram na antiga casa de ópera, e lá também Nietzsche esteve presente na noite em que Wagner regeu a Nona Sinfonia de Beethoven. Rohde e Gersdorff também estavam em Bayreuth, e entre outros convidados que Nietzsche conheceu estava Malwida von Meysenbug, que se tornaria tão amiga dele quanto havia sido de Wagner.

Ele voltou a ver os Wagner em novembro seguinte. Nesse ínterim, Elizabeth fez a primeira de suas longas visitas à Basileia, chegando no dia 1º de junho e ficando até o fim de setembro; ela era agora uma jovem dama esguia e empertigada de 26 anos, ainda solteira, e que ainda passava a maior parte do ano com sua mãe em Naumburg. Em 10 de novembro Wagner e Cosima partiram em uma turnê por várias casas de ópera alemãs em busca de cantores para o *Anel*. Estiveram em Estrasburgo do dia 22 ao dia 25, onde Nietzsche se juntou a eles por dois dias.[51] Por conta de algo que foi dito durante este encontro, ele era esperado em Bayreuth para o Natal e o Ano Novo. Ou ele não se deu conta disso, ou se afastou deliberadamente: passou o Natal em Naumburg, onde ele e Krug tocaram músicas como nos velhos tempos. Gersdorff, que *estivera* em Bayreuth no fim de 1872, visitou Nietzsche na Basileia em janeiro seguinte, mas não fez qualquer referência a Nietzsche não estar nas boas graças de Wagner: essa informação só chegou a ele em fevereiro, quando recebeu uma carta de Cosima agradecendo-lhe os *Cinco prefácios para cinco livros não escritos* que enviara como presente de Natal. Ele se refere a isso numa carta digna de nota que escreve a Gersdorff no dia 24 daquele mês. Desde a partida de Gersdorff, afirma ele, tem estado doente outra vez, e os três dias de Carnaval do Entrudo na Basileia haviam afetado tanto os seus nervos que foi obrigado a "fugir" para Gersau, no Lago Lucerna. Recebeu quatro cartas

51. Não em Stuttgart, como afirma Newman (op. cit., v. 4, p. 370); os Wagner ficaram apenas um dia em Stuttgart, o dia 21, depois seguiram para Estrasburgo. Ver STROBEL, O. *Richard Wagner. Leben und Schaffen. Eine Zeittafel*, Bayreuth, 1952. p. 106.

de Wagner e Cosima que lhe revelaram que Wagner andava muito aborrecido com ele.

> Deus sabe quantas vezes já ofendi o *Meister*, [escreve ele;] cada vez que isso acontece, fico surpreso, sem conseguir entender o que o causou (...) Diga-me o que pensa dessas repetidas ofensas.[52] Não posso imaginar como alguém possa ser mais fiel a Wagner em todos os aspectos, ou mais profundamente dedicado, do que eu: se *pudesse* imaginar, eu o seria mais. Mas tenho que preservar para mim uma certa liberdade em pequenas questões secundárias, e numa espécie de abstenção necessária e "salutar" de relações pessoais *frequentes* – mas, na verdade, é somente para poder me manter fiel a ele em um sentido mais elevado. (...) Dessa vez não havia imaginado sequer por um momento que houvesse cometido ofensa tão grave; receio que tais experiências me deixem ainda mais angustiado do que já estou.

A resistência interior a Wagner está se afirmando com mais força – mas também, ao mesmo tempo, uma recusa em admitir sua existência. Nietzsche se ressente com a suscetibilidade de Wagner – mas se culpa por ela; precisa preservar sua liberdade – mas somente para melhor servir. Esta era uma condição que não podia durar: com o tempo ele teria de abandonar qualquer ideia de independência, ou então abandonar Wagner.

Dois episódios de 1873, contudo, serviram para deixá-lo, por hora, mais envolvido do que nunca. Ele e Rhode estiveram em Bayreuth de 7 a 12 de abril, e Wagner lhes contou as dificuldades enfrentadas pelo projeto de Bayreuth: a menos que entrasse mais dinheiro, o empreendimento todo corria o risco de fracassar. Nietzsche regressou à Basileia imbuído da raiva e do desgosto do Mestre, e imediatamente começou a despejar seu rancor sobre a miserável nação alemã, que se limitava a assistir à queda de seu filho mais ilustre, na primeira *Consideração intempestiva – David Strauss, o confessor e o escritor*. Durante a primavera e o verão, a situação financeira de Bayreuth se deteriorou ainda mais, e em agosto chegou a tal ponto que propuseram um pedido público de doações; Wagner sugeriu que ele fosse acompanhado de um manifesto escrito por Nietzsche. No fim de outubro haveria uma reunião das *Vereine* para discutir planos futuros, e o manifesto seria submetido a elas para sua consideração. Nietzsche redigiu seu manifesto, *Mahnruf an die Deutschen* (Exortação aos alemães), na terceira semana de outubro e o levou consigo para a assembleia que se realizaria no dia 31. Wagner tivera a ideia de fazer uma visita de inspeção ao local do festival, acreditando que a visão do teatro sendo erguido

52. Isto sugere que ocorreram muitas outras "ofensas" das quais não se tem registro.

incentivaria os representantes das delegações, mas não levou em conta a única coisa em Bayreuth que ainda estava fora de seu controle: no dia 30 de outubro e no dia 1º de novembro fez tempo bom, mas no dia 31 os céus se abriram e a visita de inspeção foi realizada com lama até os tornozelos, e a visão do teatro em construção foi encoberta pelo aguaceiro; Nietzsche foi convocado a fazer outro sacrifício à causa wagneriana, desta vez na forma de um chapéu novo, que ficou arruinado com a chuvarada. Na câmara municipal os delegados escutaram o *Mahnruf* e aplaudiram, mas o rejeitaram; um apelo em tom mais moderado de um tal Adolf Stern, de Dresden, foi adotado dias depois, e o de Nietzsche ficou de reserva. Ele nunca foi publicado; seu tom é de repreensão, quase de acusação, e ele parece mais uma ameaça do que um apelo. Nietzsche parece ter esquecido que seu objetivo era convencer pessoas a princípio não simpatizantes a doar dinheiro. (Não que o esforço de Herr Stern tenha conseguido isso: o apelo fracassou irremediavelmente.)

Nos meses de verão sua vida seguiu o curso habitual: Elizabeth veio à Basileia no início de junho e ficou com o irmão até 21 de outubro; de meados de julho a meados de agosto ele passou um mês de férias em Graubünden* na companhia de Gersdorff; no início de outubro Rohde fez um visita. E o mais importante, seus alunos estavam voltando. Durante o semestre de verão de 1872 ele iniciara uma série de palestras sobre *Os filósofos pré-platônicos*, que foi retomada no verão de 1873; nove alunos compareceram, além de dois outros ouvintes que não eram alunos. Um deles era Gersdorff; o outro, Paul Rée.

Rée foi um dos pioneiros na abordagem psicológica dos problemas filosóficos e, como tal, exerceu profunda influência sobre Nietzsche: quando *Humano, demasiado humano* surgiu em 1878, alguns amigos dele que ficaram consternados com seu tom e sua visão culparam Rée, e o próprio Nietzsche chamou sua nova visão de "Réealismo". Na verdade, Rée aparecera em sua vida num determinado momento em que sua melhor função era a de catalisador da até então obscura insatisfação de Nietzsche com o mundo do pensamento em que estava envolvido. Rée tinha 23 anos em 1873 e era ainda mais precoce intelectualmente do que Nietzsche. Havia sido estudante de direito, mas a Guerra Franco-Prussiana interrompera seus estudos e, depois disso, abandonou o direito em favor da filosofia. Quando

*. Cantão suíço dos Grisões. (N.T.)

conheceu Nietzsche já estava cheio de ideias que encontrariam sua primeira tentativa de expressão em 1875, em seu pequeno livro *Psychologische Beobachtungen* (Observações psicológicas), e uma exposição mais completa em 1877, em sua principal obra *Der Ursprung der moralischen Empfindungen* (A origem dos sentimentos morais). Esta última foi escrita durante o período de 1876-1877 em Sorrento, na companhia de Nietzsche, que estava escrevendo *Humano, demasiado humano*, e o exemplar de Nietzsche traz a dedicatória escrita à mão por Rée: "Ao pai desta obra, com os mais sinceros agradecimentos da mãe"; no entanto, sem dúvida a prioridade era de Rée, e apenas uma falsa perspectiva faz com que o título de sua obra principal pareça "nietzschiano" – a verdade é que o exemplo de Rée sugeriu a Nietzsche o uso de títulos semelhantes em suas obras (por exemplo, no segundo capítulo de *Humano, demasiado humano*: "À história dos sentimentos morais"; e no quinto capítulo de *Além do bem e do mal*: "À história natural da moral"). Rée era um ateu que percebeu que a "experiência religiosa" era uma realidade e tentou explicar isso com a noção de "subjetivismo": a crença em Deus, acreditava ele, era um fenômeno subjetivo que podia ser explicado independentemente do fato de Deus ter ou não uma existência objetiva. A experiência religiosa era uma "interpretação", não um fato específico, e a origem dessa interpretação poderia ser descoberta por meio de uma análise da natureza do ser humano em geral: isto é, pelo intermédio da *psicologia*. A investigação da moral por Rée foi especialmente importante para Nietzsche: segundo Rée, a moral era um "costume" e não uma "natureza", não existia um senso moral específico, e o bem e o mal não passavam de convenções. O que impressionava Nietzsche era sua "frieza", modo como se referia à sua independência e clareza como pensador: "frieza" era exatamente o que faltava ao próprio Nietzsche na época. A filosofia posterior de Rée não nos diz respeito: seu "subjetivismo" se transformou num quase perfeito solipsismo que lembra Fichte em seu grau mais elevado e que, como afirma Bertrand Russell sobre Fichte, parece envolver quase uma espécie de insanidade. Depois de chegar à conclusão de que o mundo era "sem sentido", sua mente parece ter ficado paralisada por esta ideia: ela foi o fim, e também o começo, de sua filosofia. Para Rée, a falta de sentido da existência era fonte de desespero; para Nietzsche, ao contrário, tornou-se a base da liberdade. "O que haveria para ser criado se os deuses – existissem?", exclama Zaratustra (Za/ZA II, 2): esse estado de espírito Rée jamais conseguiu atingir.

O ano de 1874 foi decisivo para o relacionamento entre Nietzsche e Wagner. Os cadernos de Nietzsche datados de janeiro desse ano são repletos de comentários críticos sobre Wagner, como homem e como artista, e a segunda *Consideração – Das vantagens e desvantagens da história para a vida* – que apareceu em fevereiro, trata de considerações distantes dos interesses de Wagner.

Naquele mesmo mês as dificuldades financeiras de Bayreuth cessaram temporariamente graças a um subsídio oferecido pelo rei Ludwig e, após algumas mudanças no programa, o primeiro festival foi marcado definitivamente para o verão de 1876. Enquanto isso, Wagner avançava com a conclusão de *Götterdämmerung*, e estava envolvido com a partitura do terceiro ato quando Nietzsche fez o que seria a sua última visita pessoal. Ela foi dolorosa, e seu comportamento é a mais clara evidência de que seus sentimentos em relação a Wagner nessa época já eram decididamente ambivalentes. Durante a primavera e o verão ele estivera escrevendo sua terceira *Consideração – Schopenhauer como educador* – e sua própria obra começava a parecer mais importante para ele *in se e per se*, e não como um mero apêndice de Wagner. Ele revela quanto numa carta a Gersdorff de 4 de julho. Gersdorff, que continuava fiel a Wagner de corpo e alma, parece ter sentido uma certa frieza por parte de Nietzsche; Nietzsche nega, mas algumas linhas depois ele praticamente admite isso, uma vez que se desculpa:

> De onde tirou essa estranha ideia, caro amigo, de querer me obrigar a ir a Bayreuth com uma ameaça? [Pergunta ele.] Podem achar que não quis ir até lá por vontade própria – e no entanto me juntei às pessoas em Bayreuth por duas vezes no ano passado e outras duas no ano retrasado – e o tempo todo desde a *Basileia* (...) Ambos sabemos, é claro, que Wagner possui uma forte tendência natural para a *desconfiança* – mas não acho que seja uma boa ideia incitar essa desconfiança ainda mais. Por fim – lembre-se que tenho deveres para comigo mesmo que são muito difíceis de cumprir em minha condição de saúde tão precária. Na verdade, ninguém deveria me obrigar a fazer coisa alguma.

Um mês depois ele foi a Bayreuth e se hospedou com os Wagner em sua nova casa, Wahnfried, até 15 de agosto. Por que ele foi? Na carta acima ele desaconselhara Gersdorff a visitar Wahnfried alegando que "sua casa e suas vidas estão em estado de confusão e o momento não seria adequado". Os Wagner haviam se mudado para Wahnfried no dia 28 de abril; mais um mês se passara, mas agora Wagner estava mais ocupado do que nunca. A orquestração do último ato do *Anel* era a tarefa mais colossal do gênero que alguém já havia assumido, inclusive ele, e isso bastaria para descartar qualquer interrupção desnecessária. (O *Götterdämmerung*, e com ele *O Anel dos nibelungos* inteiro, foram concluídos no dia 21 de novembro.) Além disso, ele já começara a ensaiar as partes iniciais da tetralogia, e passou todo o mês de agosto ocupado com isso. (O pianista Karl Klindworth estava hospedado em Wahnfried para ajudá-lo.) A chegada de Nietzsche foi inesperada e não muito bem-vinda: na verdade, ele estava atrapalhando, como já devia imaginar. Será, talvez, que foi exatamente este o motivo de sua visita: aborrecer Wagner? Se foi, ele conseguiu.

Nos dias 8 e 9 de junho Nietzsche havia assistido a dois concertos de Brahms na Basileia. A música de Brahms não o atraía muito, mas uma das objeções a Wagner que aparecem em seus cadernos da época é a de que Wagner era incapaz de apreciar as qualidades do outro grande compositor alemão de seu tempo. Não era segredo que Wagner antipatizava com Brahms como homem e era incapaz de se entusiasmar por ele como compositor, e o desprezo por Brahms era quase um dogma em meio à legião wagneriana. Portanto, deve ter sido com más intenções que Nietzsche levou consigo para Wahnfried uma partitura para piano do *Triumphlied* de Brahms e a deixou sobre o piano na sala de música. Tocou alguns trechos e, quando a retiraram, ele a colocou de volta. Era uma grande partitura com encadernação vermelha e, toda vez que Wagner entrava na sala, lá estava ela com o detestável nome impresso na capa. O desfecho de tudo isso foi uma cena, com Wagner vermelho de raiva com o que considerava ser uma provocação deliberada por parte de Nietzsche, e Nietzsche (segundo Elizabeth) frio como gelo, calmo e calado. Podemos admitir aqui que Elizabeth estivesse falando a verdade: o descontrole de Wagner era notório, mas a tempestade quando vinha era tão violenta que logo se dissipava; Nietzsche, por outro lado, era inibido demais para ser capaz desse tipo de explosão estrondosa, sendo bastante coerente com a natureza dos dois homens que Wagner tivesse gritado e esbravejado e Nietzsche permanecesse em silêncio. Mas isso não quer dizer que tenha ficado indiferente: em vez de reagir a uma ofensa real ou imaginada com uma resposta direta, como fez Wagner, ele guardou aquilo em seu coração e o carregou consigo durante anos; podemos ter certeza de que, quando escreveu seus textos contra Wagner de 1888, a cena de agosto de 1874 ainda estava clara em sua memória.

Sua atitude em relação à partitura de Brahms deve ser vista como uma tentativa deliberada (e bem-sucedida) de provocar Wagner: era uma pequena rebelião. Depois de sua partida no dia 15 em companhia de Overbeck, ele só voltaria a ver Wagner em julho de 1876, quase dois anos depois. Nesse meio tempo, o conflito em seu interior se acentuou. Sua saúde piorou, e no dia 2 de janeiro de 1875 ele escreveu de Naumburg, onde passava o Natal, a Malwida von Meysenbug:

> Ontem, no primeiro dia do ano, olhei para o futuro e estremeci. A vida é terrível e perigosa – invejo todo aquele que está definitivamente morto.

A Gersdorff ele escreveu em junho dizendo que andara tão indisposto – "dores de cabeça das mais violentas que duram vários dias e reaparecem poucos dias depois, vômito por horas seguidas sem ter comido nada" – que seu médico lhe dissera para esquecer a ideia de ir a Bayreuth para os ensaios naquele verão. Ele pede a Gersdorff que prepare os Wagner para a notícia de que não estará presente: "Wagner ficará furioso; eu também estou furioso com isso.". Como já mencionado, ele foi para Steinabad e não para Bayreuth, e devem-se ler as cartas que escreveu de lá para Rhode, Gersdorff e outros para que se possa ter uma compreensão de seu espírito na época. Aquelas *não* são cartas de alguém que está gravemente inválido, e as atividades nelas relatadas – tomar banho de piscina logo cedo em água fria demais para os outros pacientes, duas horas de caminhada antes do café da manhã – sugerem que o autor não estava tão doente que não pudesse ficar sentado num teatro. Assim que chegou a Steinabad, na verdade, ele começou a se sentir bem melhor, e voltou à sua antiga condição logo após retornar à Basileia. Ali ficou acompanhado de Elizabeth, que decidira se instalar na cidade por algum tempo e montar uma casa para ela e o irmão; essa convivência doméstica agradaria muito a Nietzsche.

Dois outros acontecimentos de 1875 ajudaram a afastá-lo de Wagner: a publicação de *Observações psicológicas* de Rée e a chegada de Peter Gast à Basileia. (O verdadeiro nome de Gast era Heinrich Köselitz; ele adotou o pseudônimo quando começou a trabalhar seriamente como compositor, sendo geralmente conhecido por ele.) Em dezembro do ano anterior, Gast conhecera Overbeck no escritório do editor Ernst Schmeitzner, de Chemnitz, que depois se tornaria editor de Nietzsche, e decidira ir à Basileia para estudar. Seu encontro com Nietzsche foi um momento crucial em sua vida. De aluno de Nietzsche ele se tornou seu "discípulo"; e embora sua devoção não fosse tão extrema como geralmente se considera (ou como o próprio Nietzsche talvez acreditasse), era intensa o bastante para parecer um tanto doentia, especialmente se levarmos em conta sua pouca diferença de idade – Gast era apenas sete anos mais jovem do que seu ídolo. No verão de 1876 já o encontramos como copista de Nietzsche, e em 1879 ele já estava, sem meias palavras, apaixonado por ele. O conhecimento que temos acerca dos sentimentos de Gast durante os anos de 1879 a 1881 se deve a uma série de cartas que ele escreveu a uma amiga austríaca.[53] Na carta de 12 de setembro de 1879, Gast afirma ter acabado de saber que Nietzsche está para morrer. A notícia o deixou "aos prantos". "Jamais senti tanta afeição por um homem como sinto por *ele*", escreve, "nem mesmo por meu pai (...) Sinto como se tivesse o dever de morrer com ele. Não posso descrever este sentimento." Durante grande parte de 1880 ele foi o único amparo de Nietzsche, que abusou de sua gentileza de maneira tal que só o fato de estar tão gravemente doente poderia justificar; por várias vezes ele perdeu a paciência com o exigente inválido e por várias vezes censurou-se por isso: "Você sabe que farei tudo o que puder por Nietzsche", escreve ele em 15 de março, "pois simplesmente não posso ver um homem assim extraordinário tão desamparado e abandonado." Em outubro seguinte a saúde de Nietzsche havia melhorado um pouco, e ele parece ter consciência de que agira mal com Gast: escreveu a ele se recriminando por ter exigido tanto de seu tempo. Gast repete isso a sua amiga austríaca, e acrescenta: "Na esfera moral estou muito abaixo de Nietzsche; percebo isso em cada palavra que ele escreve: todas procedem de uma grande alma" (carta de 22 de outubro). O fato de perceber que Nietzsche era um homem excepcional e que, independentemente de todos os aborrecimentos, precisava mesmo de ajuda, sempre fazia Gast voltar para o seu lado, literal ou metaforicamente. No culto a Nietzsche de anos depois, Gast teve o papel de protoapóstolo, o primeiro de poucos, e sua atividade neste papel certamente não está livre de críticas. Também não se pode negar que seu conhecimento da filosofia de Nietzsche era mínimo, nem que tenha estimulado em Nietzsche tendências que um homem mais sábio tentaria conter. Deve-se contrapor a isso o fato de ter proporcionado a Nietzsche uma calorosa aprovação que ele nunca conseguiu encontrar em outro lugar. Um escritor criativo precisa de críticas, mas também precisa de alguém que acredite nele e reforce, assim, a crença em si mesmo. Gast acreditava em Nietzsche e, para os que estudam Nietzsche, esta é a sua virtude.

No Natal de 1875, que passou em Naumburg, Nietzsche sofreu seu primeiro colapso geral. Seguiu-se um período de prostração e, embora melhorasse aos poucos, foi obrigado a abandonar temporariamente seu trabalho

53. Publicadas em PODACH, E. *Gestalten um Nietzsche*. Weimar, 1932. p. 71 ss.

na Basileia. Em busca de mais saúde, foi ao Lago Genebra com Gersdorff durante o mês de março de 1876, e à cidade de Genebra nos primeiros dias de abril. Havia, então, se recuperado o suficiente para gostar de fazer o papel de turista e pedir Mathilde Trampedach em casamento.

Embora isso pareça contrário à opinião que se tem de Nietzsche, durante grande parte de sua vida ele esteve à procura de uma esposa. Aqueles trechos de suas cartas em que rejeita a ideia de casamento são contrabalançados por outros em que discute sua possibilidade e pelos dois pedidos feitos por ele de que se tem conhecimento, que foram feitos tão pouco tempo depois de ter conhecido a dama em questão que a ideia de encontrar uma esposa já devia estar presente em sua mente *antes* de conhecê-la. O tema do casamento sempre esteve no ar entre as pessoas do círculo de Nietzsche: Pinder e Krug se casaram em 1874, e ele conheceu as esposas deles em Naumburg no Natal daquele ano; Overbeck ficou noivo em 1875 e se casou em 1876; Rohde ficou noivo em 1876 e se casou em 1877; Gersdorff também se casou em 1877. Uma vez que o próprio Nietzsche não se casou, devemos supor em última análise que tinha alguma resistência a isso, mas as evidências nos impedem de presumir que se opusesse ao casamento desde o início ou por princípio. Ele certamente quis se casar com Lou Salomé em 1882, e discute com frequência a possibilidade de um casamento por "conveniência" em suas cartas a Elizabeth. Se o seu desejo de se casar com Mathilde Trampedach era realmente sério, já não se sabe. Ele havia chegado em Genebra no dia 6 de abril e travado conhecimento com o jovem maestro Hugo von Senger, que o apresentou a Mathilde: ela ainda não estava noiva de Senger, mas os dois já tinham uma certa "afinidade". Aos 21 anos, ela era excepcionalmente bonita e segura de si: provavelmente se comportava com Nietzsche de maneira mais informal e afetuosa do que ele estava acostumado e, sem dúvida, ele a interpretou mal. Na noite do dia 11 eles passaram intensos momentos juntos discutindo poesia e outras coisas mais elevadas da vida, e quando voltou a seu hotel ele lhe escreveu um breve pedido de casamento. Precisava voltar à Basileia na manhã seguinte, declara, mas sua carta lhe será entregue por Senger: uma escolha infeliz como mensageiro, mas que prova que ele não fazia ideia das relações entre Senger e Mathilde. (Cometeu um erro semelhante ao pedir Lou Salomé em casamento por intermédio de Paul Rée, que já tinha, ele próprio, uma relação com ela. Nessa ocasião, porém, ele repetiu a proposta pessoalmente.) Mathilde escreveu para ele na Basileia recusando. Depois se casou com Senger. Ela nunca havia pensando em Nietzsche como um futuro marido, e até onde se sabe nunca o encontrou de novo. Sua carta de recusa foi escrita com grande habilidade, pois fez Nietzsche sentir que devia se desculpar simplesmente por ter feito o pedido. A resposta dele, em 15 de abril, é resignada:

> Você foi generosa o bastante para me perdoar; sinto isso pelo tom gentil de sua carta, que eu realmente não merecia (...) Tenho somente um último desejo: se algum dia ler meu nome ou voltar a me ver, não se lembre do susto que lhe causei. Peço que acredite, em qualquer circunstância, que gostaria de reparar minha conduta inadequada.

Percebe-se nestas palavras um certo alívio. Será que havia se arrependido de sua proposta repentina e agora estava feliz por não ter sido aceita? Parece provável: um amor verdadeiro não se altera entre os dias 11 e 15 do mês.

O momento crucial desse período da vida de Nietzsche veio com o primeiro Festival de Bayreuth. Levando-se em conta o que se passara antes, podemos entender seu comportamento sem muita dificuldade. O festival, propriamente, deveria começar no dia 13 de agosto e consistia em três ciclos completos do *Anel*. Nietzsche chegou em 23 de julho, no final do segundo ciclo de ensaios. Ele estava doente e não deveria ter ido; mas dessa vez não conseguiu ficar longe. O primeiro ato de *Götterdämmerung* foi ensaiado na noite de sua chegada; ele foi assistir, mas teve de sair no meio do ensaio por causa de uma dor de cabeça. No dia seguinte compareceu ao ensaio do segundo ato, e no dia 26, ao do terceiro. Um terceiro ciclo de ensaios começou no dia 29: Nietzsche assistiu ao *Rheingold* nesse dia e à *Valquíria* no dia 31, mas nesta última ocasião sua vista estava tão ruim que não conseguia olhar para o palco, e na manhã seguinte escreveu a Elizabeth dizendo que estava indo embora porque não podia aguentar mais. Nos dias 2 e 3 de agosto ele foi para a estância medicinal de Klingenbrunn, na Floresta da Boêmia, de onde escreveu a sua irmã, que na época estava em Bayreuth:

> Sei perfeitamente que *não* posso suportar aquilo; devíamos ter percebido isso antes! Lembre-se de quantos cuidados cercaram minha vida nos últimos anos. Sinto-me tão cansado e exausto por minha breve estadia aí que será difícil me recuperar.

Ele permaneceu em Klingenbrunn por dez dias e passou grande parte do tempo escrevendo, mesmo com uma dor de cabeça persistente: o material fez parte de *Humano, demasiado humano*. (De acordo com uma carta que escreveu a Mathilde Maier dois anos depois, ele rascunhou cerca de um terço do livro inteiro – isto é, do volume um na edição final.) Durante esses dez dias ele foi se recuperando e, quando Elizabeth lhe pediu para voltar a Bayreuth, ele obedeceu: chegou em 12 de agosto e presenciou o primeiro ciclo público do *Anel* do dia 13 ao dia 17. (Não houve apresentação no dia 15.) O segundo ciclo foi apresentado entre os dias 20 e 23, mas Nietzsche não o assistiu – havia cedido seus ingressos – e no dia 27, em que começava o terceiro e último ciclo, ele voltou para a Basileia. Por conta de sua estreita relação com Wagner, ele poderia ter estado no centro dos acontecimentos durante todo o festival, mas preferiu ficar à margem, aparentemente não se divertindo nem um pouco. Ficou hospedado na casa de Malwida – imagina-se que poderia ter ficado em Wahnfried, se desejasse – e evitou Wagner como se temesse qualquer contato pessoal. Poucos notaram que havia ido embora, e ficaram felizes em vê-lo pelas costas: seu enfado e mal-humor contrastavam lamentavelmente com o clima predominante de euforia e satisfação.

Aquilo, para Nietzsche, era "Bayreuth". Sua decepção era imensa, e ele amaldiçoava suas más condições de saúde: anos depois, contudo, atribuiu seu comportamento a uma súbita clareza em relação à natureza do festival:

> Quem faz ideia das visões que, naquela época, já cruzavam meu caminho pode imaginar o que senti quando me vi um dia em Bayreuth. Foi como se estivesse sonhando (...) Onde estava? Não reconhecia nada, mal reconhecia Wagner. Vasculhei minha memória em vão. Tribschen – uma remota ilha de bem-aventurados – não havia a menor sombra de semelhança. Os dias incomparáveis em que foi assentada a primeira pedra, o pequeno grupo de *iniciados* que os festejava, aos quais não faltavam dedos para delicadezas: nem sombra de semelhança. *O que acontecera?* – Haviam traduzido Wagner para o alemão! O wagneriano se tornara senhor de Wagner! (...) Verdadeiramente, uma multidão de arrepiar! (...) Não faltava um único aborto, nem mesmo o antissemita. – Pobre Wagner! A que ponto chegara! – Teria sido melhor se misturar aos porcos! Mas aos alemães! (EH-MA/EH-HH 2)

E muito mais na mesma linha. Como tanta coisa em *Ecce Homo*, é terrivelmente distorcido e exagerado – mas nem por isso falso. O lado "ideológico" de Wagner – o nacionalismo alemão e o antissemitismo – que em 1888 Nietzsche ainda preferia achar que nunca fizera parte da essência do homem, tinha vindo à tona e não podia mais ser ignorado: "Bayreuth" não era apenas Wagner, o grande artista; era Wagner, o mistagogo germânico, também. É importante observar que o "novo" Nietzsche, o autor de *Humano, demasiado humano*, já existia *antes* que o festival de 1876 tivesse propriamente começado: o festival em si foi a ocasião, e não a causa, do divórcio intelectual de Wagner. (Neste aspecto, *Ecce Homo* é enganoso.)

Metaforicamente, seu conflito interior o havia rasgado ao meio: emocionalmente ele estava com Wagner; intelectualmente o repudiara. A quarta *Consideração – Richard Wagner em Bayreuth* – que surgiu na segunda semana de julho de 1876 mas foi sobretudo a obra de 1875, é um esforço final para cicatrizar a cisão e um sucesso em si: Wagner jamais foi descrito com mais simpatia. Mas um mês após sua publicação Nietzsche já trabalhava em *Humano, demasiado humano*, que é claramente antiwagneriano e foi reconhecido como tal pelo próprio Wagner.

A chave para a compreensão de Nietzsche nessa época que faltava a seus contemporâneos, e a ele próprio, é o conceito da doença psicossomática: é quase certo que seus sintomas – problemas de estômago, de visão, vômitos, dores de cabeça crônicas – eram desse tipo, induzidos em consequência da brutal exacerbação de uma fraqueza existente.

2

As quatro *Considerações intempestivas* contêm os pensamentos de Nietzsche sobre a natureza da cultura no mundo pós-darwinista em geral e no *Reich* em particular. O tom é vigoroso, agressivo e intransigente. O inimigo é representado em horríveis detalhes na abertura *Consideração – David Strauss, o confessor e o escritor*: ele é o "filisteu da cultura", que não faz a menor ideia do que é realmente cultura mas tem vergonha de admitir. Trabalha com afinco no novo *Reich*:

> De todas as más consequências que se seguiram à recente guerra com a França, talvez a pior seja um engano generalizado, se não universal (...) de que a cultura alemã também saiu vitoriosa do embate (...) Essa ilusão (...) é capaz de transformar nossa vitória numa completa derrota: *na derrota ou mesmo extirpação do espírito [Geist] alemão em benefício do "Reich Alemão"*. (UBI/Co. Ext. I 1)

Nietzsche define a cultura de uma forma que deixa o alemão moderno despido dela:

> Cultura é, antes de tudo, unidade de estilo artístico em todas as expressões da vida de um povo. Saber e aprender muito, contudo, não é essencial para a cultura nem indício dela, e se necessário for, pode conviver muito bem com o oposto da cultura, a barbárie, que é a falta de estilo ou uma mistura caótica de todos os estilos. Mas é nesta mistura caótica de todos os estilos que vive o alemão dos nossos dias. (UBI/Co. Ext. I 1)

O então recente livro de David Strauss *A antiga e a nova fé* havia feito um enorme sucesso junto ao público alemão e já era considerado um "clássico"; e isso era prova de que o "filisteu da cultura" era um imbecil em matéria de cultura.

A antiga e a nova fé é um resumo das opiniões de Strauss: ele rejeita toda crença na religião revelada e deposita suas esperanças numa cultura laica e racional, e as objeções de Nietzsche são importantes para se compreender o seu "ateísmo" e as razões pelas quais ele não pode ser chamado de "racionalista do século XIX". O racionalismo do século XIX se caracterizou pelo discernimento da dificuldade de aceitar a religião revelada, e pelo embotamento em relação às consequências de rejeitá-la. O tom característico dos racionalistas do século XIX é de maníaca euforia: são como prisioneiros libertados. Strauss é uma figura típica e soa muito antiquado hoje com sua vivaz autoconfiança e sua branda aprovação do modo como caminha o seu mundo. A objeção de Nietzsche não é simplesmente a de que ele não gosta deste mundo, mas de que os problemas morais e lógicos levantados pela visão racionalista não foram enfrentados. Em um aforismo de 1888 dirigido contra George Eliot, ele formula com a concisão característica de seus últimos anos o seu argumento básico contra a posição racionalista convencional:

> Eles se livraram do Deus cristão, e agora se sentem obrigados a se apegar mais ainda à moral cristã: esta é a lógica *inglesa* (...) Conosco é diferente. Quando alguém renuncia à fé cristã, também priva a si mesmo do *direito* à moral cristã (...) O cristianismo é um sistema, uma visão consistente e *completa* das coisas. Se dele se extrai uma ideia fundamental, a fé em Deus, o conjunto todo se desfaz em pedaços (...) A moral cristã é um mandamento; sua origem é transcendente (...) ela só contém verdade se Deus for verdade – depende totalmente da fé em Deus. – Se os ingleses realmente acreditam saber, por si mesmos, "intuitivamente", o que é bom ou mau (...) isto é apenas *consequência* da supremacia do juízo cristão. (GD/CI IX, 5)

Nietzsche renunciou mesmo à fé em Deus, e seu desprezo por Strauss está enraizado no fato de que Strauss apenas fingia renunciar a ela, ainda que fingisse a si mesmo. Strauss não sofre com a "morte de Deus" porque não acredita nela realmente; pode renunciar ao cristianismo e aclamar Darwin como um benfeitor da humanidade sem afligir seu espírito porque não sabe o que está fazendo:

> Ele anuncia com admirável franqueza que não é mais cristão, mas não deseja perturbar a paz de espírito de ninguém (...) Com uma certa satisfação rude se cobre com o manto peludo de nossos simiogenealogistas e aclama Darwin como um dos maiores benfeitores da humanidade – mas nos deixa confusos ao ver que sua ética é construída de forma totalmente independente da questão: "Qual é a nossa concepção de mundo?". Aqui estava a opor-

> tunidade de demonstrar uma coragem natural: pois aqui (...) ele devia ter extraído audaciosamente do *bellum omnium contra omnes* e dos privilégios dos mais fortes um código moral para a vida. (UBI/Co. Ext. I 7)

Strauss aceitara um mundo de *bellum omnium contra omnes*, mas era incapaz de explicar como as qualidades características da humanidade poderiam ter surgido num mundo como esse, ou como a ética era de todo possível num universo pós-Darwin:

> Strauss ainda não aprendeu que ideia alguma pode tornar os homens melhores ou mais morais, e que é tão fácil pregar a moral quanto é difícil encontrar fundamentos para ela; sua missão deveria ter sido muito mais extrair e explicar os fenômenos da bondade humana, da compaixão, do amor e da abnegação, que de fato existem, a partir de seus pressupostos darwinistas. (UBI/Co. Ext. I 7)

A distinção entre Nietzsche e um racionalista como Strauss, portanto, é clara: Strauss já não considerava críveis os dogmas da religião, e acreditava que Darwin havia demonstrado a veracidade da hipótese evolucionista, mas continuava a pensar e agir como se nada mais houvesse mudado; mas Nietzsche, quando chegou às mesmas conclusões, compreendeu que tudo mais havia mudado, que o universo já não possuía nenhuma realidade significativa.

Ao atacar Strauss, Nietzsche se comprometia, de uma forma negativa, a tentar cumprir a tarefa de que Strauss se esquivara: ou seja, perguntar "qual é a nossa concepção de mundo" depois de Darwin. A segunda *Consideração – Das vantagens e desvantagens da história para a vida* – aborda esta questão indiretamente por meio de uma reflexão sobre a característica mais marcante de sua época em comparação com as passadas: a consciência histórica. A ideia inicial é a de que o conhecimento do passado é um fardo para o homem (UBII/Co. Ext. II 1). Talvez a ignorância em relação ao passado favorecesse a felicidade; de qualquer modo, o esquecimento do passado é imprescindível à felicidade e à ação (UBII/Co. Ext. II 1). Mas os homens só conseguem esquecer o passado por alguns instantes; não podem se tornar completamente "não históricos", como são os animais; por isso devem aprender a "superar" o passado e a pensar "supra-historicamente":

> (...) os homens históricos acreditam que o sentido da existência se tornará cada vez mais claro no decorrer de seu *processo* (...) os homens supra-históricos (...) não veem a salvação no processo; para eles, o mundo já está completo e atinge seu objetivo a cada instante. (UBII/Co. Ext. II 1)

A humanidade, afirma Nietzsche, ainda é jovem e está errado pensar em "natureza humana" como uma coisa invariável. Mas tal suposição está por trás do excesso de consciência histórica que afeta a época; e por trás desta suposição está um resquício da era cristã e da influência de Hegel:

> (...) a raça humana é uma coisa tenaz e persistente e não permitirá que seu progresso seja visto em termos de milênios, ou mesmo de centenas de milênios (...) O que há em dois mil anos (ou, em outras palavras, no espaço de 34 gerações consecutivas de 60 anos cada) que nos permita falar em "juventude" da humanidade no início e em "velhice" da humanidade no final? Não estaria oculta nesta crença paralisante de que a humanidade já está em declínio uma compreensão equivocada de um conceito teológico cristão herdado da Idade Média, a ideia de que o fim do mundo está próximo, de que estamos temerosamente à espera do Juízo Final? Não seria a necessidade crescente de julgamento histórico essa mesma ideia com uma nova roupagem (...)? (UBII/Co. Ext. II 8)
>
> A crença de ser um retardatário dos tempos é sempre paralisante e desanimadora; mas deve parecer terrível e devastadora quando tal crença, por uma audaciosa inversão, um dia passa a idolatrar este retardatário como o verdadeiro sentido e objetivo de todos os acontecimentos anteriores (...) Este ponto de vista acostumou os alemães a falar em "processo do mundo" e a justificar sua própria época como sendo o resultado necessário desse processo. [Este tem sido o efeito da] enorme e ainda presente influência [da filosofia hegeliana]. (UBII/Co. Ext. II 8)

Hegel levou o homem moderno a chamar de "sua forma de viver (...) 'a entrega total de sua personalidade ao processo do mundo'" e a pensar em si mesmo como o "objetivo final do processo do mundo"; e à influência de Hegel soma-se, agora, a de Darwin:

> (...) agora a história do homem é apenas uma continuação da história dos animais e plantas; até nas maiores profundezas marinhas o historiador universal ainda encontra vestígios de si na forma de lodo vivo (...) Ergue-se orgulhoso sobre a pirâmide do processo do mundo. (UBII/Co. Ext. II 9)

"Europeu arrogante do século XIX, você está delirando!", exclama Nietzsche. "Seu conhecimento não engrandece a natureza, só destrói sua própria natureza" (UBII/Co. Ext. II 9). O grito é dirigido àqueles que aclamaram Darwin como um salvador quando, na realidade, ele os reduzira a nada. Hegel e Darwin entre eles levarão em breve a um colapso niilista de todos os valores:

> Se as doutrinas do soberano vir a ser, da fluidez de todos os conceitos, tipos e espécies, da falta de qualquer distinção fundamental entre homem e animal – doutrinas que considero verdadeiras, mas fatais – forem empurradas

> contra o povo por mais uma geração com a fúria por instrução que já se tornou normal, ninguém deve ficar surpreso se (...) sistemas individualistas, irmandades para a exploração predatória dos não irmãos, e outras criações semelhantes (...) surgirem em cena no futuro. (UBII/Co. Ext. II 9)

A este niilismo que se aproxima, Nietzsche contrapõe o ideal "supra-histórico":

> [O homem virtuoso] sempre se insurge contra o poder cego dos fatos, contra a tirania do real, e se submete a leis que não são as que regem o fluxo da história. Ele sempre nada contra a corrente da história, seja combatendo suas paixões como as mais próximas realidades brutais de sua existência, ou dedicando-se à honestidade. (UBII/Co. Ext. II 8)

> Chegará o tempo em que serão prudentemente deixadas de lado todas as construções do processo do mundo ou até da história humana; um tempo em que não serão consideradas as massas, mas os indivíduos, que formam uma espécie de ponte sobre o fluxo turbulento do vir a ser. Esses indivíduos não levam adiante nenhum tipo de processo, apenas vivem uns com os outros numa mesma época, (...) como aquela República de Gênios de que Schopenhauer falou (...) Não, o *objetivo da humanidade* não pode estar em seu fim, somente *em seus espécimes superiores*. (UBII/Co. Ext. II 9)

A produção destes, acredita Nietzsche, é claramente uma função da cultura; e como exemplo prático de como criar uma cultura viva temos diante de nós, como sempre, os gregos:

> O Deus de Delfos vos clama (...) seu oráculo: "Conhece-te a ti mesmo!" (...) Houve séculos em que os gregos se viram diante de um perigo semelhante a este com que nos deparamos: o de ser dominado pelo que era passado e estranho, de perecer através da "história" (...) sua cultura foi por muito tempo (...) um caos de formas e ideias estrangeiras, semíticas, babilônicas, lídias, egípcias, e sua religião uma batalha de todos os deuses do Oriente (...) Os gregos aprenderam aos poucos a *organizar o caos* seguindo a doutrina délfica e voltando-se para si mesmos, isto é, para suas reais necessidades (...) Assim, eles (...) não continuaram sendo por muito tempo os oprimidos herdeiros e epígonos de todo o Oriente (...) Isso é uma parábola para cada um de nós: cada um deve organizar o caos dentro de si voltando-se para suas reais necessidades (...) Assim descobrirá o conceito grego de cultura (...) – o conceito de cultura enquanto uma *physis* nova e melhorada. (UBII/Co. Ext. II 10)

"Organizar o caos" é uma outra maneira de descrever a vitória de Apolo sobre Dionísio, mas ainda é uma metáfora e, nesse sentido, inútil: Nietzsche é incapaz de dizer do que se trata realmente. Entretanto, os conceitos fundamentais de sua filosofia madura já estão presentes na *Consideração sobre a história*, mesmo que ainda não estejam relacionados: o conceito de "organizar o caos" leva ao capítulo "Da superação de si mesmo" de *Zaratustra*, em que descreve pela primeira vez a vontade de poder; a ideia de que "o *objetivo da humanidade* não pode estar em seu fim, somente *em seus espécimes superiores*" leva ao *Übermensch*, o homem que organizou o caos dentro de si; a visão do homem supra-histórico leva ao eterno retorno. Ele também se colocou mais duramente do que antes contra seu problema típico do "verdadeiro, mas fatal". O darwinismo é verdadeiro, mas representa uma calamidade; a doutrina de que a realidade é "vir a ser" sem nunca ser, também é verdadeira, mas igualmente uma calamidade. Nenhum deles pode ser negado: no fim das contas, ambos serão superados.

A terceira *Consideração – Schopenhauer como educador* – apresenta a ideia de que o sentido da humanidade são os seus "espécimes superiores", e de que cada indivíduo pode perceber o "conceito grego de cultura (...) como uma *physis* nova e melhorada" "voltando-se para suas reais necessidades".

> O homem que não quiser pertencer à massa só precisa deixar de se conformar consigo mesmo e seguir a sua consciência, que clama: "Seja você mesmo! Tudo o que você está fazendo, pensando, desejando agora não é você mesmo!". (UBIII/Co. Ext. III 1)

> Mas como podemos nos encontrar? Como pode o homem conhecer a si mesmo? (...) A alma jovem deve olhar para trás e se perguntar acerca de sua vida: O que você realmente amou até agora, o que elevou seu espírito, o que o dominou e exaltou ao mesmo tempo? Coloque essas coisas (...) diante de si e talvez elas revelem (...) a lei fundamental do seu verdadeiro eu (...) pois sua verdadeira natureza não se encontra oculta nas profundezas de seu ser, e sim infinitamente acima de você (...) Há outros meios de se encontrar, (...) mas não conheço nenhum melhor do que pensar em nossos próprios educadores. (UBIII/Co. Ext. III 1)

O ensaio a seguir contém os pensamentos de Nietzsche sobre o *seu* "educador", Schopenhauer. Cabe ressaltar que praticamente não há uma palavra sobre a filosofia de Schopenhauer; ele enfatiza sua independência de espírito e de situação, e sua coragem intelectual:

> Só me beneficio de um filósofo na medida em que ele pode me servir de exemplo (...) Mas este exemplo deve vir de sua vida exterior e não apenas de seus livros (...) Kant se manteve apegado a sua universidade, submeteu-se a seus regulamentos, (...) portanto era natural que seu exemplo produzisse, acima de tudo, professores universitários e uma filosofia professoral. (UBIII/Co. Ext. III 3)

> Onde um dia existiram poderosas sociedades, governos, religiões, opiniões públicas – em suma, onde houve tirania – ali o filósofo solitário foi odiado; pois a filosofia proporciona ao homem um asilo onde tirania alguma consegue penetrar. (UBIII/Co. Ext. III 3)

Durante a era de desintegração e tirania que Nietzsche jamais duvidou estar se aproximando, um filósofo como Schopenhauer preservaria a "imagem do homem":

> Há um século nos preparamos para uma convulsão absolutamente fundamental (...) Quem há de guardar e defender a *humanidade* (...) em meio aos perigos do nosso tempo? Quem irá erguer a *imagem do homem* quando os homens (...) tiverem descido ao nível dos animais ou mesmo dos autômatos? (UBIII/Co. Ext. III 4)

Foram concebidas, afirma Nietzsche, três "imagens do homem" na era moderna, e ele as atribui a Rousseau, Goethe e Schopenhauer. O homem de Rousseau é essencialmente o revolucionário, e o de Goethe, o homem contemplativo. O homem de Schopenhauer é o que "*assume para si voluntariamente o sofrimento de ser verdadeiro*" (UBIII/Co. Ext. III 4):

> (...) quem quisesse viver de acordo com Schopenhauer (...) pareceria mais um Mefistófeles do que um Fausto (...) Tudo o que existe que possa ser negado merece ser negado; e ser verdadeiro significa acreditar numa existência que não possa jamais ser negada (...) Decerto sua coragem destruirá sua felicidade terrena; precisará se tornar inimigo dos que ama e das instituições que o criaram; não poupará nada nem ninguém, embora compartilhe o sofrimento deles; será mal interpretado e considerado por muito tempo um aliado dos poderes que abomina; (...) terá de mergulhar nas profundezas da existência com uma série de perguntas curiosas nos lábios: Por que vivo? Que lição devo tirar da vida? Como me tornei o que sou e por que sofro por ser assim? (...) Quem considera sua vida apenas como um instante da evolução de uma raça, um estado ou uma ciência (...) não compreendeu a lição da existência. (UBIII/Co. Ext. III 4)

A "lição da existência" é a de que apenas os grandes indivíduos têm alguma importância, e o grande indivíduo é aquele que é mais que animal – mais que homem, "*Übermensch*", na terminologia posterior de Nietzsche:

> Quem deseja apenas o prazer da vida não consegue enxergar além do horizonte do animal, pois apenas deseja de modo mais consciente o que o animal busca por impulso cego. Mas é isso o que todos fazemos a maior parte de nossa vida (...) Mas existem momentos *em que percebemos isso:* (...) vemos que, assim como o resto da natureza, estamos avançando em direção ao homem como algo que está muito acima de nós. (UBIII/Co. Ext. III 5)

> – e quem são aqueles que podem nos elevar? São os verdadeiros *homens, aqueles que já não são animais, os filósofos, artistas e santos;* a natureza, que nunca dá saltos, deu seu único salto (...) quando os criou. (UBIII/Co. Ext. III 5)

> A humanidade deve trabalhar continuamente para produzir grandes indivíduos – esta é sua tarefa e nada mais (...) Pois a questão é: como pode a sua

> vida, a vida individual, abrigar o valor mais elevado, o significado mais profundo? (...) Somente pelo fato de viver para o bem dos espécimes mais raros e valiosos. (UBIII/Co. Ext. III 6)

> [Quem faz isso] se coloca dentro do círculo da *cultura*, [e diz] vejo acima de mim algo mais elevado e mais humano do que eu; ajudem-me todos a alcançá-lo, como ajudarei todos que pensam e sofrem como eu: para que, enfim, possa surgir o homem que se sentirá completo e infinito em conhecimento e amor, percepção e poder, e que em sua plenitude estará em harmonia com a natureza em seu juízo e avaliação das coisas. (UBIII/Co. Ext. III 6)

O grosso da quarta *Consideração – Richard Wagner em Bayreuth* – reside neste distanciamento de interesse mais biográfico do que intrínseco: não *o que* Nietzsche escreveu, mas o *fato* de ter escrito sobre Wagner em 1875 e publicado seu ensaio em 1876, que coincide com o primeiro Festival de Bayreuth. O tom do ensaio é de louvor incondicional, e a "explicação" de Nietzsche em *Ecce Homo* é que neste e no ensaio sobre Schopenhauer ele estava, na verdade, escrevendo sobre si mesmo. "O ensaio 'Wagner em Bayreuth' é uma visão do meu próprio futuro", afirma ele (EH-UB/EH-Co. Ext. 3); e novamente:

> (...) o que ouvi da música de Wagner em minha juventude não tinha absolutamente nada a ver com Wagner (...) A prova disso (...) é meu ensaio "Wagner em Bayreuth": em todas as passagens psicológicas decisivas, é apenas de mim que se trata – pode-se tranquilamente colocar meu nome ou a palavra "Zaratustra" em qualquer lugar do texto onde se leia Wagner (...) O próprio Wagner tinha noção disso: ele não se reconheceu no ensaio. (EH-GT/EH-NT 4)

Esta alegação é totalmente inaceitável, e a afirmação de que Wagner não se reconheceu no ensaio não é verdadeira. Nietzsche o enviou para ele em julho de 1876, e tanto Wagner como Cosima ficaram encantados. (Assim como o rei Ludwig, a quem Wagner enviou um exemplar.) Wagner escreveu a Nietzsche quase imediatamente: "Amigo! Seu livro é prodigioso! Onde aprendeu a me conhecer tão bem?". De qualquer modo, é mais fácil para um estudioso de Wagner admirar a visão perspicaz de sua personalidade mostrada no ensaio do que acreditar ser Nietzsche, e não Wagner, quem está sendo descrito.

Do ponto de vista da filosofia de Nietzsche há um elemento da maior importância no ensaio que faz dele uma ponte entre seus primeiros escritos e *Humano, demasiado humano*: a atribuição da energia criativa de Wagner ao seu desejo de poder. Na *Consideração* sobre a história ele havia sugerido que o processo então chamado de "organizar o caos", por meio do qual os gregos haviam se tornado uma cultura viva e integrada, poderia operar também dentro de cada indivíduo, visto como uma espécie de estado com impulsos e emoções conflitantes dentro de si. Podemos ver, olhando para trás, que ele já havia se aproximado do conceito do desejo de poder enquanto a ideia dominante num estado e num indivíduo, mas o conceito ainda estava obscurecido pelo dualismo apolíneo-dionisíaco. Em *Richard Wagner em Bayreuth* ele muda de perspectiva: tinha visto Wagner de perto e era capaz de arriscar um relato *psicológico* de sua evolução. Com Wagner, tinha visto um desejo de poder transformado em criatividade artística não como um fenômeno distante ou meio metafórico, mas como um acontecimento real:

> Quando a *ideia dominante* de sua vida [de Wagner] – a ideia de que uma influência de tamanho incomparável (...) poderia ser exercida por meio do teatro – tomou conta dele, mergulhou todo o seu ser na mais violenta efervescência (...) esta ideia surgiu inicialmente (...) como uma expressão de sua vontade pessoal obscura, que tinha um desejo insaciável de *poder e fama*. Influência, incomparável influência – como? sobre quem? – esta era a partir de agora a questão e o objetivo que incessantemente ocupavam sua mente e seu coração. Ele queria conquistar e dominar como nenhum artista jamais havia feito antes, e se possível atingir com um único golpe aquela onipotência tirânica pelas quais seus instintos ansiavam secretamente. (UBIV/ Co. Ext. IV 8)

Em consequência disso Wagner se tornou um gênio do teatro, que não parou até criar todo um pequeno mundo em que a palavra dele era a lei.

Nietzsche não sugere em parte alguma que essa origem da arte de Wagner seja de algum modo desonrosa, uma vez que havia canalizado sua ânsia de poder para os fins ideais. A história do século XIX poderia ter sido bem diferente se Wagner tivesse buscado o poder por meio da política ou do exército: ele tinha em si as qualidades de um segundo Napoleão – que eram justamente o seu grande valor para o psicólogo existente em Nietzsche.

CAPÍTULO 7
SORRENTO
E O ADEUS À BASILEIA

(...) foi durante os meus anos de menor vitalidade
que deixei de ser um pessimista:
o instinto de me restabelecer me proibia
de ter uma filosofia de indigência e desânimo.
(EH/EH I, 2)

1

No outono de 1876, o rompimento com Wagner já era praticamente um fato consumado. Nietzsche só o encontrou mais uma vez: em Sorrento, em novembro daquele ano. Foi um encontro casual. Quando Nietzsche deixou Bayreuth em 27 de agosto, partiu em companhia de Paul Rée, com quem estabelecera uma estreita amizade. (Como Rée era judeu, esta amizade se manteve contra sua vontade em Wahnfried.) Seu estado de saúde deixava claro que seria incapaz de voltar diretamente ao trabalho; ele pediu uma licença médica e em 15 de outubro foi liberado de todas as suas obrigações por um ano. Antecipando-se a isso, partira com Rée no dia 1º para o pequeno balneário de Bex, no cantão de Vaud, onde ficaram até o dia 20; sua saúde até então se acomodara ao ritmo cíclico da doença e restabelecimento que persistiria durante o resto de sua vida. No fim de sua estadia em Bex juntou-se a eles o jovem romancista Albert Brenner, e os três partiram no dia 20 para Gênova e de lá para Nápoles de barco; ali foram recebidos por Malwida, que os levou para uma vila que alugara nos arredores de Sorrento – a Villa Rubinacci – onde ficaram hospedados até a primavera seguinte.

O relato de Malwida sobre sua vida de aventuras pode ser lido em suas *Memórias de uma idealista*. Na época em que Nietzsche a conheceu em Bayreuth, em 1872, ela se tornara uma espécie de tia universal da geração mais jovem de escritores e artistas do mundo germanófono: tinha um enorme círculo de conhecidos, em sua maioria pessoas que havia ajudado de uma maneira ou de outra, e era bem típico dela que oferecesse aos três jovens[54] um lugar para trabalhar e descansar durante os meses de inverno. A vila ficava no litoral, quinze minutos a pé de Sorrento, com vista para o mar aberto até Nápoles e o Vesúvio. "Moramos (...) na área em que há somente jardins, vilas e coretos", escreveu Brenner a sua família.[55] "A área toda é como um monastério." O próprio Nietzsche escreveu depois a Reinhard von Seydlitz, um escritor e pintor seu conhecido: "Morávamos juntos na mesma casa e ainda tínhamos em comum todos os nossos interesses mais elevados: era uma espécie de monastério para espíritos livres." O "monastério secular" que discutira com Rohde havia, por um curto período, se tornado realidade.

Rée e Brenner ficaram até meados de abril seguinte; Nietzsche, até maio. Os três trabalhavam em seus livros, Nietzsche às vezes ditando para Brenner, que, por ser o mais jovem, tinha alguns "deveres" a cumprir, como anunciar a data na hora do almoço e ser o primeiro a se levantar pela manhã. Nietzsche passou grande parte do tempo indisposto, embora o clima ameno de inverno o fizesse melhorar aos poucos.

Sucedeu que Wagner e sua família também estavam na Itália. No dia 14 de setembro, com o fim do primeiro festival, eles haviam partido numa longa viagem de férias e em 5 de outubro chegaram a Sorrento, ficando até o dia 7 de novembro. Wagner encontrou Nietzsche várias vezes: eles desfrutaram de longas conversas, como as que tinham nos tempos de Tribschen – Wagner falando na maior parte do tempo, Nietzsche ouvindo – e por fora havia harmonia. Por dentro, contudo, Nietzsche estava triste com as impressões que tinha de seu antigo ídolo. Wagner, repete ele em suas cartas dessa época e de pouco depois, está *velho* e já não pode mudar sua maneira de ser. Não era só uma questão de idade: Wagner tinha apenas 63 anos e estava apenas sete anos mais velho do que quando Nietzsche o conheceu; mas tinha uma mentalidade antiga e uma opinião rigidamente formada sobre todas as questões possíveis. Estava começando a mergulhar no tema de sua última grande criação, *Parsifal*: e embora, como afirma Newman, não haja nada de "senil" nesta ópera – "Em nenhuma outra obra sua Wagner fizera críticas tão severas. Ele (...) estava empenhado na criação de um mun-

---

54. Nietzsche estava com 32 anos, Rée tinha 26, Brenner ainda não completara 21.

55. Suas cartas estão publicadas em BERNOULLI, C. A. op. cit., v. I, p. 198 ss.

do musical jamais sonhado até então, não só pelos outros, mas por ele mesmo"[56] –, ainda assim é inconfundivelmente a obra de um homem velho num sentido em que *Falstaff* de Verdi, por exemplo, não é. Em sua ênfase no sofrimento e na piedade, seu abandono da atitude em favor da resignação, seu ritmo extremamente lento, e na loquacidade de seu papel mais longo, Gurnemanz (que faz lembrar o de Próspero*), ela revela a mão de um homem que tem consciência de produzir sua última obra e que, portanto, faz dela um último desejo e testamento. Por todo seu vocabulário e ornamentos cristãos, *Parsifal* é a obra verdadeiramente schopenhaueriana de Wagner, e ouvi-lo falar dela deve ter recordado a Nietzsche o quanto haviam se tornado distantes um do outro.

Depois que Rée e Brenner partiram em 10 de abril, Nietzsche e Malwida devem ter começado a ponderar seriamente sobre o futuro da carreira de Nietzsche. Duas coisas pareciam bastante claras naquele momento: que ele deveria deixar a Basileia e que deveria arrumar uma esposa. Já havia falado ou escrito a Elizabeth sobre este último tópico; e em 25 de abril ele escreveu novamente:

> Agora, o plano em que Srta. von M. [Malwida] acha que devemos nos concentrar, e no qual você deve ajudar, é o seguinte: Estamos convencidos de que acabarei tendo de abandonar minha vida acadêmica na Basileia, pois continuar ali sacrificaria todos os meus projetos mais importantes e acabaria totalmente com minha saúde. Naturalmente, terei de passar lá o próximo inverno, mas devo resolver isso na Páscoa de 1878, se conseguirmos pôr em prática o outro plano, isto é, o casamento com uma mulher compatível e necessariamente abastada. "Boa, *mas* rica", como diz a Srta. von M. (...) Daremos andamento a este projeto neste verão, na Suíça, para que eu possa voltar à Basileia já casado. Várias pessoas foram convidadas a vir à Suíça, entre elas alguns nomes totalmente desconhecidos a você, como Elise Bülow, de Berlim e Elsbeth Brandes, de Hanover. Do ponto de vista intelectual, ainda acho que Nat. Herzen é a mais qualificada.[57] Seus elogios à pequena Srta. Köckert, de Genebra, são impressionantes! (...) Mas ainda tenho minhas dúvidas: quais são suas posses?[58]

---

56. NEWMAN, E. op. cit., v. 4, p. 581.

*. Personagem principal da obra *A tempestade*, de W. Shakespeare. (N.T.)

57. Natalie Herzen era filha de Alexandre Herzen. Malwida havia sido professora particular da irmã de Natalie, Olga. As outras candidatas ao matrimônio, sem dúvida, também haviam sido sugeridas por Malwida.

58. A Srta. Köckert era filha de um banqueiro de Genebra, e a indagação de Nietzsche acerca de suas posses nos dá uma ideia do que ele e Malwida queriam dizer com "rica" ao se referirem a uma possível esposa.

Parece tudo muito bem definido; mas nada disso se realizaria. Nietzsche deveria voltar à Basileia no outono (de 1877), e estava claro que sua ideia (ou de Malwida, o que é mais provável) era passar esse intervalo de tempo na Suíça, onde, por intermédio de Malwida, iria conhecer várias jovens damas e inspecioná-las a fim de se casar com uma delas. Não há evidências de que tenha feito isso; pelo contrário, numa carta a Malwida de 1º de julho, após ter viajado pela Itália e Suíça por cerca de seis meses, ele afirma ter ainda pela frente aquela "grata tarefa". Também mudou de ideia em relação à Basileia:

> Estou determinado a voltar à Basileia e retomar minhas antigas atividades. É insuportável não me sentir *útil* e os basileenses são os únicos que permitem me sentir assim. Fiquei doente de tanto pensar e escrever; enquanto era verdadeiramente um *acadêmico*, eu estava bem; mas então veio toda essa música arrebatadora e essa filosofia metafísica [isto é, Wagner e Schopenhauer] e passei a me preocupar com mil coisas que nada têm a ver comigo. Portanto, quero voltar a ser professor. Se não aguentar, morrerei tentando.

Mas isso era só um estado de espírito passageiro. Em agosto ele escreveu a Overbeck de modo mais realista: "*Uma coisa* posso ver agora com perfeita clareza: a vida acadêmica a longo prazo é impossível para mim.".

E de fato foi. Em 1º de setembro ele voltou a morar na Basileia com Elizabeth, tendo como terceiro morador o "secretário e amigo" Gast, e tentou retomar sua carreira acadêmica, mas no fim do ano foi obrigado a abandonar suas funções como professor no Instituto e se concentrar inteiramente em suas palestras. Em meados de junho de 1878 Elizabeth voltou para Naumburg, e Nietzsche alugou uma casa na periferia da cidade para se obrigar a ir trabalhar a pé e assim, acreditava ele, fazer um pouco de exercício para se fortalecer. Durante o semestre de inverno de 1878-1879 parecia ter se recuperado um pouco, mas na Páscoa sentiu necessidade de uma "cura" em Gênova. A viagem foi tão malsucedida que ele voltou à Basileia numa condição pior do que jamais esteve. Começava agora a pagar o preço por quase uma década de negligência com sua saúde. Mesmo que a causa fundamental de sua doença fosse incurável, os sintomas que o incapacitavam teriam cedido a um tratamento rigoroso. Ele sempre negligenciou este tratamento: em vez de descansar, ele trabalhava; em vez de se resguardar nos períodos de melhora, sempre agia como se estivesse finalmente curado; em vez de dar tempo para seu corpo se recuperar, engolia remédios. Ele gostava de andar e nadar, por isso se permitia acreditar que andar e nadar lhe faziam bem. Em resumo, fazia tudo calculado para agravar a doença, e em abril de 1879 ela o derrubou: Nietzsche passou várias semanas em um constante estado de colapso, abalado por crises sucessivas das mais agonizantes dores de cabeça, quase sem enxergar de tanta dor e com o estômago revirado o tempo todo. Em pânico, Overbeck telegrafou a Elizabeth dizendo que seu irmão precisava urgentemente de ajuda e, quando ela chegou, encontrou-o quase morto de tanta dor e exaustão.

Em 2 de maio ele pediu para ser dispensado para sempre de suas obrigações na universidade: era o fim de sua carreira como professor. Em 14 de junho se aposentou e deixou a Basileia com Elizabeth. Eles foram primeiro a Schloss Bremgarten, um castelo perto de Berna, e logo depois à casa da sogra de Overbeck, em Zurique. Nietzsche permaneceu ali até ficar suficientemente recuperado para decidir qual seria seu próximo passo.

2

Em 3 de janeiro de 1878, Wagner enviou a Nietzsche um exemplar do texto de *Parsifal*, que acabara de ser publicado. Em maio seguinte saiu *Humano, demasiado humano*, e Nietzsche enviou um exemplar a Wagner. Os dois homens estavam agora em mundos separados. Nietzsche escreveu em 11 de junho a Seydlitz:

> Os esforços dele [de Wagner] e os meus apontam em direções opostas. Isso é bastante doloroso para mim – mas é preciso estar preparado para qualquer sacrifício a serviço da verdade. Se ele soubesse tudo que tenho *contra* sua arte e seus objetivos me consideraria um de seus piores inimigos – o que, como todos sabem, eu não sou.

Em 31 de maio ele disse a Peter Gast que *Humano, demasiado humano* "está sendo *banido* em Bayreuth, e a grande excomunhão parece ter se estendido também ao seu autor". No entanto, a reação de Wagner ao livro se caracterizava mais pela dor do que pela raiva.

> Pelo que você escreveu, [escreveu ele a Overbeck em 24 de maio,] entendo que nosso velho amigo Nietzsche anda afastado agora. Ele certamente tem sofrido extraordinárias transformações: no entanto, quem presenciou as convulsões psíquicas que o afetaram durante anos pode até dizer que a catástrofe tão temida que o atingiu não era de todo inesperada. Fiz a ele a gentileza (...) de *não* ler seu livro, e meu maior desejo e esperança é que um dia me agradeça por isso.

Em 19 de outubro ele escreveu novamente a Overbeck pedindo notícias de Nietzsche, referindo-se a ele como um amigo querido, cuja mente está perturbada, mas para quem resta ainda uma tênue esperança de recuperação. Nesse ínterim, uma ligeira crítica a *Humano, demasiado humano* foi publicada em nome de Wagner na edição de agosto do jornal *Bayreuther Blätter*[59].

Na carta a Gast mencionada há pouco, Nietzsche comenta sobre o "estranho afastamento de muitos amigos e conhecidos" após a publicação de *Humano, demasiado humano.* (Evidentemente, é a este afastamento que Wagner se refere acima, visto pelo outro lado.) Entre os amigos afastados estava Rohde, que foi muito franco ao expressar seu desagrado com o novo livro. Ele disse a Overbeck que o irritava a capacidade de Nietzsche de "adotar qualquer ponto de vista possível à sua escolha" e que ele depois "se orgulha do que nos parece um defeito, ou seja, de se libertar de qualquer *compulsão* de ver o mundo a partir de um determinado ângulo". Os wagnerianos em geral, e Cosima em particular, encaravam o livro como uma traição pouco crível ao Mestre.

Grande parte disso, claro, pode ser explicada como sendo apenas efeito da novidade, e a carta de Wagner serve como parâmetro para se avaliar o conteúdo das afirmações contemporâneas posteriores de que este ou aquele livro de Nietzsche exibia sinais de insanidade: se Wagner podia pensar isso de *Humano, demasiado humano*, não é de admirar que pessoas comuns pudessem pensar o mesmo de *A gaia ciência* ou *Além do bem e do mal.* A objeção de Rohde é bem colocada e mostra que, ao contrário de Wagner, ele lera o livro com certa diligência. (O fato de Wagner declarar que não o havia lido não significa muita coisa: deve ter lido ao menos por alto, ou devem ter lhe contado sobre o que se tratava.) O que Rohde desaprova, entretanto, é a grande virtude de Nietzsche nessa época: sua habilidade dialética de experimentar vários pontos de vista. Para Rohde isso parece puro capricho; o que ele não consegue enxergar é que isso constitui um método filosófico – que só se tornará evidente depois de produzir resultados.

59. Contida no terceiro artigo da série intitulada *Público e popularidade.* O *Bayreuther Blätter,* fundado em fevereiro de 1878, era o jornal do movimento wagneriano. Era editado por Hans von Wolzogen, mas o mentor e controlador era, claro, o próprio Wagner.

PARTE III

1879-1889

(...) as pessoas têm dificuldade
com a forma aforística:
isso se deve ao fato de que a forma
não é suficientemente levada a sério.
Um aforismo, devidamente cunhado
e moldado, ainda não foi "decifrado"
ao ser lido; deve-se, então,
iniciar a sua exegese, *para a qual*
se requer uma arte da exegese.

(GM/GM Prefácio)

CAPÍTULO 8
A REVIRAVOLTA

É uma guerra, mas guerra sem pólvora nem fumaça,
sem atitudes beligerantes, sem páthos *e membros contorcidos*
– tudo isso ainda teria sido "idealismo".
Um erro após o outro é calmamente colocado no gelo;
o ideal não é refutado – ele congela (...)
Aqui, por exemplo, congela "o gênio";
ali adiante congela "o santo";
num grosso pingente de gelo congela "o herói";
por fim congela a "fé", a chamada "convicção";
a "piedade" também esfria consideravelmente
– em quase toda parte congela a "coisa em si".
(EH-MA/EH-HH 1)

1

O colapso da Páscoa de 1879 foi uma reviravolta na vida de Nietzsche. Dali em diante ele ficou incapaz de levar uma vida social normal e, livre da rotina diária, semanal e sazonal, voltou-se para si mesmo. Sempre tentara evitar responsabilidades e obrigações que pudessem entrar em conflito com a sensação que tinha de estar destinado a alguma missão especial: agora a coisa não estava mais em suas mãos e, desejasse isso ou não, estava distante e sozinho. Hoje está claro que era disso que sua natureza precisava. Ele era essencialmente um homem solitário, e os que sentiram pena dele por seu isolamento deviam ter se perguntado por que não acabou com isso, se realmente o desagradava. Dentro de certos limites bastante amplos, ele poderia ter vivido onde quisesse, mas na verdade não se estabeleceu em lugar algum. O mais próximo que chegou de uma residência permanente foi um quarto individual na casa do burgomestre de Sils-Maria, um vilarejo na Alta Engadina*, onde passou vários invernos. Em outras ocasiões esteve em Gênova, Nice, Veneza, Turim, ou viajando entre elas, e na Suíça e Alemanha. Morou em quartos de hotel e em albergues, e sua única propriedade eram as roupas que usava, os papéis nos quais escrevia e um grande baú de viagem onde ficavam guardados. Até seu encontro com Lou Salomé em 1882, ele ainda se mantinha de olhos abertos em busca de uma possível esposa; mas o resultado de seus galanteios a essa jovem dama o convenceu de que estava fadado à solidão. Decerto sentia pena de si mesmo, às vezes, sobretudo quando lembrava que outros conseguiam encontrar satisfação no casamento e na família: sucumbiu a uma onda de autopiedade, por exemplo, quando Rohde enviou-lhe uma foto de seu filho recém-nascido em fevereiro de 1884:

> Não sei como isso aconteceu, [respondeu ele], mas quando li sua última carta, e especialmente quando vi a foto de seu filho, foi como se você estivesse segurando minha mão e olhando para mim com melancolia (...) como se dissesse: "Como é possível termos hoje tão pouco em comum e vivermos em mundos tão diferentes, quando outrora...". E assim é, amigo, com todas as pessoas que me são caras: está tudo *acabado*, é passado, resignação; as pessoas ainda me veem, elas falam para não emudecerem (...) Mas seus olhos me dizem a verdade: e eles me dizem (posso ouvir muito bem!): "Amigo Nietzsche, agora você está *completamente só!*". Foi a isso que consegui chegar (...) Oh, amigo, que vida reclusa e sem sentido a minha! Tão só! Tão sem "filhos"! (Carta de 22 de fevereiro de 1884)

Três anos e meio depois, ao enviar a Rohde um exemplar da *Genealogia*, ele se queixou: "Tenho agora 43 anos em minhas costas, e estou tão sozinho como quando era uma criança" (carta de 1º de novembro de 1887).

Entretanto, esse tipo de desabafo parece se referir a um tipo de solidão à qual poderia ter posto fim, se quisesse. Já sugeri que sua incapacidade de se estabelecer em qualquer lugar pode ter se originado com a morte do pai; acrescentaria agora que, tanto intelectual quanto emocionalmente, ele precisava da solidão. Isso é sugerido, creio eu, pela forma de pensar e pelo estilo de escrever revelados em seus livros, que são basicamente uma espécie de *conversa consigo mesmo*. Grande parte de sua obra era não apenas concebida, como também escrita enquanto caminhava, em pequenas cadernetas que coubessem no bolso; não surpreenderia que fosse também falada em voz alta, gesticulando. Há algo do gênero implícito em todo o

---

*. Parte superior do vale de Engadina, nos Alpes Suíços. (N.T.)

teor de seus escritos. É assim que o imagino em seus anos de maturidade: um homem cuja mente está repleta, abarrotada de ideias; constantemente encontra formas de expressá-las que, segundo afirma em suas cartas, o surpreendem e agradam; passa boa parte do dia caminhando e à noite senta-se junto à escrivaninha e fala o tempo todo consigo mesmo. Adora sua própria companhia, pois com ninguém mais pode ter uma conversa tão interessante. Às vezes se contradiz, mas o que seria de uma conversa sem a contradição? Ele discute, fica com raiva, ri de si mesmo; assume uma postura e a expõe; anuncia que é o mais livre dos livres-pensadores, e objeta que o livre-pensamento é meramente destrutivo. Aos poucos surge uma filosofia, a *sua* filosofia: ela não tem utilidade para ninguém, e nem sequer estão interessados nela; mas *um dia* – assim diz ele a si mesmo – a humanidade vai abrir os olhos e ver que um novo mundo foi descoberto: é por isso que ele vai tanto à cidade de Colombo. Este pensamento o consola de ser seu único ouvinte e o único que o compreende, e enquanto isso continua a falar. O tom de sua voz sugere intimidade e um consenso de que pensar e conversar são os mais agradáveis dos passatempos. O tom exortativo às vezes está presente (principalmente em *Zaratustra*) e, nos Prefácios e em *Ecce Homo*, o louvor a si mesmo ultrapassa os limites do bom senso e do bom gosto; mas o tom predominante é o de uma conversa exaltada.

Sua verdadeira biografia, a partir de agora, está em seus livros: não apenas no sentido amplo que se aplica a qualquer escritor profissional, mas no sentido específico de que ele passava a maior parte de seu tempo conversando metaforicamente (ou às vezes efetivamente, acredito) consigo mesmo, e que seus livros são uma reprodução artisticamente melhorada do que ele dizia. Além disso, temos o monte de notas e apontamentos que ele não publicou, por meio dos quais podemos vê-lo em ação refinando, depurando, rejeitando o que considerava supérfluo e deixando de lado os pensamentos que considerava totalmente inadequados.

No fim de junho de 1879, Nietzsche já havia se beneficiado o suficiente dos cuidados da sogra de Overbeck para sentir que podia partir de Zurique para um local mais adequado à sua condição de enfermo. Escolheu ir para a Alta Engadina e, assim que chegou, percebeu que havia encontrado uma combinação de ar puro com solidão e paisagem magnífica que lhe convinha perfeitamente. Ele escreveu a Elizabeth no dia 24: "É como se tivesse chegado à Terra Prometida.". Ficou em St. Moritz, e lá começou a pensar em sua recuperação. O lugar óbvio para uma convalescença prolongada seria Naumburg, que, desde que saíra da Basileia, era outra vez a única cidade que podia chamar de lar; e de fato já estava tudo arranjado para que passasse lá o outono e o inverno. Ele também tinha ideias sobre o tipo de vida que deveria levar dali em diante.

> Você sabe que prefiro um estilo de vida simples e natural, [escreveu ele a sua mãe em 21 de julho,] (...) e que não há outro remédio para o meu estado de saúde. Um *trabalho* de verdade que tome tempo e exija algum *esforço*, sem cansar a cabeça, é disso que preciso. Meu pai não dizia que eu seria jardineiro algum dia? Não tenho muita experiência nisso, eu sei, mas não sou idiota, e você terá que me mostrar como fazer primeiro.

Voltar a Naumburg e "cultivar seu jardim" deve ter parecido uma ideia agradável durante os meses dolorosos desse verão: ele ainda era vítima de repetidas crises de dor de cabeça e exaustão (sofreu crises graves em 118 dias de 1879), seguia uma dieta de doente e seus olhos eram uma fonte constante de dor e desconforto. No entanto, era totalmente incapaz de persistir por muito tempo em algum estilo de vida que não "cansasse a cabeça". Salvo durante os piores períodos de sua doença, ele passou toda a primavera e o verão trabalhando na conclusão de *Humano, demasiado humano*. O primeiro apêndice, *Opiniões e sentenças diversas*, saíra em fevereiro e o segundo e último apêndice, *O andarilho e sua sombra*, foi concluído na primeira semana de setembro. Ele foi publicado em 1880.

Fica claro que escrever, agora, era uma compulsão que ele mal conseguia controlar; na verdade, devia ser assim desde que descobrira, no verão de 1876, a forma literária do aforismo longo – forma em que seus pensamentos e gênio estilístico se encaixavam feito uma luva. Talvez ainda não se tenha dito o bastante sobre quanto essa forma é extraordinária, ou quão extraordinária era a devoção de Nietzsche a ela: a possibilidade de construir uma filosofia de valor duradouro a partir de uma infinidade de fragmentos poderia parecer discutível se Nietzsche não tivesse feito isso. Evidentemente, ele não teve escolha: a transformação sofrida por seu estilo e pensamento, logo que ele começou a empregar essa forma, é prova de sua genialidade.

(O que costuma ser designado como "aforismos" na obra de Nietzsche são trechos cuja extensão varia de uma única frase a um curto ensaio de várias páginas. As obras aforísticas no sentido que o termo adquire com Nietzsche – *Humano, demasiado humano*, *Opiniões e máximas diversas*, *O andarilho e sua sombra*, *Aurora*, *A gaia ciência* e *Além do bem e do mal* – compreendem entre si 2.650 aforismos. Em *Zaratustra*, *Genealogia*, *O caso Wagner*, *O anticristo* e *Ecce Homo* o texto é mais contínuo, mas formas aforísticas de expressão se interpõem muitas vezes. *Götzen-Dämmetung* – neste e em outros aspectos um epítome da obra madura de Nietzsche – inclui um capítulo de aforismos curtos e outros de longos (GD/CI I e IX). A compilação póstuma chamada *A vontade de poder* contém 1.067 aforismos de tamanho muito variado, e outros materiais extraídos do *Nachlass* aumentam bastante este número.)

A doença não o impedia de trabalhar: pelo contrário, talvez ela o impelisse a trabalhar. O ato de escrever era, em sua própria linguagem, uma espécie de "autossuperação". Ele sugere isso numa carta enviada de St. Moritz a Peter Gast, em 11 de setembro, acompanhando o manuscrito de *O andarilho e sua sombra*, que Gast deveria copiar para o tipógrafo:

> Estou no fim dos meus 35 anos, [escreve ele;] na "metade da vida", como foi chamado este período por 1.500 anos; Dante teve sua visão nessa época e fala disso nos primeiros versos de seu poema. Mas eu, na metade da vida, estou tão "em meio à morte" que ela pode me levar de uma hora para outra (...) Nesse sentido me sinto como um velho; e também porque *realizei* a obra da minha vida [isto é, *Humano, demasiado humano* e seus dois apêndices] (...) O constante e penoso sofrimento, até agora, ainda não dominou meu espírito [*Gemüt*]; às vezes parece até que me sinto mais alegre e benevolente do que em qualquer outra época de minha vida (...) Leia todo este último manuscrito, caro amigo, e veja se consegue encontrar nele algum traço de sofrimento ou depressão; *acho que não*, e para mim isso é um sinal de que deve haver alguma *força* escondida nessas minhas visões, e não a fraqueza e o cansaço que aqueles que não me apreciam gostariam de encontrar.

As condições penosas em que escrevia constituem uma evidência suficiente do caráter compulsivo da obra:

> O manuscrito que você recebeu de St. Moritz me custou tão caro que possivelmente ninguém o teria escrito a esse preço se pudesse evitar, [disse ele a Gast numa carta de 5 de outubro enviada de Naumburg. Ele recebeu a cópia final feita por Gast de *O andarilho e sua sombra*, mas] muitas vezes estremeço ao lê-lo (...) por conta das más recordações que evoca (...) Leio sua cópia e acho difícil compreender o que escrevi – minha cabeça está muito cansada.

Em setembro partiu de S. Moritz com Elizabeth e, depois de ir a Chur, voltou para Naumburg, onde permaneceu até fevereiro do ano seguinte. Com a conclusão de *O andarilho e sua sombra* resolvera "*dar um descanso* ao pensamento" (carta a Gast de 11 de setembro), e na carta de Naumburg citada anteriormente ele diz a Gast:

> Você não acredita quanto estou sendo fiel ao meu projeto de inatividade mental; e tenho bons motivos para me manter fiel a ele, pois "atrás do pensamento se esconde o Diabo" – um violento acesso de dor.

Talvez fosse verdade; mas o período de inatividade não pode ter durado muito, pois em 1881 as 575 partes de *Aurora* já estavam prontas para ser publicadas, e elas são apenas uma coletânea de um conjunto maior de obras. Provavelmente não estaríamos errados em imaginar que, todos os dias em que estivesse bom, ele estaria com a caneta na mão.

2

A seção 3 de *Humano, demasiado humano* anuncia a mudança no método pelo qual Nietzsche pretende procurar suas respostas:

> *Apreço pelas verdades despretensiosas.* Uma das marcas de uma cultura superior é dar mais valor às pequenas verdades despretensiosas descobertas por meio de rigoroso método do que aos erros ofuscantes e convenientes, surgidos em tempos e homens artísticos e metafísicos.

A questão essencial por trás da grande variedade de investigações em *Humano, demasiado humano* e em suas duas continuações está exposta na seção 10:

> Assim que a origem da religião, da arte e da moral for descrita de modo a ser perfeitamente compreendida sem a postulação de *interferências metafísicas* (...) acabará a maior parte de nosso interesse pelo problema puramente teórico da "coisa em si" e da "aparência". Pois (...) com a religião, a arte e a moral não atingimos a "essência do mundo em si"; estamos no domínio das "representações", nenhuma "intuição" pode nos levar adiante.

A percepção da essência do problema traz consigo também a da "tarefa" que Nietzsche e o resto da humanidade têm diante de si:

> Uma vez desaparecida a crença de que um Deus dirige os destinos do mundo (...) a própria humanidade deve estabelecer objetivos ecumênicos que abranjam a terra inteira (...) se a humanidade não quiser ser destruída por esse domínio universal consciente, deve primeiro atingir, como critério científico para os objetivos ecumênicos, um *conhecimento das precondições da cultura* jamais visto. Nisso consiste a enorme tarefa que os grandes espíritos [*Geister*] enfrentarão no próximo século. (MA/HH 25)

Como o problema e a tarefa devem ser abordados? Nietzsche afirma que *Humano, demasiado humano* se dedica à "reflexão sobre o humano, demasiado humano – ou, segundo a expressão culta, a observação psicológica" (MA/HH 35). Ele explica, ao mesmo tempo, o que entende por psicologia e por que a investigação psicológica poderá ser útil para explicar o mundo em termos não metafísicos:

> [A psicologia é] aquela ciência que investiga a origem e a história dos chamados sentimentos morais. [Paul Rée escrevera em seu livro *A origem dos sentimentos morais*: "O homem moral não está mais próximo do mundo inteligível (metafísico) do que o homem físico."] Esta proposição, enrijecida e afiada sob as marteladas do conhecimento histórico, em algum momento futuro talvez possa servir de machado para cortar pela raiz a "necessidade metafísica" do homem. Se isso será *mais* uma maldição que uma bênção, quem pode saber? Seja como for, terá as mais graves consequências; ao mesmo tempo fecunda e terrível, contemplará o mundo com aquelas duas faces que todas as grandes percepções possuem. (MA/HH 37)

A humanidade se orgulha de seus "sentimentos morais" porque eles parecem ser a maior garantia de que há um "mundo superior" interferindo no inferior: se nossas ideias sobre o que é certo ou errado não são dadas por Deus, de onde elas vêm? Na seção I (citada no capítulo 5) Nietzsche apresentou seu ponto de vista de que as "boas" qualidades são as "más" *sublimadas*. A "má" qualidade que ele continua a investigar é o desejo de poder, e ele pergunta: que boas qualidades podem ser explicadas como desejo de poder sublimado? Esta abordagem lhe foi sugerida por seu conhecimento da Grécia:

> Os artistas da Grécia, como por exemplo os trágicos, poetizavam para dominar; não se pode imaginar sua arte sem a competição: a deusa Éris de Hesíodo, a ambição, dava asas aos seus gênios. (MA/HH 170)

> [Os filósofos gregos] possuíam uma sólida fé em si mesmos e em suas "verdades", e com ela derrubavam todos os seus vizinhos e antecessores; cada um deles era um violento e belicoso *tirano* (...), aquilo que todo grego queria ser (...) Fazer leis é uma forma mais sublimada de tirania. (MA/HH 261)

e da psicologia de Wagner:

> Influência, incomparável influência – como? sobre quem? – esta era a partir de então a questão e o objetivo que incessantemente ocupavam sua mente e seu coração. (UBIV/Co. Ext. IV 8)

Deixemos claro quais das ideias de Nietzsche sobre poder são novas e quais não passam de uma reafirmação da máxima de Hobbes: "destaco uma inclinação geral de toda a humanidade, um desejo perpétuo e incansável de poder e mais poder, que cessará apenas com a morte.". É quase indiscutível que a sede de poder de algum tipo é uma ambição natural do homem, que muitas vezes pode ser satisfeita por meio de aquisições bastante modestas. Nietzsche não estava muito preocupado com este fato óbvio, embora sua grande obviedade ajudasse a dar credibilidade à filosofia dele. O que lhe interessava era a possibilidade de que ações e sentimentos sem qualquer relação óbvia com um desejo de poder fossem, na verdade, provocados por ele. Para Hobbes, poder significa poder político, que em última análise se reduz à força bruta; para Nietzsche, o poder é uma necessidade psicológica que os homens se esforçarão para satisfazer de formas indiretas se a satisfação direta lhes for negada. Tal concepção é semelhante àquela personificada por Dickens na figura de Uriah Heep:

> Meu pai se tornou sacristão sendo humilde. "Seja humilde, Uriah", ele me dizia, "e você vai chegar lá. Foi o que sempre nos ensinaram na escola; e o melhor a fazer. Seja humilde", dizia meu pai, "e vai se dar bem." E realmente não tenho me saído mal (...) Continuo muito humilde até hoje, senhor Copperfield, mas tenho um certo poder.

O personagem de Uriah foi concebido como um hipócrita consciente, mas Dickens não acredita que toda humildade seja fingida; nem Nietzsche sustenta que toda humildade seja uma hipocrisia nutrida de maneira consciente. Mas a ideia de que a aparente humildade de Uriah é, na realidade, um artifício para adquirir um certo poder - ou seja, o contrário do que parece - é a mesma que está por trás deste aforismo de Nietzsche:

> *Lucas 18:14 corrigido.* Quem se humilha quer ser exaltado. (MA/HH 87) (O Evangelho de Lucas diz "Quem se humilha será exaltado".)

Humano, demasiado humano não antecipa nenhuma proposição geral sobre a origem das qualidades humanas no desejo de poder; fiel a seu novo método, Nietzsche apenas reflete sobre alguns casos em particular. Ele sugere que a gratidão pode ser uma forma refinada de vingança (MA/HH 44); que os fracos e os que sofrem talvez queiram despertar compaixão porque isso lhes dá a sensação de ter "ao menos uma *forma de poder* a despeito de sua fraqueza: *o poder de fazer mal*" (MA/HH 50); que a justiça - uma das boas qualidades "que de fato existem", como dissera ele a David Strauss - pode ser entendida como um arranjo entre forças de poder mais ou menos equivalente (MA/HH 92); que quem dá conselhos gratuitos faz isso com o objetivo de exercer poder sobre aquele a quem aconselha (MA/HH 299); que provocar é uma exibição pública de poder sobre a pessoa provocada (MA/HH 329); que a aquisição de conhecimento é acompanhada da sensação de prazer porque é acompanhada também da sensação de ter maior poder (MA/HH 252); que a verdade é preferível à inverdade porque no campo das ideias "é difícil manter o *poder* e a *fama* com base em erros ou mentiras" (MA-MS/HH-OS 26).

Mas a questão do poder tem outro aspecto. Nietzsche já sugeriu que o indivíduo é uma espécie de Estado, e o indivíduo culto, alguém que traz um "caos" dentro de si a ser organizado do mesmo modo que os gregos fizeram em escala nacional. Uma vez que isso envolveria ter poder sobre si mesmo, ele avalia se o autocontrole não poderia ser um aspecto do instinto de poder:

> Existe um *desafio de si mesmo* do qual muitas formas de ascetismo estão entre as expressões mais sublimadas. Pois certos homens sentem uma necessidade tão grande de praticar sua força e sua ânsia de poder que, por falta de outros objetivos ou porque seus esforços em outras direções sempre fracassaram, eles acabam tiranizando certos aspectos da própria natureza. (MA/HH 137)

> (...) o santo pratica esse desafio a si mesmo, que possui estreita relação com a ânsia de poder e transmite uma sensação de poder até mesmo ao homem mais solitário. (MA/HH 142)

Mais tarde, este "desafio de si mesmo" se tornaria para Nietzsche o aspecto mais importante do desejo de poder.

A moral como tal – o juízo de que esta ação é boa, aquela é má – também é explicada inicialmente como uma relação de poder:

> *A dupla pré-história do bem e do mal.* O conceito de bem e mal tem uma dupla pré-história. *Primeiro*, na alma das tribos e castas dominantes. Quem tem o poder de retribuir o bem com o bem, o mal com o mal, e efetivamente retribui, sendo portanto grato e vingativo, é chamado de bom; quem não tempoder para isso e não pode retribuir é considerado mau. Um homem bom pertence aos "bons", uma comunidade que possui um senso de interesse comum, porque todos os seus membros estão unidos pela ideia de retribuição. Um homem mau pertence à classe dos "maus", um bando de homens oprimidos e impotentes sem qualquer senso de interesse comum. Os bons são uma casta; os maus, uma massa. Por muito tempo, o bom e o mau são como o nobre e o vil, o senhor e o escravo. Por outro lado, o inimigo não é visto como alguém mau quando se pode pagar na mesma moeda. Em Homero, tanto os troianos como os gregos são bons. Não é considerado mau aquele que nos prejudica, mas aquele que é desprezível (...) *Depois*, na alma dos oprimidos e impotentes. Nela, qualquer outro homem é considerado um inimigo igualmente desumano, aproveitador, cruel e ardiloso, seja ele nobre ou vil. O mal é a expressão que caracteriza o ser humano, até mesmo os imaginários, como por exemplo um deus (...) Os sinais de bondade, solidariedade, compaixão são (...) recebidos como requintes de maldade. (MA/HH 45)

Não totalmente de acordo com esta teoria, mas que depois se conciliaria a ela, está uma evolução da ideia de que o bem é o mal sublimado e está essencialmente ligado a ele:

> Todos os bons motivos (...), sejam quais forem os nomes elevados que damos a eles, brotaram das mesmas raízes que supomos conter os venenos maléfi-

> cos; entre as boas e as más ações não há diferença de tipo, mas, quando muito, de grau. As boas ações são as más sublimadas; as más ações são as boas realizadas de forma grosseira e brutal. O único desejo do indivíduo é a sua própria satisfação, e isso (juntamente com o medo de perdê-la) se impõe em todas as circunstâncias, (...) seja em atitudes fúteis, vingativas, impulsivas, maldosas ou ardilosas, ou em atos de sacrifício, de piedade ou de conhecimento (...), muitas ações são denominadas más quando são apenas estúpidas, porque o grau de inteligência que se decidiu por elas era muito baixo. Na verdade, *todas* as ações ainda são estúpidas num certo sentido, pois o grau mais elevado de inteligência humana que se pode atingir hoje certamente será ultrapassado no futuro: e então, olhando-se para trás, todas as *nossas* ações parecerão tão limitadas e impensadas quanto nos parecem hoje as ações e julgamentos dos povos primitivos ainda existentes. (MA/HH 107)

> *Os ciclopes da cultura.* Quando vemos essas depressões com sulcos profundos em que se assentaram as geleiras, achamos quase impossível que um dia venha a surgir no mesmo lugar um vale coberto de relva e árvores, banhado por riachos. Assim é também na história do homem: as forças mais selvagens abrem caminho, quase sempre de forma destrutiva; mas o trabalho delas era necessário para que uma civilização mais amena pudesse erguer sua morada depois. Essas terríveis energias – que chamamos de mal – são os ciclópicos arquitetos e desbravadores da humanidade. (MA/HH 246)

Comportar-se moralmente é obedecer a um determinado código, ou seja, a moral é um *costume*:

> Ser moral, virtuoso, ético, significa obedecer a uma lei ou tradição há muito estabelecida. Se é de bom grado ou de má vontade que se obedece, isso é irrelevante: basta que se obedeça. Chama-se de "bom" quem age de acordo com o costume quase que naturalmente, em resultado de uma longa hereditariedade, portanto facilmente e de bom grado (...) Ser mal é ser "alheio ao costume" (imoral), ter maus hábitos[60], opor-se à tradição, por mais racional ou estúpida que esta tradição possa ser. (MA/HH 96)

Costume é, basicamente, aquilo que é bom para a *comunidade*:

> A origem do costume pode ser atribuída a duas ideias: "a comunidade vale mais que o indivíduo" e "é preferível uma vantagem duradoura a uma temporária"; de onde se conclui que a vantagem duradoura da comunidade deve ter preferência absoluta sobre a vantagem do indivíduo. (MA-MS/HH-OS 89)

Como a moral é um costume, a consciência é formada pelas ordens que recebemos quando crianças:

---

60. A relação verbal entre moral e costume é bem mais próxima em alemão do que em inglês. Na versão original deste trecho, costume = *Sitte*, imoral = *unsittlich*, maus (isto é, imorais) hábitos = *Unsitte*.

> O conteúdo da nossa consciência é tudo aquilo que, sem qualquer razão, nos foi regularmente *exigido* durante nossa infância por pessoas que respeitávamos ou temíamos. (MA-WS/HH-AS 52)

Na verdade, Nietzsche explica a consciência mais ou menos como Freud faria depois: como o "superego".

O propósito essencial de *Humano, demasiado humano* é explicar a realidade sem depender de conceitos metafísicos, e por meio disso chegar a um conhecimento das "precondições da cultura". Seu método é o "experimentalismo". Sua tendência geral é no sentido de abolir as "qualidades superiores" (isto é, aquelas que supostamente poderiam ter uma origem supraterrena) entendendo-as como transformações das qualidades "inferiores" (isto é, aquelas que as pessoas têm em comum com os animais). A qualidade em particular que parece ter maior possibilidade de desenvolvimento é o desejo de poder. Neste aspecto, *Humano, demasiado humano* é, verdadeiramente, um primeiro estágio de uma bastante específica e compreensível filosofia nietzschiana.

CAPÍTULO 9

O ANDARILHO

Deixamos a terra firme e embarcamos!
Queimamos nossas pontes - mais que isso,
queimamos a terra que deixamos para trás!
Agora, barquinho, cuidado! Por toda a sua volta há oceano;
é verdade que ele nem sempre está bramindo,
às vezes permanece ali como se fosse
um sonho de bondade, feito de seda e ouro.
Mas haverá ocasiões em que você saberá que ele é infinito
e que não há nada mais terrível que a infinitude (...)
Ai de você, se for dominado por uma nostalgia da terra firme,
sentindo que ali havia mais liberdade
- e já não houver mais "terra firme"!
(FW/GC 124)

1

"Minha existência é um *fardo terrível*", escreveu Nietzsche ao seu médico, Dr. Otto Eiser, de Frankfurt, em janeiro de 1880: "Já teria me livrado dele há muito tempo se não fizesse os mais instrutivos testes e experimentos no campo ético-intelectual exatamente nesta condição de sofrimento e quase total renúncia - essa alegre busca por conhecimento me leva às alturas, onde supero todos os tormentos e toda a falta de esperança. De modo geral, estou mais feliz do que jamais estive na vida - apesar de tudo! Dor constante; por várias horas do dia uma sensação semelhante ao enjoo; uma espécie de paralisia que me dificulta a fala, alternada com violentas crises (a última me fez vomitar por três dias e três noites, ansiando pela morte).".

Três meses em Naumburg não haviam operado nenhuma melhora e sua ideia, agora, era ir para o sul, onde o clima era sempre bom e ele podia passar a maior parte de seu tempo caminhando - ainda não perdera sua fé nos efeitos curativos da atividade muscular. A única dificuldade que esse plano apresentava era que, em sua condição de enfermo, ele poderia precisar de um acompanhante; e talvez tenha sido Paul Rée, que fez uma longa visita a Naumburg em janeiro, quem lembrou que Peter Gast estava morando em Veneza naquela época. Seus conhecidos na Basileia sabiam da singular devoção de Gast a Nietzsche e, sem dúvida, Rée achou justificável imaginar que o fiel Peter pudesse ser o homem que eles procuravam. Assim, no dia 26, Gast recebeu de Rée um presente inesperado de 200 marcos, junto com uma carta explicando para que era o dinheiro. Nietzsche, dizia Rée, estava indo para o sul e ficaria em Riva: talvez Gast gostasse de lhe fazer companhia; se fosse este o caso, o dinheiro para a passagem de trem e as despesas estava incluso. Gast ficou aborrecido com esta sugestão arbitrária: ele se empenhava em conquistar reconhecimento como compositor e durante os anos de 1880 e 1881 trabalhou em muitos projetos musicais (alguns deles iniciados com Nietzsche), portanto irritava-o que seus conhecidos só se interessassem por ele como "secretário e amigo" de Nietzsche.[61] Mas, como sempre, sua afeição por Nietzsche superou os sentimentos menos dignos e ele aceitou a proposta de Rée.

Ainda devia aguardar para saber quando começariam suas funções. No dia 4 de fevereiro, Franziska escreveu a ele dizendo que seu filho ainda não havia partido por causa do mau tempo, e só no dia 19 voltou a ter notícias, desta vez do próprio Nietzsche, que já estava em Riva. E para lá Gast fielmente se dirigiu, chegando no dia 23, debaixo de chuva e neve torrenciais. Na manhã seguinte Nietzsche chegou ao quarto dele às cinco e meia com a informação de que, se quisessem fazer alguma caminhada naquele dia (e ele *realmente* queria), era melhor saírem imediatamente, pois tudo indicava que havia mais chuva e neve a caminho. "Trabalho samaritano exigente" é como Gast descreve à amiga austríaca suas atividades em Riva desde então até 13 de março, quando ele e Nietzsche partiram para a casa de Gast em Veneza. Ele previu que as exigências seriam constantes, e assim foi: no dia 15 rabiscou às pressas:

> Escrevo estas linhas num café; saí de perto de Nietzsche por alguns minutos. Ontem, absolutamente não conseguia escrever; quando cheguei em casa, simplesmente *caí* na cama. Pela manhã já estava em pé outra vez. Você não faz ideia dos esforços (...) a presença de Nietzsche me custa.

---

61. Para mais informações sobre as cartas que relatam as atividades e sentimentos de Gast nessa época, ver Capítulo 6.

No fim de março juntou-se ao estranho par um amigo chamado Minutti, que, ele próprio, logo ficou doente. Gast se queixou em 8 de abril:

> O fato de não ter escrito ontem se deve inteiramente à total falta de tempo da qual sofro agora. Estou farto de ouvir pacientes reclamando o dia inteiro. Se acabar perdendo a paciência com esta vida de cão, partirei de Veneza (...) e deixarei os doentes cuidarem dos doentes, como os mortos devem enterrar os mortos. Logo eu mesmo ficarei doente.

Ele não partiu, embora seu trabalho como compositor ficasse praticamente parado. Em 11 de maio escreveu:

> Aqui chove quase sem cessar. Você pode imaginar como vão as coisas com Nietzsche – que é sensível a cada nuvem que aparece no céu.

Numa carta de 24 de setembro Gast conta que tinha de passar cinco ou seis horas por dia com Nietzsche, lendo e conversando:

> Você não faz ideia do que aguentei (...), quantas noites me deitei tentando dormir e, quando pensava no que havia acontecido durante o dia, via que não havia feito nada por mim, tudo pelos outros, e muitas vezes sentia tanta raiva que me contorcia, amaldiçoando Nietzsche e desejando sua morte. Acho que nunca me senti tão mal como nessa época (...) Então, quando eu finalmente conseguia dormir às quatro ou cinco da manhã, muitas vezes Nietzsche aparecia às nove ou dez horas perguntando se eu podia tocar Chopin para ele.

Deve ter sido com um certo alívio que ele viu seu amigo embarcar no trem para Marienbad em 29 de junho. Admirar a mente brilhante e a energia intelectual de Nietzsche era uma coisa; ficar responsável pela carcaça castigada em que elas estavam confinadas era algo bem diferente: o próprio Nietzsche percebeu a provação que havia sido para Gast e escreveu de Marienbad se desculpando. De volta às montanhas e florestas, afirma, ele é mais seu antigo eu, e volta a trabalhar com afinco "escavando zelosamente minhas minas morais" (carta de 18 de julho). Mas ainda não encontrara o clima agradável que estava procurando:

> Ainda estou em Marienbad, [escreveu ele a Gast em 20 de agosto.] (...) tem chovido todos os dias desde 24 de julho, muitas vezes o dia inteiro. Nuvens negras, tempo chuvoso, mas boas caminhadas na mata.

Na mesma carta ele revela quanto seu afastamento de Wagner ainda o afetava:

> (...) sofro terrivelmente quando não tenho a simpatia das pessoas, e não há nada que possa compensar, por exemplo, o fato de ter perdido a simpatia de Wagner nos últimos anos. Quantas vezes sonho com ele, e estamos sempre juntos novamente em nossa antiga convivência. Nunca trocamos uma pa-

> lavra exaltada, mas muitas alegres e animadoras; e acho que nunca ri tanto com ninguém como ri com ele. Tudo isso acabou – e pouco importa se em muitas coisas eu tenho *razão* de estar *contra* ele. Como se isso pudesse apagar a lembrança dessa simpatia perdida! (...) parece tão ridículo querer ter razão às custas de afeto.

Não é necessário comentar o quanto sua memória era imprecisa: aqui, como em *Ecce Homo*, ele se recorda de uma impressão geral e, ao olhar para trás, as desavenças com Wagner parecem não ter importância.

No início de setembro ele retornou a Naumburg, onde passou cinco semanas, partindo em 8 de outubro pela segunda vez em busca do sol italiano: desta vez foi para Stresa, às margens do Lago Maggiore, passando pela Basileia no meio do caminho para um agradável encontro com Overbeck. Em Stresa sua saúde piorou, e depois de ficar apenas algumas semanas ele foi para Gênova, onde passou o inverno. Seu estado era deplorável, mas já estava aprendendo a conviver com isso:

> Agora, todos os meus esforços estão voltados para conseguir a perfeita solidão de um sótão [*Dachstuben-Einsamkeit*], onde todas as exigências mais simples e necessárias do meu ser, como tenho aprendido à custa de tantas e tantas dores, possam encontrar o que precisam, [escreveu ele a Overbeck em novembro]. E talvez consiga! A batalha diária contra a dor de cabeça e a absurda variedade de males que me afetam exige tamanha atenção que corro o risco de me tornar *egoísta* – mas isso serve de contrapeso àquelas tendências bastante gerais e ambiciosas que me dominam a tal ponto que, sem algum tipo de contrapeso, fariam de mim um idiota. Estou me recuperando de uma violenta crise e, mal me livrei de dois dias de invalidez, minha insensatez já se põe a correr atrás de coisas inconcebíveis desde o instante em que acordo (...) Ajude-me a manter este isolamento (...) por um bom tempo tenho de viver sem ninguém, numa cidade cuja língua não entendo – *tenho*, repito; não se preocupe comigo! Vivo como se os séculos não fossem nada e sigo meus pensamentos sem dar atenção à data nem aos jornais.

Sua "solidão de um sótão" em Gênova foi uma época miserável. O inverno de 1880-1881 foi rigoroso, e o dinheiro que tinha era pouco para se dar ao luxo de se aquecer: "Muitas vezes, meus membros ficam congelados", escreveu ele a Overbeck em 22 de fevereiro. Na primavera tornou a encontrar Gast e passou um mês com ele em Recoaro, do fim de abril ao fim de maio; após a partida de Gast, continuou lá até meados de junho e depois voltou a St. Moritz. No dia 23 daquele mês, Overbeck recebeu uma carta de um novo endereço: Sils-Maria, na Alta Engadina. "Não conheço nada mais adequado à minha natureza do que este pedaço das montanhas", escreveu Nietzsche; e de fato, ele encontrara no elevado vilarejo alpino de

Sils-Maria o local que se tornaria para ele o mais próximo de uma residência permanente em seus últimos anos. Instalado num anexo da casa do burgomestre, ele fazia suas refeições no hotel do vilarejo e tudo que havia a seu redor era a solidão das montanhas e florestas, que sempre lhe agradavam mais do que a solidão de um sótão na cidade. Naturalmente, nem tudo era perfeito:

> Até mesmo *aqui* tenho sofrido muito [escreveu ele]; este ano o verão está mais quente e mais carregado de eletricidade [!] que de costume, o que não me faz bem.

Mas, de modo geral, Sils-Maria ganhou sua aprovação e devemos lembrar que seu objetivo não era evitar o isolamento, e sim buscá-lo; os moradores do vilarejo eram simples camponeses para quem ele era apenas um turista de longa estadia e, em todos os aspectos essenciais, ele estava completamente só.

Suas andanças já duravam dois anos e sua saúde não havia melhorado quase nada; sem dúvida, parte disso se devia às limitações da medicina na década de 1880, mas o maior culpado pela sua falta de progresso fica evidente numa carta enviada de Sils-Maria em meados de julho para sua mãe. Ela andava confusa e preocupada com sua constante enfermidade e, ao que parece, repreendia-o por não se cuidar melhor. Ele procura tranquilizá-la, mas seus protestos, sabendo-se quanto estava doente na realidade, não são nada tranquilizadores:

> Não poderia haver um homem a quem a palavra "deprimido" se aplicasse menos [escreve ele]. Aqueles que melhor adivinharam a minha missão e suas constantes exigências consideram-me, se não o *mais feliz* dos homens, ao menos o *mais corajoso*. Carrego um peso maior do que meus problemas de saúde, e portanto estou preparado para aguentar isso também. De qualquer modo, estou com excelente aspecto; por conta de todas as caminhadas que faço, meu sistema muscular é quase o de um soldado; o estômago e o abdômen estão em ordem. Meu sistema nervoso, considerando-se o tremendo esforço a que é submetido, está ótimo e me causa espanto de tão forte e aguçado (...) É muito difícil diagnosticar o que há de errado com meu cérebro; em relação ao material científico necessário para isso, estou melhor do que qualquer médico. Na verdade, você ofende meu orgulho como homem da ciência quando sugere novas curas e diz até que "não estou dando atenção à minha doença". Tenha um pouco mais de confiança em mim quanto a isso! Faz apenas dois anos que estou me tratando e, se cometi erros, foi sempre por acabar cedendo e experimentando o que os outros me aconselhavam insistentemente (...) Em todo o caso, os médicos mais entendidos deixaram claro que só poderei me curar depois de um *longo* período e que, antes de mais nada, preciso me

> recuperar das sequelas deixadas pelos falsos tratamentos a que me submeti por tanto tempo (...) Pretendo ser meu próprio médico de hoje em diante, e as pessoas dirão que fui um *bom* médico (...) Se alguém pudesse ver como consigo combinar os cuidados com minha saúde com os progressos de minha grande missão, ficaria orgulhoso. Estou vivendo não apenas de forma muito corajosa, mas também extremamente racional e amparado por um vasto conhecimento médico, com observação e investigação incessantes.

É a mesma história dos tempos da Basileia: qualquer forma de cura que implique uma interrupção do trabalho é "falsa"; só pelo trabalho ele pode se curar, consequentemente, só ele pode efetuar essa cura, pois só ele sabe como deve trabalhar. É difícil levar a sério sua referência a seu "conhecimento médico", pois ele devia ter consciência de que não o possuía, e o fato de chamar a atenção para as ótimas condições de seu "sistema muscular" e de seu sistema nervoso denota a irrelevância de praticamente todas as suas "observações e investigações" sobre sua doença. Se procurarmos a razão fundamental pela qual Nietzsche esteve sempre doente mais ou menos de 1872 em diante, ela está no fato de não ter feito nenhum esforço sério para seguir as recomendações médicas; se nos perguntarmos o porquê de não ter feito isso, a resposta, creio eu, é que estava convencido desde o início de que não tinha cura e temia que pudesse morrer antes de ter escrito tudo que queria: o caráter compulsivo de sua obra que mencionei anteriormente deve ter origem nesse temor.

Ele permaneceu em Sils-Maria até 1º de outubro, quando retornou a Gênova para passar o inverno: por mais desconfortável que possa ter sido em Gênova, provavelmente não teria resistido a um inverno alpino. Sua segunda estadia em Gênova durou até o fim de março seguinte. Passou esses meses ocupado com o trabalho que seria incluído posteriormente em *A gaia ciência*, e não parece coincidência que sua maior individualidade e exuberância estilística em comparação com as obras anteriores tenha surgido na mesma época em que descobriu a "antítese" e o contrapeso estilístico do ainda dominante Wagner: *Carmen*, de Bizet. Ele a viu pela primeira vez em novembro, repetindo a experiência no mês seguinte; e escreveu a Gast em 5 de dezembro:

> Ouvi *Carmen* pela segunda vez – e novamente me deu a impressão de uma *Novelle* de primeira categoria (...) Para mim essa obra vale uma viagem à Espanha – uma obra meridional em seu grau mais elevado! – Não ria, velho amigo; meu "gosto" não se enganaria tanto, nem tão facilmente (...) Tenho andado muito doente, mas venho me recuperando por meio de *Carmen*.

Na carta anterior a esta, Gast havia dito algo sobre as atividades de Wagner, e Nietzsche lhe assegura: "De tempos em tempos (por que será?) é *quase uma necessidade* para mim ouvir notícias gerais e precisas de *Wagner*, de preferência vindas de você!". O segundo festival de Bayreuth, dedicado ao lançamento de *Parsifal*, já estava sendo programado e, embora - assim como o resto do mundo - não tivesse visto a última ópera de Wagner,[62] ele havia lido o texto e a antítese *Parsifal-Carmen* adquiriu para ele uma importância simbólica, que depois seria explorada ao máximo.

Ele já havia decidido não comparecer ao festival de 1882, embora achasse importante que Elizabeth fosse: provavelmente devido a sua avidez por notícias sobre o que Wagner andava fazendo. A carta de 10 de fevereiro de 1882, na qual diz a ela como conseguir ingressos, inclui um relato sobre seu estado de saúde que revela quanto sua existência se tornara singular. Paul Rée estava visitando-o, mas a condição de Nietzsche atrapalhava:

> No primeiro dia, as coisas iam muito bem; suportei o segundo tomando todos os tônicos que tinha; no terceiro, exaustão, e à tarde um desmaio; naquela noite tive uma crise; passei o quarto dia de cama; no quinto me levantei novamente, mas voltei a me deitar à tarde; do sexto em diante, dor de cabeça e fraqueza constantes.

O conjunto da obra do período de 1880-1882 compreende *Aurora* e *A gaia ciência*. O manuscrito de *Aurora* foi enviado a Gast nos primeiros dias de 1881, para que o copiasse, e o livro foi publicado em junho; *A gaia ciência* ocupou a maior parte do inverno de 1881-1882, e em sua carta a Lou Salomé de 2 de julho de 1882, Nietzsche afirma que a última parte do manuscrito havia sido concluída na véspera "e com ela o trabalho de seis anos (de 1876 a 1882), todo o meu 'livre-pensamento'!".

Como autor de *O nascimento da tragédia* e da polêmica contra Strauss ele gozara de certa celebridade por um breve período; como autor de *Humano, demasiado humano*, *Aurora* e *A gaia ciência* ele era desconhecido e passava desapercebido: essas obras-primas mal despertaram interesse fora do círculo mais próximo de Nietzsche. Até hoje, esse fato ainda não pôde ser totalmente explicado. Vista simplesmente pelo aspecto "literário",

---

62. Ele nunca a viu, pois ficou restrita a Bayreuth durante o resto de sua vida e ele não teria sido bem recebido lá. Ouviu o prelúdio orquestral da ópera em janeiro de 1887 (em Monte Carlo) e manifestou abertamente sua admiração: "Wagner já escreveu alguma coisa *melhor*?", escreveu ele a Gast no dia 21; sua objetividade e precisão psicológica "atravessam a alma feito um punhal". Isso não é nenhuma contradição com as denúncias de *Der Fall Wagner*: Nietzsche não pretendia insinuar que Wagner não tinha genialidade como compositor.

Aurora foi a publicação mais notável de 1881, e *A gaia ciência*, a de 1882, no mundo germanófono: a linguagem de *Aurora* é um modelo do que se pode atingir em alemão moderno em termos de concisão e clareza, e *A gaia ciência* exibe uma virtuosidade estilística inigualável nesse idioma. Nessas obras, não apenas Nietzsche como o próprio idioma alemão haviam encontrado uma nova voz. Por que os guardiões da língua, que alguns anos antes haviam elogiado a obra prosaica de David Strauss como sendo um "clássico", não reconheceram o surgimento do maior mestre da prosa alemã desde Goethe é um mistério; mas se procurarmos uma explicação para o imenso reconhecimento que Nietzsche tinha por si mesmo, podemos encontrá-la na falta de reconhecimento que recebia dos outros. Nessa época, ele começava a manifestar um entusiasmo pela própria obra que se tornaria mais forte com o passar dos anos:

> No meu horizonte têm surgido ideias que nunca vi antes [escreveu ele de Sils-Maria a Gast, em 14 de agosto de 1881 (uma referência ao conceito do eterno retorno, que havia lhe ocorrido naquele mesmo mês).] Certamente hei de viver mais *alguns* anos! (...) A intensidade dos meus sentimentos me faz tremer e rir – por duas vezes não pude sair do meu quarto pelo ridículo motivo de meus olhos estarem irritados (...) Em todas as vezes, havia chorado demais em minhas caminhadas no dia anterior, não lágrimas sentimentais, mas de alegria; e em meu pranto cantava e dizia coisas sem sentido, invadido por essa nova visão (...) se não fosse capaz de tirar forças de mim mesmo, se tivesse de esperar por aplausos, incentivo, consolo, onde estaria? O que seria? Certamente houve momentos e períodos inteiros de minha vida (como o ano de 1878, por exemplo) em que uma sonora palavra de incentivo, um aperto de mão em sinal de aprovação, teria sido o maior dos consolos – e foi justamente quando todos me deixaram na mão (...) Agora não espero mais por isso e sinto apenas uma certa surpresa incômoda quando penso nas cartas que recebo atualmente, por exemplo – é tudo tão insignificante (...) o que as pessoas me dizem é respeitoso e bem-intencionado, mas distante, distante, distante.

2

"Com este livro inicio minha campanha contra a moral", escreveu Nietzsche em *Ecce Homo* sobre *Aurora* (EH-M/EH-A 1), mas o tom do livro não é tão agressivo quanto essa afirmação sugere: na verdade, em nenhum outro lugar ele está tão tranquilo, perspicaz e desprovido de idiossincrasias e excessos como nesse livro. *Humano, demasiado humano* e suas continuações estavam repletos de ideias pouco desenvolvidas, que lhes dão um ar de compêndio e não de obras individuais, mas na época em que escreveu *Morgenröte* Nietzsche havia separado desse monte de sugestões aquelas que acreditava poder levar a alguma conclusão concreta: o que mais o absorvia era a ideia de que a moral havia se desenvolvido a partir do desejo de poder e do medo da desobediência, e *Morgenröte* se dedica principalmente a fazer uma análise da moral por esse ângulo.

A primeira dificuldade enfrentada por Nietzsche em relação ao "problema da moral" é que, até então, ela nunca havia sido considerada um problema. No prefácio da segunda edição de 1886 ele atribui a isso o fracasso de todas as filosofias anteriores:

> Por que será que, de Platão em diante, todos os arquitetos filosóficos da Europa construíram em vão? (...) A resposta correta provavelmente seria que todos os filósofos ergueram suas construções sob a influência sedutora da moral, (...) que aparentemente seu propósito seria a certeza, a "verdade", mas na realidade eram "imponentes estruturas morais". (M/A Prefácio, 3)

O conceito universal é o de que a moral é uma coisa "transmitida", que faz parte do mundo como o conhecemos; mas não é assim:

> Quando o homem atribuiu um gênero a todas as coisas, não achou que estivesse brincando, e sim que havia feito uma grande descoberta: (...) Do mesmo modo, o homem relacionou tudo à moral, e revestiu o mundo de um *significado ético*. Um dia isso terá tanto valor quanto tem hoje a crença na masculinidade ou feminilidade do Sol. (M/A 3)

O homem se orgulha de sua moral, que nega ao mundo animal; a moral é uma das principais garantias da origem divina do homem. Mas o mundo animal não vê a situação da mesma perpectiva:

> Nós não consideramos os animais seres morais. Mas vocês acham que os animais nos consideram seres morais? – Um animal que soubesse falar diria: "A humanidade é um preconceito que pelo menos nós, animais, não temos." (M/A 333)

No entanto, se a moral for concebida como um costume, os animais *têm* uma moral – a mesma moral dos homens:

> *Os animais e a moral.* As práticas exigidas na sociedade civilizada: evitar cuidadosamente tudo que é ridículo, ofensivo, pretensioso; reprimir suas virtudes e inclinações mais fortes; adaptar-se, diminuir-se, submeter-se à hierarquia – toda essa moral social é encontrada grosseiramente até mesmo nas profundezas do mundo animal, e somente nessa profundidade enxergamos o propósito de todas essas precauções amigáveis: escapar de seus perseguidores e ser favorecido na busca de sua presa. Por este motivo os animais aprendem a se dominar e camuflar de tal forma que muitos deles, por exemplo, mudam de cor de acordo com o ambiente (...) Assim o indivíduo se escon-

de no conceito geral "homem", ou na sociedade, ou se adapta a príncipes, classes, partidos, às opiniões da época ou do lugar em que vive: e todas essas formas sutis de aparentarmos felicidade, gratidão, poder, amor, têm claros paralelos no mundo animal (...) Os primórdios da justiça, assim como da prudência, da moderação, da bravura – em resumo, de tudo que chamamos de *virtudes socráticas* – estão nos *animais*: são consequência de um instinto que nos faz procurar comida e escapar dos inimigos (...) É razoável descrever todo o fenômeno da moral como sendo algo animal. (M/A 26)

Isso não apenas é uma tentativa de Nietzsche, até então instintiva, de explicar as qualidades "metafísicas" de uma forma não metafísica, mas é quase um certo "darwinismo": os homens evoluíram dos animais, e sua moral também; a origem da moral está no medo e no desejo de poder, e esses homens compartilham de todo o mundo animal:

Não se deve buscar a *origem da moral* em conclusões mesquinhas e revoltantes como: "o que *me* prejudica é *mau* (prejudicial em si); o que *me* beneficia é *bom* (benéfico e vantajoso em si) (...)"? *O pudenda origo!* (M/A 102)

O que geralmente se entende por moral não existe:

Se ações morais são somente (...) as que são praticadas em nome do próximo e só por causa dele, então não existem ações morais! (M/A 148)

Nego a moralidade como nego a alquimia, ou seja, nego suas premissas; mas *não* nego que tenha havido alquimistas que acreditaram nessas premissas e agiram de acordo com elas. Nego também a imoralidade: *não* que inúmeras pessoas se *sintam* imorais, mas que haja alguma razão *verdadeira* para que se sintam assim. É desnecessário dizer que não nego – a menos que eu seja um idiota – que muitas ações consideradas imorais devem ser evitadas e repelidas, nem que muitas consideradas morais devem ser praticadas e incentivadas – mas acho que se deve incentivar uma e evitar a outra *por razões diferentes das tidas até agora.* (M/A 103)

Uma moral se estabelece quando se torna um costume, e esta é a origem da civilização: "*Primeira regra da civilização* (...): qualquer costume é melhor que nenhum" (M/A 16). Nietzsche propõe dois motivos fundamentais pelos quais as pessoas agem de acordo com o costume: por medo e por desejo de poder; e *Aurora* contém um grande número de experiências com ambos. "Todas as ações originam-se de avaliações, e todas as avaliações podem ser *próprias* ou *adquiridas* – estas últimas são de longe as mais comuns", escreve ele. "Por que as adotamos? Por medo" (M/A 104). Assim ele sugere que o homem desenvolveu a faculdade da empatia ("sentir com") a partir de sua antiga necessidade de compreender o significado do comportamento de outras pessoas e animais:

> (...) o homem, a mais temerosa das criaturas graças a sua natureza frágil e delicada, adquiriu a partir de seu *temor* essa empatia e essa rápida compreensão dos sentimentos dos outros (e dos animais). Durante milênios ele viu perigo em tudo o que era estranho e vivo: assim que os via, imitava imediatamente suas características e atitudes e tirava conclusões a respeito das más intenções por trás dessas características e atitudes (...) A alegria e a surpresa agradável, e por fim o senso do ridículo, são a prole tardia da empatia e os irmãos bem mais novos do medo. (M/A 142)

Do mesmo modo, ele supõe que a segurança resultante do comportamento moral, como geralmente é entendido, seja o objetivo desse comportamento moral:

> Por trás do princípio básico do código moral atual – "as ações morais são aquelas motivadas pela empatia com os outros" – vejo o efeito social do temor escondido sob a máscara intelectual: ele deseja, antes de mais nada, que a vida seja despojada de *todos os perigos* que outrora possuía, e que *cada um* contribua para isso com todas as suas forças: por isso apenas as ações voltadas para a segurança comum e o sentimento de segurança da sociedade devem receber o predicado "bom"! (M/A 174)

Num aforismo anterior, em que o medo e o costume são diretamente relacionados, Nietzsche fornece uma definição do homem "imoral", que explica em grande parte o seu uso do termo "imoralista", para descrever a si mesmo: referindo-se à "*regra principal*: a moral não passa (portanto, não é nada além!) de obediência aos costumes", e prossegue dizendo:

> O homem livre é imoral porque está *determinado* em tudo a depender de si mesmo e não de alguma tradição; em todos os estados primitivos da humanidade, "mau" significava o mesmo que "individual", "livre", "arbitrário", "não habitual", "inesperado", "imprevisível" (...) O que é tradição? Uma autoridade superior à qual se obedece não porque ordena algo *útil*, mas pelo fato de *ordenar* (...) No princípio, o costume era tudo e quem quisesse estar acima dos costumes tinha de se tornar legislador, curandeiro e uma espécie de semideus: isto é, tinha de *criar novos costumes* (...) Aqueles moralistas que, seguindo os passos de *Sócrates*, oferecem ao *indivíduo* uma moral de autocontrole e temperança como um meio para o próprio *benefício*, como sua chave pessoal para a felicidade, *são exceções* – (...) eles se excluem da comunidade, como imorais, e são maus no sentido mais profundo. Assim, para um romano virtuoso da velha guarda, todo *cristão* que "se preocupava, em primeiro lugar, com sua *própria* salvação" parecia mau. (M/A 9)

Portanto, o "progresso" na esfera moral se refere às mudanças que foram operadas por homens inicialmente considerados maus:

> (...) a história trata quase exclusivamente de (...) *homens maus* que depois foram *declarados bons!* (M/A 20)

> A moral é constantemente elaborada – um efeito dos *crimes bem-sucedidos* (entre os quais se incluem, por exemplo, todas as inovações no pensamento moral). (M/A 98)

"Na glorificação do 'trabalho'", escreve ele, "vejo (...) medo de tudo que é individual. Basicamente, acredita-se (...) que o trabalho é a melhor polícia" (M/A 173).

Como o indivíduo é a antítese do grupo – seja esse grupo uma tribo primitiva ou um Estado moderno – e, consequentemente, a única fonte de imoralidade (isto é, de desobediência aos costumes), ele é temido por aqueles para quem os costumes são sagrados.

Com o tempo Nietzsche abandonaria a concepção do medo como uma força positiva no sentido implícito em *Aurora* e passaria a vê-lo como o aspecto negativo do desejo de poder: ou seja, equivalente ao sentimento de impotência, de estar sujeito ao poder de outra pessoa ou de alguma outra coisa. Mesmo em *Aurora*, devido a seu efeito mais positivo, o poder começa a parecer um campo de investigação mais fecundo do que o medo. "Nem a necessidade, nem o desejo", afirma Nietzsche, parafraseando Hobbes, "– não, o demônio do homem é o amor ao poder" (M/A 262), e ele faz uma série de sugestões relacionando a origem da moral ao amor pelo poder; por exemplo:

> *Em que somos mais sutis.* Pelo fato de, por milhares de anos, as *coisas* (natureza, utensílios, propriedades de qualquer espécie) terem sido consideradas dotadas de vida e alma, com o poder de fazer mal (...), o sentimento de impotência tem sido bem maior (...) entre os homens do que deveria: (...) Mas como o sentimento de impotência e o medo eram muito intensos, (...) a *sensação de poder* se tornou tão *sutil* que, neste sentido, o homem pode competir com a mais delicada balança. Ela se tornou seu instinto mais forte; os meios encontrados para produzir esta sensação constituem, praticamente, a história da cultura. (M/A 23)

> Oh, quanta crueldade e tortura gratuitas foram causadas pelas religiões que inventaram o pecado! E pelas pessoas que, por meio delas, quiseram desfrutar ao máximo do poder! (M/A 53)

> *À história natural dos direitos e deveres.* Nossos deveres – são os direitos que os outros têm sobre nós (...) Meus direitos – são aquela parte do meu poder que os outros não apenas me concederam, como desejam que eu preserve (...) os direitos são graus de poder reconhecidos e garantidos (...) Os direitos dos outros são uma concessão que a nossa sensação de poder faz à sensação de poder desses outros. (M/A 112)

> Querer se distinguir é querer ter ascendência sobre o vizinho, mesmo que seja de forma indireta, apenas sentida ou até mesmo sonhada. (M/A 113)
>
> Quando uma guerra não tem êxito, sempre se pergunta de quem foi a "culpa" (...) Sempre se procura um culpado em caso de fracasso; pois o fracasso traz consigo um desânimo contra o qual se aplica instintivamente um único remédio: uma nova incitação da *sensação de poder* – que se encontra na *condenação* do "culpado". Esse culpado não é sequer um bode expiatório da culpa dos outros: é um sacrifício dos fracos, humilhados e desanimados, que querem demonstrar de algum modo que ainda lhes resta alguma força. Condenar a si mesmo também pode ser um meio de recuperar a sensação de força após uma derrota. (M/A 140)
>
> Por mais interesse e vaidade (...) que estejam envolvidos na *grande política*, a corrente mais forte que a faz avançar é a *necessidade de sentir poder* (...) Quando o homem tem a sensação de poder, ele se considera e denomina *bom*: e ao mesmo tempo, aqueles em quem ele precisa *descarregar* seu poder o consideram e denominam *mau*! (M/A 189)
>
> A ambição desmedida (...) de ser o "decifrador do mundo" povoava os sonhos do pensador: (...) Assim a filosofia era uma espécie de batalha suprema pela tirania do espírito. (M/A 547)
>
> *Ambulatório de campanha para a alma.* Qual é o remédio mais eficaz? A vitória. (M/A 571)

A última citação estabelece uma relação – à qual Nietzsche daria uma importância cada vez maior – entre a felicidade e a sensação de poder: "O primeiro efeito da felicidade é a *sensação de poder*" (M/A 356), escreve ele; e ainda:

> [Existem] dois tipos de felicidade (a sensação de poder e a sensação de submissão). (M/A 60)
>
> (...) a felicidade, concebida como a mais vívida sensação de poder, talvez em nenhum outro lugar do mundo tenha sido maior do que na alma dos ascetas supersticiosos. (M/A 113)

Ainda mais importante para a elaboração da teoria da vontade de poder é a referência ao poder como uma forma de dominar a si mesmo:

> Continuamos de joelhos diante da *força* (...) e, no entanto, na hora de determinar o grau de *venerabilidade*, somente o *grau de razão na força* é decisivo: é preciso avaliar até que ponto a própria força foi dominada por algo superior, a serviço do qual ela agora se coloca como ferramenta e instrumento! (...) talvez o mais belo ainda surja apenas na escuridão e, mal tenha nascido, mergulhe na noite eterna – refiro-me ao espetáculo dessa força que o gênio emprega *não em obras*, mas *em si mesmo enquanto obra*; ou seja, para se

> conter, para purificar sua imaginação, para impor a ordem e a escolha sobre o afluxo de tarefas e pensamentos. (M/A 548)

O trecho não é dos mais lúcidos, e Nietzsche ainda fala na força sendo "dominada por algo superior", embora já tivesse perdido o direito a esse tipo de expressão; mas seria por meio de uma compreensão deste aspecto do instinto de poder que ele sugeriria, mais tarde, uma explicação para o sentido do homem:

> Antigamente, buscava-se atingir uma sensação de grandeza do homem voltando-se para sua *origem* divina: hoje este caminho está interditado, pois na entrada encontra-se o macaco (...) A busca, agora, é no sentido oposto: a direção em que o homem está *indo* deverá servir para provar sua grandeza e sua natureza divina. Infelizmente, isso também não serve para nada! No fim desse caminho encontra-se a urna funerária do *último* homem (...) Por mais que o homem possa ter evoluído (...) sua transição para uma ordem superior é tão impossível quanto é para a formiga ou a lacraia, no fim de sua "trajetória terrena", ascender à natureza divina e à eternidade. O "vir a ser" arrasta o "ter sido" atrás de si. (M/A 49)

3

A gaia ciência costuma ser vista como o auge do período "socrático" de Nietzsche, período em que ele ainda acreditava na razão e na lógica. Em *Assim falou Zaratustra* ele parece ter sofrido uma mudança, ter se tornado irracional, louvando e enaltecendo o mal e invertendo deliberadamente todos os critérios de julgamento com um cinismo perverso: em outras palavras, supostamente teria perdido a razão. Essa visão não se justifica. As afirmações positivas de *Zaratustra* e suas sucessoras são consequência das experiências críticas de *Humano, demasiado humano*, *Aurora* e *A gaia ciência*, e não uma contradição a eles. Além disso, os livros "socráticos" não possuem de forma alguma um estilo homogêneo: mesmo em *Humano, demasiado humano*, a maneira fria e vaga às vezes dá lugar a um discurso apaixonado que prenuncia o de *Zaratustra*; *Aurora* utiliza um estilo bem mais caloroso e expansivo; já em *A gaia ciência* Nietzsche atinge uma gama muito ampla de expressões, da despojada exatidão "científica" de *Humano, demasiado humano* à exortação inflamada e passional de *Zaratustra*. A última parte da edição original de *A gaia ciência* é quase idêntica à abertura de *Assim falou Zaratustra*, e a linguagem do aforismo em que o eterno retorno é mencionado pela primeira vez (FW/GC 341) é muito próxima à do trecho correspondente em *Zaratustra* (Za/ZA III, 2, 2). Nem o estilo, nem o pensamento de Zaratustra são ocorrências anormais na obra de Nietzsche.

Em *A gaia ciência*, Nietzsche dá continuidade à experimentação das obras anteriores, mas seus derradeiros conceitos – a vontade de poder, o super-homem* e o eterno retorno – estão todos presentes em germe. Além disso, a base definitiva de toda essa experimentação, o desaparecimento do mundo metafísico, manifesta-se claramente. A nova situação cósmica do homem é expressa de forma memorável numa parábola chamada "O louco":

> Não ouviram falar daquele louco que em plena manhã acendeu uma lanterna, correu até a praça e começou a gritar: "Estou procurando Deus! Estou procurando Deus!"? – Como lá se encontravam muitos que não acreditavam em Deus, ele provocava consideráveis risadas. "Então você o perdeu?", dizia um. "Ele se perdeu feito uma criança?", dizia outro. "Ou está se escondendo?" "Está com medo de nós?" "Foi viajar?" "Ou se mudou?" – assim gritavam, rindo. O louco se atirou no meio deles e transpassou-os com seu olhar. "Para onde foi Deus?", gritava. "Pois vou lhes dizer. *Nós o matamos* – vocês e eu. Somos todos assassinos dele. Mas como fizemos isso? Como conseguimos esvaziar o mar? Quem nos deu a esponja para apagar todo o horizonte? O que fizemos quando separamos a Terra de seu Sol? Aonde ela está indo agora? Aonde estamos indo nós? Para longe de todos os sóis? Não estamos caindo sem parar? Para trás, para os lados, para a frente, em todas as direções? Ainda existe em cima e embaixo? Não estamos vagando em meio a um nada infinito? Não sentimos o sopro do vazio? Não está ficando mais frio? A noite não está se aproximando cada vez mais? Não precisamos acender lanternas pela manhã? Ainda não ouvimos o barulho dos coveiros enterrando Deus? Ainda não sentimos o cheiro da decomposição divina? – os deuses também se decompõem. Deus está morto. Continua morto. E nós o matamos. Como nós, os piores de todos os assassinos, vamos nos consolar? O que havia de mais sagrado e poderoso no mundo sangrou até a morte sob nossos punhais – quem nos limpará desse sangue? Com que água poderemos nos purificar? Que rituais de expiação, que jogos sagrados precisaremos inventar? Será que a grandeza desse feito não é demais para nós? Nunca houve um feito maior – e quem nascer depois de nós, graças a ele, deverá fazer parte de uma história maior do que toda a história até agora." Então o louco se calou e voltou a olhar para os que o escutavam; eles também estavam calados e o fitavam com espanto. Por fim atirou no chão sua lanterna, que se partiu e apagou. "Vim cedo demais", disse então; "meu tempo ainda não chegou. Esse terrível acontecimento ainda está a caminho, está em marcha – ainda não chegou aos ouvidos dos homens. O relâmpago

*. Seu conceito filosófico (*Übermensch*) é muitas vezes traduzido como "além-do-homem". (N.T.)

> e o trovão precisam de tempo, a luz das estrelas precisa de tempo, os feitos precisam de tempo para serem vistos e ouvidos, depois de realizados. Este feito está ainda mais distante dos homens do que as estrelas mais distantes – *e mesmo assim eles o cometeram.*" – Dizem também que, nesse mesmo dia, o louco entrou em diversas igrejas e cantou um *requiem aeternam deo*. Quando o levavam para fora e o silenciavam, sempre retorquia: "O que são hoje estas igrejas, senão túmulos e sepulcros de Deus?". (FW/GC 125)

"Deus está morto", mas o fato ainda não foi percebido nem aceito; as pessoas ainda pensam de uma maneira que só seria adequada se Deus ainda fosse realidade:

> Depois que Buda morreu, sua sombra continuou aparecendo numa caverna durante séculos – uma sombra imensa e assustadora. Deus está morto; mas, sendo os homens como são, talvez por milênios ainda haja cavernas nas quais sua sombra apareça. – E quanto a nós – ainda precisamos vencer também a sua sombra! (FW/GC 108)

A natureza desta "sombra" é delineada na seção seguinte: as propriedades humanísticas e mecanicistas transferidas à "natureza", a própria ideia de "natureza" enquanto um domínio de ordem e propósito:

> Devemos nos vigiar contra a afirmação de que existem leis na natureza. Existem apenas necessidades: não há ninguém que mande, ninguém que obedeça, ninguém que transgrida. (FW/GC 109)

"Quando", exclama ele, "deixaremos totalmente de divinizar a natureza"?

A moral, destituída de qualquer origem metafísica ou sanção sobrenatural, não pode ter nenhum "valor eterno"; deve ser apenas consequência de uma "necessidade" sentida por aquees que a concebem e vivem de acordo com ela: na verdade, existem *morais*, mas até o momento não existe nenhuma *moral*:

> Sempre que nos deparamos com uma moral, encontramos uma avaliação e uma hierarquia dos instintos e ações humanas. Essas avaliações e hierarquias são sempre uma expressão das necessidades de uma comunidade ou rebanho: (...) Por meio da moral, o indivíduo é levado a agir em função do rebanho e a se dar valor somente nesta função. Como as condições para a preservação de uma comunidade variam bastante de uma para outra, já houve morais muito diferentes. (FW/GC 116)

Por conseguinte, a moral moderna é abundante em contradições que surgem ao se imaginar que uma certa moral específica equivale à moral em geral:

> As virtudes de um homem não são consideradas *boas* em função de seus efeitos sobre ele, mas em função dos efeitos que pressupomos que terão sobre nós e sobre a sociedade (...) Pois do contrário teríamos visto que as virtudes (...) geralmente são *prejudiciais* a quem as possui, por serem instintos

> que imperam com excessiva veemência (...) Se você possui uma virtude, uma virtude totalmente real (e não apenas uma leve tendência a essa virtude!) – você é vítima dela! (...) O "vizinho" elogia o desprendimento porque *tira vantagem dele!* (...) A contradição fundamental dessa moral tão venerada atualmente é esta: os motivos que movem essa moral são contrários ao seu *princípio!* (FW/GC 21)

A "autossuperação" da moral e da fé cristãs, da forma como Nietzsche a concebeu, é justamente este reconhecimento de que aquilo que chamamos de moral, segundo seus próprios critérios, não tem nada de moral:

> Pode-se ver exatamente *o que* triunfou sobre o Deus cristão: a própria moral cristã, a noção de honestidade aplicada com rigor cada vez maior, a sutileza confessional da consciência cristã traduzida e sublimada em consciência científica, em pureza intelectual a qualquer preço. (FW/GC 357)

O fato de que isso pode levar ao niilismo que Nietzsche está tentando combater é mais um exemplo do "verdadeiro, mas fatal": ele fala da "terrível alternativa" das próximas gerações:

> (...) acabar com suas venerações ou – *consigo mesmas!*" Esta última opção seria o niilismo; mas não seria também a primeira – niilismo? – Esta é a *nossa* interrogação. (FW/GC 346)

Só depois de formular sua teoria sobre a vontade de poder é que ele conseguiria arriscar uma resposta para essa pergunta.

Como toda moral tem apenas um valor relativo, deve-se distinguir o bem e o mal de modo relativo e não absoluto: não há nenhuma justificativa para se repudiarem as más ações como tal – pelo contrário, elas têm tanto valor quanto as boas ações, uma vez que estas últimas evoluem das primeiras:

> Os espíritos mais fortes e malignos são os que mais contribuíram para o progresso da humanidade até agora: eles reacenderam várias vezes as paixões adormecidas – toda sociedade organizada faz adormecer as paixões –, despertaram o senso de comparação, de contradição, o encanto pelo novo, pelo arriscado, pelo inusitado; obrigaram a humanidade a confrontar opiniões, confrontar ideais. Isso foi feito geralmente pelo uso de armas, pela derrubada de fronteiras, pela violação da fé; mas também por meio de novas religiões e morais! (...) O novo (...) é sempre *mau*, (...) só o velho é bom! Os homens bons de cada época são aqueles que cavam a fundo as velhas ideias e se nutrem delas, os cultivadores do espírito. Mas todo solo acaba se exaurindo e precisa ser revolvido várias vezes pelo arado do mal (...) os maus instintos são tão úteis, indispensáveis e preservadores da espécie quanto os bons: só têm uma função diferente. (FW/GC 4)

Mais uma vez, é a ideia do conflito enquanto força dinâmica da cultura: o conflito é "mau", mas sem conflito não existe cultura:

> Examinem a vida dos melhores e mais fecundos homens e povos, e perguntem a si mesmos se uma árvore que deve se erguer orgulhosamente em direção ao céu pode viver sem o mau tempo e as tempestades: se a adversidade e a oposição externa, se algum tipo de ódio, inveja, obstinação, desconfiança, austeridade, ganância e violência não fazem parte das circunstâncias *favoráveis* sem as quais é quase impossível haver um grande crescimento, até mesmo nas virtudes. (FW/GC 19)

> A "boa Éris" de Hesíodo – os instintos de inveja, ganância e inimizade voltados à competição – ainda é a deusa reinante da cultura. Em *Humano, demasiado humano*, Nietzsche já explicara a existência da "boa" Éris chamando-a de sublimação da "má", mas embora sustente esta ideia em *A gaia ciência:* –

> O ponto onde a visão fraca já não consegue discernir os maus instintos por causa de sua sutileza é o limite onde o homem define os domínios do bem (FW/GC 53)

– ele é incapaz de fazer qualquer referência à sublimação como um acontecimento real: essa referência teria de esperar pela sua teoria sobre a vontade de poder.

No entanto, ele tem avançado em direção a essa teoria. Num dos primeiros aforismos, chamado "Por uma teoria sobre a sensação de poder", sugere que tanto as boas como as más ações resultam do instinto de poder:

> Ao fazer o bem e fazer o mal, exercemos nosso poder sobre os outros (...) Ao *fazer mal* àqueles a quem devemos fazer sentir nosso poder (...) Ao *fazer bem* (...) àqueles que de algum modo dependem de nós (...); queremos aumentar seu poder, porque assim aumentamos o nosso (...) O fato de ser para nós um sacrifício fazer o bem ou o mal não altera o valor definitivo de nossas ações; mesmo que arrisquemos a vida, como faz um mártir por sua Igreja – é um sacrifício pela *nossa* ânsia de poder (...) Quem se sente "dono da verdade", de quantas posses não abre mão a fim de preservar este sentimento! Do que não se desfaz a fim de se manter "no alto" – isto é, *acima* dos que não possuem a "verdade"! (FW/GC 13)

Também o amor, a paixão desinteressada, resulta do desejo de exercer o maior poder possível sobre o ser amado:

> Nosso amor ao próximo – não é um instinto de adquirir uma nova *propriedade*? (...) Nossa satisfação conosco tenta se preservar transformando continuamente qualquer coisa nova *em parte de nós mesmos* – é isso que significa possuir (...) Quando vemos alguém sofrendo, ficamos felizes em aproveitar a oportunidade oferecida de nos apoderar dele; assim faz a pessoa caridosa e solidária, por exemplo, que também chama de "amor" o desejo de uma nova posse nele despertado (...) Mas é o amor sexual, porém, que se revela mais claramente como um instinto de propriedade: o amante quer a posse exclu-

> siva e incondicional da pessoa desejada, quer poder incondicional sobre sua alma e seu corpo, quer que ame somente a ele, habitando e dominando sua alma como o que há de mais supremo e desejado (...) é surpreendente que esta feroz ganância e injustiça do amor sexual tenha sido tão glorificada e endeusada em todos os tempos, que desse amor tenha se originado a noção de amor enquanto o oposto do egoísmo, quando, na verdade, talvez ele seja exatamente a expressão mais espontânea do egoísmo. (FW/GC 14)

A renúncia – ou seja, o ascetismo – é agora atribuído a um desejo de poder:

> O que faz aquele que renuncia? Ele aspira a um mundo superior, quer voar mais alto e mais longe do que todos os homens de afirmação – *se desfaz de muitas coisas* que dificultariam seu voo, entre elas muitas que têm valor para ele, que não o desagradam: ele as sacrifica pelo seu desejo de chegar às alturas. (FW/GC 27)

O super-homem e o eterno retorno também fazem suas aparições preliminares em *A gaia ciência*. A figura do super-homem ainda é vaga, mas certos traços se distinguem: Nietzsche está tateando em direção a uma "imagem do homem" que personifique o instinto de poder e o empregue de algum modo como uma força criativa. Num aforismo um tanto estranho, ele relaciona diretamente a "elevação" do homem à "morte de Deus":

> Há um lago que um dia se negou a escoar e ergueu uma represa onde antes escoava: desde então, este lago tem subido cada vez mais (...) talvez o homem suba cada vez mais a partir do momento em que deixar de *escoar* em direção a um deus. (FW/GC 285)

A elevação por meio de algum tipo de restrição, de exercer seu poder contra si mesmo: esta é a tendência do seu pensamento nessa época:

> "Dar estilo" ao seu caráter – uma arte grande e rara! Pratica-a quem observa tudo que sua natureza apresenta em termos de forças e fraquezas, depois a molda segundo um plano artístico até que cada elemento pareça ser arte e razão, e até mesmo as fraquezas encantem os olhos. Uma grande quantidade da segunda natureza é acrescentada aqui, um bocado da natureza original é removido ali (...) As naturezas fortes e imperiosas é que sentirão mais satisfação ao exercer tal controle, com tal restrição e aperfeiçoamento sob suas próprias leis. (FW/GC 290)

Ao ler isso percebemos que ele continua usando a linguagem de *Sobre o futuro de nossas instituições de ensino*, *O nascimento da tragédia* e das *Considerações intempestivas*; que não há descontinuidade de direção entre sua filosofia inicial e a tardia; e que durante todo o período destrutivo de *Humano, demasiado humano* e *Aurora* ele nunca perdeu de vista o propósito positivo de todas as suas reflexões: definir um novo sentido para o homem num mundo que perdeu o sentido. O fim da sanção divina aos valores morais, reafirma, pressupõe que o homem crie seus próprios valores e que eles tenham algum fundamento:

> *Limitemo-nos* (...) a depurar nossas opiniões e avaliações e a *criar nossas novas tábuas de valores.* (...) *queremos nos tornar quem somos* – os novos, únicos, incomparáveis, criadores das próprias leis, criadores de si mesmos! (FW/GC 335)

Criar nossas próprias leis e criar a nós mesmos, por enquanto, é uma ocupação misteriosa: ainda não sabemos que poder nos permite fazer isso. Mas num outro aforismo Nietzsche deixa claro que ainda tem em mente a força motriz de *O nascimento da tragédia*: a paixão controlada, e o agente dinâmico do progresso: o conflito. Os homens devem aprender a "viver perigosamente":

> Saúdo todos os sinais da vinda de uma época mais viril, mais beligerante, que sobretudo voltará a dar valor à honra! Pois ela deve abrir caminho para uma época ainda maior e reunir as forças de que esta um dia precisará – essa época que irá trazer heroísmo ao conhecimento e *declarar guerra* em nome das ideias e de suas consequências. Para isso necessita-se agora de muitos bravos pioneiros (...): homens que saibam ser silenciosos, solitários, resolutos, (...) que tenham uma disposição inata para buscar em todas as coisas aquilo que nelas deve ser *superado*: homens em quem a jovialidade, a paciência, a simplicidade e o desprezo pelas grandes vaidades estejam tão presentes quanto a generosidade na vitória e a indulgência para com as pequenas vaidades dos derrotados: (...) homens com seus próprios rituais, seus próprios dias de trabalho e de luto, acostumados e confiantes no comando e igualmente prontos a obedecer quando necessário, com o mesmo orgulho em cada um dos casos, servindo igualmente à própria causa: homens mais arriscados, mais fecundos, mais felizes! Pois creiam-me! – o segredo para ter uma existência o mais fecunda e prazerosa possível é: *viver perigosamente!* Construam suas cidades nas encostas do Vesúvio! Enviem seus navios a mares inexplorados! Vivam em conflito com seus semelhantes e consigo mesmos! Sejam ladrões e saqueadores enquanto não puderem ser governantes e proprietários, vocês, homens de conhecimento! Logo será passado o tempo em que podiam se contentar em viver escondidos na mata como cervos assustados! (FW/GC 283)

A linguagem deste aforismo serve como exemplo do estilo "combativo" de Nietzsche. As poucas passagens em que ele utiliza o vocabulário de guerra causaram mais danos à sua reputação e provocaram mais equívocos do que todo o resto de seus escritos. Quando citadas fora de contexto, elas soam como – na verdade, muitas vezes se tornam – uma exortação ao conflito armado: em seu contexto, geralmente significam pouca coisa além do que escrevera quando era estudante em Pforta: "O conflito é o alimento perpétuo da alma" - e em geral (como na citação acima) seu vocabulário de guerra está associado à atividade menos belicosa de todas, a filosofia. Esta é, na verdade, a chave para o *porquê* de ter achado por bem introduzir expressões belicosas em seus escritos. A filosofia alemã se dava bem com a ordem vigente na Alemanha - mas os filósofos não devem se dar bem com a ordem vigente; até então, os filósofos alemães escreviam seus livros sem criar problemas - mas os filósofos devem criar problemas; o homem ativo e apaixonado é admirável, mas incapaz de pensar - o filósofo deve acrescentar à sua capacidade de pensar a capacidade de agir, deve incutir paixão em seu pensamento, deve viver sua filosofia e não apenas pensar nela, deve se tornar um guerreiro, um ladrão, um saqueador do conhecimento: é isso, parece-me, que Nietzsche quer dizer quando associa a filosofia à guerra. O *locus classicus* de Nietzsche sobre a guerra é o capítulo "Da guerra e dos guerreiros" de *Zaratustra*: o trecho mais conhecido é:

> Deve-se amar a paz como um meio para novas guerras. E mais a paz breve do que a prolongada (...) Vocês dizem que uma boa causa santifica até a guerra? Eu lhes digo: é a boa guerra que santifica todas as causas. A guerra e a coragem já realizaram mais coisas grandiosas do que o amor ao próximo. (Za/ZA I, 10)

Menos conhecidos são os trechos que dão a essas expressões belicosas o sentido que ele pretende:

> E se não puderem ser santos do conhecimento, sejam pelo menos seus guerreiros. Eles são os companheiros e precursores dessa santidade (...) Vocês devem procurar seu inimigo, travar sua guerra - uma guerra pelas suas opiniões. E se a sua opinião for derrotada, sua honestidade ainda deve cantar vitória por causa disso! Deve-se amar a paz como um meio para novas guerras (...) etc.

Outra abordagem do super-homem é a de que a evolução dos indivíduos se tornou mais fácil após o fim da crença num único Deus:

> O monoteísmo, (...) essa rígida consequência da doutrina de um homem normal - portanto a crença num Deus normal, ao lado do qual os outros não passam de deuses falsos e enganosos - foi talvez o maior perigo que a humanidade enfrentou até hoje: o homem se via ameaçado por essa inércia prematura que, até onde podemos ver, já atingiu outras espécies animais há muito tempo. (FW/GC 143)

Nietzsche chegou à teoria do eterno retorno por causa de duas exigências: a necessidade de explicar o mundo e a necessidade de aceitá-lo. A primeira é uma exigência geral de todas as mentes com inclinações filosóficas;

a segunda, uma exigência específica de um filósofo cujas reflexões pareciam estar levando ao niilismo: compreender o caráter necessário de todos os fenômenos – inclusive, ou especialmente, dos "maus" – seria evitar a postura logicamente absurda de "rejeitar" um mundo que não pode ser diferente do que é. A imagem que Nietzsche fazia das "más" paixões como "ciclopes da cultura" seguia mais ou menos nessa direção, mas agora ele vê o problema em termos psicológicos mais pessoais:

> O quê? A finalidade da ciência é proporcionar ao homem o máximo de prazer e o mínimo de dor? Mas suponhamos que o prazer e a dor estejam tão ligados que quem *quiser* ter o máximo de um *precise* ter o máximo do outro também (...)? E talvez as coisas sejam assim! Os estoicos, pelo menos, acreditavam nisso e eram coerentes quando desejavam ter o mínimo de prazer a fim de ter o mínimo de dor na vida. (FW/GC 12)

Dois aforismos expressam, mais diretamente do que nunca, o mundo como Nietzsche o via então – um mundo de aparência sem a menor possibilidade de "avanço" a qualquer "realidade superior" – e sua resolução de ver este mundo como devia ser visto: como "aceitável":

> *A consciência da aparência.* Como é nova e maravilhosa e, ao mesmo tempo, terrível e irônica a condição em que meu conhecimento me coloca, diante da totalidade da existência! *Descobri* por mim mesmo que o antigo mundo do homem e dos animais, na verdade toda a pré-história e o passado de todos os seres sencientes, continuam atuando, amando, odiando, pensando dentro de mim – acordei, de repente, em meio a esse sonho, mas somente para tomar consciência de estar sonhando e de que *preciso* continuar sonhando para não ser destruído: como o sonâmbulo precisa continuar sonhando para não cair. O que é "aparência" para mim, agora? Certamente não é o oposto de alguma espécie de ser – o que posso dizer sobre um ser de qualquer espécie que não seja um atributo de sua aparência? Certamente não é uma máscara mortuária que se possa pôr e tirar de um desconhecido "x"! Aparência, para mim, é a própria vida em ação, que zomba de si mesma a tal ponto que me faz sentir que não há nada aqui além de aparência, fogo-fátuo e espíritos que dançam – e que entre todos esses sonhadores, também eu, o "homem de conhecimento", faço minha própria dança, que o homem de conhecimento é um meio de prolongar a dança terrena e, nesse sentido, um dos mestres de cerimônia da existência, e que a sublime coerência e unidade de todos os conhecimentos é e será, talvez, o meio supremo de *preservar* a universalidade do sonho e a inteligibilidade mútua de todos esses sonhadores, e assim a *continuidade do sonho.* (FW/GC 54)

> Quero aprender cada vez mais a ver o que é necessário nas coisas como sendo o que elas têm de belo – assim me tornarei um daqueles que deixam as coisas belas. *Amor fati:* que seja este o meu amor, de agora em diante! Não quero declarar guerra contra a feiura. Não quero acusar ninguém, nem mesmo os

> acusadores. Que minha única forma de negação seja *desviar o olhar!* Em resumo: a partir de agora, quero apenas ser alguém que diz sim a tudo *[ein Ja-sagender]*! (FW/GC 276).

Este último trecho foi escrito no Ano Novo de 1882; seis meses antes, as ideias que circulavam dentro dele se combinaram no conceito do eterno retorno. Este foi o fruto definitivo de seu estudo dos gregos e se tornou a ideia fundamental de *Zaratustra*. O momento em que ele iluminou sua consciência ficou guardado em sua memória até escrever sobre isso em *Ecce Homo*:

> (...) a *ideia do eterno retorno*, a forma mais extrema de afirmação que se pode atingir – é de agosto de 1881: ela foi rabiscada numa folha de papel e trazia escrito embaixo: "seis mil pés acima do homem e do tempo". (EH-Za/EH-ZA 1)

Ele proporcionou a Nietzsche uma nova imagem de uma realidade não metafísica, uma conciliação do "vir a ser" com o "ser", um objetivo para o homem. Do modo como aparece em *A gaia ciência*, a ideia é apenas uma sugestão, uma suposição ("E se?"): só seria possível determinar todas as suas implicações depois que as teorias sobre a vontade de poder e o super-homem estivessem claramente formuladas: enquanto isso, esta suposição se apresentava no final de *A gaia ciência* como um estranho enigma para todos que o liam:

> *O mais pesado dos fardos.* E se algum dia ou noite um demônio se esgueirasse em sua mais profunda solidão e lhe dissesse: "Esta vida, do modo como a viveu e está vivendo agora, você terá de vivê-la de novo por inúmeras vezes. E não haverá nada de novo nela; cada dor, cada alegria, cada pensamento e cada suspiro, tudo que há de indescritivelmente pequeno e grande em sua vida, há de retornar a você, e tudo na mesma ordem e sequência – assim como esta aranha e este luar entre as árvores, como este momento e eu. A eterna ampulheta da existência será virada inúmeras vezes – e com ela você, o menor dos grãos de areia!" – Você não se jogaria no chão, rangendo os dentes e amaldiçoando o demônio que assim falasse? Ou já viveu algum momento extraordinário em que respondesse a ele: "Você é um deus e nunca ouvi nada mais divino!". Se este pensamento o dominasse, tal como você é agora, talvez ele o transformasse e esmagasse; a pergunta diante de tudo e de cada coisa: "você quer isso de novo por inúmeras vezes?", repousaria como o mais pesado dos fardos sobre todas as suas ações. Ou o quanto você teria de estar satisfeito consigo mesmo e com a vida para *não desejar mais nada* além desta eterna e definitiva confirmação? (FW/GC 341)

CAPÍTULO 10
LOU SALOMÉ

A quem a mulher mais odeia? – Assim falou o ferro ao ímã:
"Eu o odeio mais que tudo, porque você me atrai
mas não é forte o bastante
para me puxar em sua direção."
(Za/ZA I, 18)

1

No verão de 1882 Nietzsche já havia começado, em certo sentido, a escrever *Assim falou Zaratustra*. Os fundamentos do livro já haviam sido estabelecidos na série desde *Humano, demasiado humano* até *A gaia ciência*, e nesta última obra a visão e o tom específicos de *Zaratustra* aparecem em muitos trechos.[63] A Parte Um de *Zaratustra* foi colocada no papel em fevereiro de 1883. Esses fatos devem nos ajudar a ver o "romance" com Lou Salomé em sua devida perspectiva. Na época, Nietzsche dava muita importância a ele, e a decepção que teve com seu fracasso o desequilibrou por algum tempo: mas não há motivo para pensar que isso o modificou de alguma maneira ou que sua obra de 1883 em diante teria sido diferente em seus aspectos essenciais se ele nunca tivesse conhecido Lou Salomé.

Após passar cerca de um mês com Nietzsche em Gênova, Paul Rée seguiu viagem em 13 de março (1882) e logo depois apareceu em Roma, onde, na casa de Malwida, encontrou Lou Salomé e se apaixonou por ela. Lou (Louise, para ser exato) nasceu em São Petersburgo em 1861, filha de um general russo de origem huguenote. Determinada a levar uma vida inde-

63. Por exemplo, nas seções 115, 121, 124, 125, 153, 183, 267, nas oito perguntas e respostas de 268 a 275, e em todo o quarto livro (276-342).

pendente, ela deixou a Rússia em setembro de 1880 na companhia de sua mãe para estudar na universidade de Zurique; lá, ficou doente e um amigo lhe deu uma carta de apresentação a Malwida, sugerindo que fosse para Roma se recuperar. Ela chegou à casa de Malwida em janeiro de 1882 e estava hospedada lá quando Rée chegou.

Rée a pediu em casamento, mas ela recusou e, por sua vez, propôs que fossem morar e estudar juntos "como dois irmãos", tendo um segundo homem por companhia. Esta ideia surpreendeu Rée (e deixou Malwida indignada quando soube), mas ele aceitou e sugeriu Nietzsche para ser o terceiro. Nietzsche havia saído de Gênova em 29 de março e ido para Messina, onde ficou por três semanas:[64] sua saúde estava muito fraca, e ele provavelmente estava a caminho da Alemanha para consultar seu médico quando apareceu em Roma no final de abril. Ficou surpreso ao saber por Malwida que Rée também estava em Roma e na companhia da jovem dama que o amigo mencionara numa carta para ele em meados de março. Nietzsche encontrou ambos e, assim como Rée, imediatamente se encantou por Lou. Dois dias depois de se encontrarem, Rée contou a Lou que Nietzsche pedira a ele que lhe fizesse um pedido de casamento em seu nome. Lou estava interessada em Nietzsche para fazer parte de seu triângulo amoroso - ideia com a qual ele concordara com entusiasmo - mas em momento algum esteve interessada nele como marido. Ele foi rejeitado; o "plano de estudo", porém, continuava de pé, tendo Viena como local sugerido.

Nietzsche parecia satisfeito com esse arranjo, mas secretamente não perdera as esperanças de conquistar a senhorita Salomé, e após uma curta viagem de férias pela Itália e Suíça com Lou, a mãe dela e Rée (durante a qual visitaram Orta e seu famoso Monte Sacro), ele voltou a pedi-la em casamento, desta vez pessoalmente e, ao que parece, de forma muito séria e solene. Lou disse a ele que não estava interessada em se casar, não só com ele mas com ninguém, e queria viver como uma mulher independente. Mais uma vez, ele pareceu se contentar com esta resposta e estava satisfeito com seus planos de viver e estudar juntos em Viena.

Este segundo pedido aconteceu em Lucerna, no dia 13 de maio. De 23 de maio a 24 de junho ele esteve em Naumburg; Lou e Rée tinham ido para a casa da mãe de Rée, em Stibbe, na Prússia Ocidental. O que aconteceu durante o verão não está muito claro. Numa carta sem data a Overbeck enviada de Naumburg, Nietzsche afirma:

---

64. Sobre a viagem de Nietzsche a Messina, consultar o Posfácio.

> Em relação ao verão, tudo ainda é muito incerto. Tenho ficado bem quieto aqui [a respeito de Lou Salomé]. Estou absolutamente determinado a manter minha irmã fora disso; ela só poderia confundir as coisas (e a si mesma, principalmente).[65]

Para Lou, ele escreveu em 10 de junho:

> Tenho tantas expectativas em relação ao nosso plano de morar juntos que todas (...) coisas menos importantes pouco me impressionam.

Em algum momento, durante o mês que passou em Naumburg, ele contou a Elizabeth sobre Lou. Não se sabe quanto ele lhe contou; provavelmente disse apenas que a jovem dama era uma possível "discípula" a quem ele gostaria de conhecer melhor, e que para isso precisava da ajuda de Elizabeth. A irmã iria a Bayreuth, naquele verão, para assistir às primeiras apresentações de *Parsifal*, e ficou combinado que Lou a acompanharia; depois disso, elas deveriam seguir até a estância turíngia de Tautenburg, onde Nietzsche já estaria instalado. Em Tautenburg os três passariam três semanas descansando e conversando, e (Nietzsche deve ter pensado secretamente) Elizabeth seria preparada aos poucos para o plano "imoral" do verão seguinte. Ele partiu para Tautenburg em 25 de junho e no dia 2 de julho escreveu para Lou:

> Agora o céu está brilhando sobre mim! Ontem parecia meu aniversário: *você* aceitou minha proposta [de vir a Tautenburg], o melhor presente que alguém poderia me dar – minha irmã me mandou cerejas, Teubner [um tipógrafo] enviou provas das três primeiras páginas de *A gaia ciência* e, além de tudo isso, a última parte do manuscrito de *A gaia ciência* foi concluída, e com ela o trabalho de seis anos (de 1876 a 1882), todo o meu "livre-pensamento"! (...) Em relação ao inverno, estou pensando *séria e exclusivamente* em Viena: os planos de minha irmã para o inverno são totalmente independentes dos meus (...) Não quero mais ficar só; quero aprender a ser humano outra vez. Infelizmente, *neste* campo ainda tenho quase tudo a aprender!

Elizabeth e Lou chegaram a Tautenburg em 7 de agosto; elas já haviam se desentendido e Elizabeth estava convencida de que Lou não era a mulher certa para se juntar a Fritz e devia se livrar dela. As três semanas em Tautenburg reforçaram sua opinião e, quando Lou partiu, no dia 26, houve uma briga entre os dois irmãos que levou Nietzsche a ir embora no dia seguinte. Ele foi para Naumburg, e no início de setembro escreveu a Elizabeth (aparentemente, em resposta a uma carta que ela escrevera à mãe):

---

65. A carta enviada de Roma para Elizabeth em abril, contando a ela sobre Lou, é uma falsificação; consultar a edição sobre Nietzsche de Karl Schlechta, Munique, 1960, v. III, p. 1.408 ss.

> Lamento ouvir que ainda esteja pensando naquela cena, da qual adoraria ter lhe poupado. Mas, veja por este ponto de vista: essa cena trouxe à *tona* o que, de outro modo, talvez permanecesse oculto por muito tempo: que L. se sentia *indiferente* em relação a mim e tinha *uma certa desconfiança* a meu respeito; e quando reflito sobre as circunstâncias de nossa relação, talvez ela tivesse direito a isso (levando-se em conta o efeito de certos comentários descuidados de nosso amigo Rée). Mas, agora, certamente ela tem uma opinião *melhor* a meu respeito – e *isso* é o mais importante, não é, minha querida irmã?

No que dizia respeito a Elizabeth, o mais importante *não* era isso: era tirar Fritz das garras daquela mulher imoral. Ela escreveu à mãe deles dizendo que se recusava a voltar a Naumburg enquanto seu irmão estivesse lá, e explicou por quê: Fritz estava se juntando a uma mulher imoral, Lou Salomé; já tinham demonstrado um comportamento vergonhoso e havia mais coisa nos planos. Agora, Nietzsche estava sujeito a mais uma justa cena, desta vez com sua mãe, em resultado da qual deixou Naumburg às pressas e foi para Leipzig. Uma carta enviada de lá a Overbeck explica o que havia acontecido:

> Infelizmente, minha irmã se tornou inimiga mortal de Lou. Ficou moralmente indignada do início ao fim e diz que agora entende do que se trata minha filosofia. Escreveu a minha mãe dizendo que viu minha filosofia ganhar vida em Tautenburg e ficou horrorizada: *Eu* gosto do que é mau, diz ela, mas *ela* gosta do que é bom (...) Em suma, tenho a "virtude" de Naumburg contra mim; houve uma verdadeira *ruptura* entre nós – e até minha mãe perdeu a cabeça a ponto de dizer algo que me fez arrumar minhas coisas e ir para Leipzig na manhã seguinte.[66]

Lou e Elizabeth tinham naturezas muito diferentes, e provavelmente nunca se dariam bem; mas, embora compreendesse isso, Nietzsche subestimava a possessividade da irmã e seu embotamento em relação à "filosofia" dele. Elizabeth, por sua vez, interpretava muito mal a situação que tinha diante de si: ela acreditava, e nunca deixou de acreditar que, com seu pensamento e estilo de vida livres, a senhorita Salomé estava "perseguindo" seu irmão e ele havia caído na armadilha; ao passo que, na verdade, Lou era indiferente a Nietzsche como homem. Ela o admirava como pensador e interlocutor, e apreciava sua companhia quase tanto quanto ele apreciava a dela; mas só havia *emoção* por parte de Nietzsche.

---

66. Uma carta posterior revelou que a mãe dissera que ele havia "desgraçado o túmulo de seu pai", um comentário que, se minha leitura dos sentimentos de Nietzsche em relação a seu pai falecido estiver correta, teria sido o bastante para fazê-lo ir embora em furioso desatino.

Se ele não contava com o ódio de Elizabeth por Lou, também não contava com o amor de Rée por ela. Quando Rée e Lou vieram a Leipzig no início de outubro, ao que parece Rée já estava decidido a excluir Nietzsche de qualquer plano futuro envolvendo Lou: ele era um rival muito perigoso. Por fora, as três semanas que passaram em Leipzig pareciam muito felizes. Agora, o triângulo amoroso seria instalado em Paris; Nietzsche já estivera procurando uma acomodação adequada, e ficou um tanto confuso quando, no final do mês, Lou e Rée partiram para Stibbe sem deixar nenhuma data definida para o próximo encontro. No início de novembro Gast chegou a Leipzig e durante a quinzena seguinte, passada em sua companhia, Nietzsche percebeu aos poucos que havia sido descartado. Quando finalmente caiu em si, fugiu de volta para a Itália numa fúria desesperada. Esteve na Basileia para o aniversário de Overbeck em 15 de novembro, mas seguiu direto para Gênova; incapaz de se instalar ali novamente, transferiu-se para Rapallo, onde permaneceu, sozinho, até 23 de fevereiro do ano seguinte.

2

Não há uma forma simples de resumir seu estado de espírito durante os dez meses, mais ou menos, que foram necessários para que Nietzsche se tranquilizasse outra vez. Ele era um homem orgulhoso, e o pensamento de que havia se dedicado a Lou Salomé – uma moça de 21 anos – como a nenhuma outra mulher e depois ela calmamente havia ido embora o enlouquecia: era seu orgulho, em primeiro lugar, que estava ferido. Mas uma carta de Rée tentando explicar as coisas conseguiu fazê-lo enxergar a questão de forma mais racional:

> Mas, meu caro amigo, [escreveu Nietzsche em resposta (no fim de novembro),] achei que você sentisse exatamente o *contrário* e ficasse secretamente feliz em se ver *livre* de mim! Houve uma centena de ocasiões neste ano, desde Orta, em que senti que você havia "pago um preço muito alto" por sua amizade comigo. Já me apossei demais do *seu* achado romano (refiro-me a Lou) – e sempre me pareceu, especialmente em Leipzig, que você tinha o direito de ficar meio afastado de mim. Não me queira mal, caro amigo, e peça a Lou para fazer o mesmo. Eu pertenço a vocês dois, do fundo do coração (...) Vamos nos ver de vez em quando, não vamos?

Depois ele começou a remoer os acontecimentos do verão e do outono passados e cartas rancorosas e repreensivas seriam enviadas a Lou e Rée. Aqui está uma de meados de dezembro:

> Não deixe que meus acessos de "megalomania" ou "vaidade ferida" o aborreçam demais – e se acaso um dia eu tirar minha própria vida num ataque de paixão, não haverá muito com que se lamentar. O que são minhas fantasias para você? (...) Apenas tenha claro em mente que, no fim das contas, sou um homem quase louco e totalmente confuso pela solidão. Cheguei a esta (penso eu) *razoável* visão da situação depois de tomar – por desespero – uma enorme dose de ópio. Em vez de me fazer perder os sentidos, parece que isso finalmente me *trouxe* a eles. A verdade é que fiquei realmente doente por uma semana.

Isso pode ter acontecido, mas não é preciso acreditar que realmente aconteceu: o objetivo da carta é alertar os malfeitores de que sua vítima pode ser levada ao suicídio – como eles se sentiriam, nesse caso? Uma carta enviada no Natal de 1882 para Overbeck revela as profundezas da doença e desespero em que Nietzsche havia, então, mergulhado:

> Tenho sofrido com as vergonhosas e angustiantes recordações do verão passado como uma espécie de loucura (...) Elas envolvem um conflito de emoções contrárias que não consigo superar (...) Se pelo menos conseguisse dormir! Mas os soníferos mais fortes ajudam tão pouco quanto as seis a oito horas de caminhada que faço. Se não conseguir encontrar a fórmula mágica capaz de transformar toda esta – lama em *ouro*, estou perdido (...) Ontem rompi totalmente a correspondência com minha mãe: não podia aguentar mais (...) Minha relação com Lou está em seus dolorosos últimos suspiros: pelo menos, é o que eu penso hoje (...) Às vezes penso em alugar um pequeno quarto na Basileia, visitar você de vez em quando e assistir a palestras. Às vezes penso em fazer o contrário: levar minha solidão e resignação aos últimos limites e –

Neste lamento não se ouve apenas a voz do homem doente e sofredor, mas também a voz do artista, do homem que transforma lama em ouro. Em certo aspecto, Zaratustra é um hino à solidão, e seu herói, o homem mais solitário da literatura. Robinson Crusoé tinha seu Sexta-Feira, seu baú de ferramentas e suas esperanças de resgate; mas Zaratustra tem apenas sua águia e sua serpente: ele está "fora do alcance da humanidade" sem sombra de dúvida, sozinho até quando caminha em praça pública. Nietzsche intitulara o último capítulo de *Humano, demasiado humano* de "O homem sozinho consigo mesmo"; agora, em *Assim falou Zaratustra*, ele tenta fazer uma representação minuciosa de um homem sozinho consigo mesmo: no início, prefere a solidão, depois se cansa dela, procura companhia para afastá-la, descobre que está sozinho mesmo quando cercado de seguidores, aceita a solidão como seu destino, refugia-se nela, e por fim a louva e glorifica. Mesmo quando parece conversar com os outros, Zaratustra dá a impressão de estar se dirigindo a si mesmo: um efeito de seu conhecido estilo lacônico. Não está claro se *Zaratustra* tem essa característica porque Nietzsche está pressupondo no leitor um histórico de conhecimento semelhante ao seu próprio: caso tenha lido a série desde *Humano, demasiado humano* até *A gaia ciência*, o leitor compartilhará esse histórico; do contrário, não. De qualquer modo, *Zaratustra* não parece se importar muito se o compreendem ou não, e ele próprio é o único ouvinte a quem transmite o segredo definitivo do eterno retorno. Após ter rompido com sua família por causa de sua ligação com Lou e Rée, e depois ter sido abandonado por eles também, Nietzsche agora sentia que estava verdadeiramente sozinho no mundo, e sua saúde era tal que, ridicularmente, ele não podia morrer nem viver: se não tivesse sido um artista, é razoavelmente certo que por volta da virada do ano teria posto fim a uma existência que se tornara tão dolorosamente absurda. Em vez disso, por ser um artista, ele foi capaz de traduzir as dores da solidão em prazeres, e na figura de Zaratustra – que, como todos os personagens imaginados, é seu autor e não é – criar um tipo de homem que deseja a solidão porque é seu elemento natural.

A primeira parte de *Zaratustra* determina o tom e o estado de espírito do livro inteiro. Nietzsche escolhe abri-lo repetindo quase literalmente a conclusão de *A gaia ciência*, estabelecendo assim a ligação entre sua nova obra e seu "livre-pensamento", que seus críticos se empenhavam em negar. O super-homem e a vontade de poder são apresentados, e a crítica à sociedade contemporânea é de uma ferocidade sem precedentes. O estilo é exuberante e exótico em seu grau mais elevado, e a ideia às vezes se perde em meio a uma profusão de metáforas e retóricas. O imaginário sexual é muito abundante, e o próprio Nietzsche afirmou que seu vocabulário nem sempre esteve sob seu controle: há certamente um componente aleatório no estilo, embora o tema seja bastante sólido e ponderado, uma vez que resulta de seis anos de reflexão.

É doloroso descer das alturas de *Zaratustra* para a realidade da vida nos meses seguintes. A reconciliação com Elizabeth levou-o a uma visita a Roma, onde ela estava hospedada com Malwida, de 4 de maio a 16 de junho. Ali, Nietzsche se deixou convencer de que Rée havia conspirado contra ele desde o início, e que a deserção de Lou era consequência das influências negativas de Rée. Elizabeth já estava conduzindo uma campanha contra Lou Salomé que nos revela a que ponto pode chegar a raiva feminina: voavam cartas em todas as direções, e como Lou estava vivendo com Rée em Berlim sem serem casados, houve tentativas de deportá-la para a Rússia como uma pessoa imoral. Não se pode duvidar de que, para seu grande descrédito, Nietzsche tenha tomado parte nisso, ou incentivado sua irmã a criar problemas para Lou e Rée escrevendo a pessoas de suas relações para revelar a vida que estavam levando. Nesses meses de 1883 é que se torna mais difícil entender a mentalidade de Nietzsche, o que pode ser melhor ilustrado por suas cartas. Infelizmente, as mais importantes não estão datadas com exatidão e podemos apenas deduzir sua ordem correta. Em uma endereçada a Georg Rée, irmão de Paul, com data de "verão de 1883", ele anuncia que voltar a se relacionar com Paul Rée é algo que "*minha dignidade* não permite" – é por isso que está escrevendo a Georg. Ele descobrira que, durante todo o tempo, Lou Salomé havia sido "apenas porta-voz" de Paul, que por trás dele se comportara "como um canalha falso, traiçoeiro e mentiroso".

> É ele quem fala de mim como um egoísta sem caráter, que deseja usar tudo apenas em seu próprio benefício, (...) que me acusa de ter, por trás da máscara do idealismo, alimentado as intenções mais sórdidas em relação à Srta. Salomé, (...) que se atreve a falar com desprezo de meu intelecto, como se eu fosse um lunático que não sabe o que faz.

Quanto à própria Lou, é "uma macaca seca, suja e malcheirosa com peitos falsos". Será que percebemos o toque sutil de Elizabeth neste breve relato do que Rée supostamente teria dito sobre ele? É difícil imaginar como poderia ter obtido essa informação se não dessa forma. Sabe-se muita coisa sobre o caráter de Rée, e esse tipo de comentário maldoso não é do seu feitio; mas é do feitio de Elizabeth, e tudo leva a crer que ela o inventou, com o objetivo de convencer seu irmão a se aliar por vontade própria a sua campanha contra a detestável Lou Salomé. Nietzsche, é claro, foi tolo o bastante para acreditar nela – como confessou depois. A reação dela ao flerte do irmão com sua jovem admiradora havia sido extremamente exagerada: parecia que em toda a história da humanidade um homem e uma mulher nunca haviam ficado sozinhos juntos, e suas constantes atitudes contra Lou *depois* que Nietzsche se desinteressou dela sugerem uma neurótica obsessão – muito antes que o ano de 1883 acabasse, Nietzsche já havia caído em si e visto que Rée apenas fizera o que ele próprio queria ter feito, e que foi simplesmente azar ambos terem se apaixonado pela mesma mulher; mas Elizabeth manteve sua desavença com Lou até sua morte em 1935. (Lou morreu em 1937.)

No fim de junho Nietzsche voltou para Sils-Maria e quase imediatamente escreveu a segunda parte de *Zaratustra*.[67] Ela não é nada inferior à primeira e parece ser produto de uma mente com um nível de cultura diferente daquela que cuspiu as seguintes palavras, numa carta a Malwida datada de agosto:

> Segundo tudo o que descobri agora – infelizmente, *tarde demais* – essas pessoas, Rée e Lou, não merecem lamber as solas das minhas botas. – Perdão por esta figura de linguagem demasiado masculina! Tem sido um prolongado infortúnio para mim que esse Rée, um traidor falso e mentiroso até os ossos, tenha cruzado meu caminho.

Duas cartas a Overbeck indicam a volta do equilíbrio. Uma delas, datada simplesmente como "Sils-Maria, verão de 1883", contradiz diretamente a carta de agosto para Malwida:

> Meus familiares e eu – somos muito diferentes uns dos outros. A precaução que considerei necessária no último inverno, de não receber mais cartas deles, não pode mais ser mantida. (Não sou duro o bastante para isso.) Mas cada palavra de desprezo dirigida contra Rée ou Srta. Salomé faz meu coração sangrar: parece que não sirvo para ser inimigo de ninguém.

No final de agosto ele visitou Overbeck e, após retornar, escreveu a ele que sentia agora "verdadeiro ódio de minha irmã", que o havia influenciado tanto que

> acabei me tornando vítima de um impiedoso desejo de vingança, sendo que em meus pensamentos mais profundos sou contra qualquer vingança e punição (...) Não é sequer aconselhável que eu escreva cartas para minha irmã – a não ser as mais inofensivas (...) Talvez meu maior erro em tudo isso tenha sido me reconciliar com ela – *agora* vejo que ela tomou isso como justificativa para se vingar de Srta. Salomé.

Na verdade, isso encerrou o assunto. Nietzsche voltou a seu antigo estilo de vida e nunca mais voltou a encontrar Lou ou Rée, embora às vezes pensasse neles de forma sentimental: ao escrever de Nice para Overbeck em 7 de abril de 1884, por exemplo, ele diz que pretende reunir alguns amigos lá, entre eles "talvez até o Dr. Rée e Srta. Salomé, com quem gostaria de corrigir os erros que minha irmã cometeu". Se alguém quiser procurar culpados, não é difícil: todos tiveram culpa. Mas talvez a maior parte dela

---

67. Ele sustenta em *Ecce Homo* que as duas primeiras partes de *Zaratustra* foram escritas em dez dias cada uma, mas em *Ecce Homo* sempre exagera na rapidez com que escrevia suas obras. *Götzen-Dämmerung*, por exemplo, afirma ele, foi "obra de tão poucos dias que hesito em revelar quantos" (EH-GD/EH-CI 1), no entanto, pode-se demonstrar que Nietzsche esteve envolvido com ele por um período de dois meses, se não mais. Portanto, o tempo exato em que as partes um e dois de *Zaratustra* foram escritas permanece incerto.

tenha sido do próprio Nietzsche. Elizabeth, a solteirona enclausurada de mentalidade religiosa, com seu rigoroso código moral e seu ódio vingativo por uma mulher menos inibida e mais livre do que ela, não poderia fazer outra coisa senão perseguir essa mulher com toda a raiva que sua indignação podia provocar; Nietzsche não pensava assim, mas em vez de contê-la, ele a incentivou. Deve ter sentido uma certa vergonha por isso, pois responsabilizou sua irmã até o fim. "Gostaria de corrigir os erros que minha irmã cometeu", afirma ele, mas não se pode acreditar que fosse apenas um joguete nas mãos de Elizabeth: a relação entre eles não era desse tipo, pois ele sempre foi a personalidade dominante. No fim das contas, se o seu romance com Lou Salomé terminou em um mar de ofensas e abusos, a culpa foi *dele*.

É importante acrescentar que o aluno que queria aprender com os mestres no assunto está decepcionado. O próprio Nietzsche, sempre que se refere a Lou em suas cartas – o que não é muito frequente –, minimiza o seu envolvimento emocional, e fala dela simplesmente como uma amiga. Há apenas uma referência explícita a ela em *Ecce Homo*, e somente para corrigir um suposto mal-entendido acerca da autoria do poema *Hino à vida*, que Nietzsche musicou em 1882 e que, afirma, não era dele e sim de "uma jovem dama russa, Fräulein von Salomé, com quem tinha amizade na época" (EH-Za/EH-ZA 1).

O livro de Lou Salomé *Friedrich Nietzsche in seinen Werken*, publicado em 1894, não faz referência aos acontecimentos de 1882-1883, e suas memórias, publicadas postumamente em 1957, também são pouco esclarecedoras. Quando lhe perguntaram, muitos anos depois, se Nietzsche a havia beijado no passeio a Monte Sacro, ela respondeu que não se lembrava.

O eterno retorno ficara reservado para constituir o ápice de *Zaratustra:* ele é introduzido na terceira parte, escrita durante o mês de janeiro de 1884 em Nice. Em termos de força poética, os dezesseis capítulos que compõem essa parte do livro superam qualquer coisa que Nietzsche tenha escrito antes: se ele ocasionalmente cai no trivial, isso é apenas resultado do risco profissional de um escritor que procura estender a linguagem até o tom de expressividade aqui esboçado. A quarta parte, escrita no outono e inverno de 1884-1885, deveria ser a primeira de um segundo conjunto de três partes. Ela é nitidamente inferior em termos de estilo, não contendo nenhuma ideia nova, e Nietzsche foi sábio em pôr fim à obra: a brilhante conclusão da terceira parte é o verdadeiro ápice do livro e encerra o que seria, na época, uma visão filosófica completa do mundo.

CAPÍTULO 11
ZARATUSTRA

Ensinei-lhes toda minha *arte e meus propósitos:*
integrar e reunir em um só o que no homem
é fragmento, enigma e terrível acaso.
(Za/ZA III, 12)

Entre *A gaia ciência* e *Assim falou Zaratustra*, Nietzsche chegou à hipótese de que todas as ações são motivadas pelo desejo de poder. Utilizando a terminologia de Schopenhauer, ele chamou esse princípio de "vontade de poder", e por meio dele tentava agora retratar uma possível realidade desprovida de qualquer esteio metafísico.

A vontade de poder é introduzida no capítulo chamado "Das mil e uma metas": já houve muitos povos, consequentemente muitas "metas" – isto é, morais; a razão para cada povo ter tido sua própria moral é que a moral é vontade de poder – não apenas poder sobre os outros, mas principalmente poder sobre si mesmo:

> Zaratustra viu muitas terras e muitos povos: descobriu, assim, o bem e o mal de muitos povos. Zaratustra não encontrou maior poder sobre a terra do que o bem e o mal. Nenhum povo podia viver sem avaliar; mas para se preservar, não devia avaliar do mesmo modo que seu vizinho. Muita coisa que parecia boa para um povo, parecia vergonha e desgraça para outro: foi o que encontrei. Achei muita coisa que num lugar chamavam de mal e noutro era enfeitada com honras de cor púrpura (...) Há uma tábua de valores sobre cada povo. Vejam, é a tábua de suas superações; vejam, é a voz de sua vontade de poder. Ele chama de louvável o que considera difícil; o que é indispensável e difícil chama de bom; e o que o livra da maior necessidade, o raro, o mais difícil – glorifica como sagrado. Tudo que o faz dominar, vencer e brilhar, para horror e inveja de seus vizinhos, considera o mais sublime, o primordial, a medida e o sentido de todas as coisas. (Za/ZA I, 15)

A moral, entendida como sendo idêntica ao costume, é agora visualizada como a *autossuperação* de um povo: um rebanho volta seu desejo de poder *contra si mesmo*, vence a si mesmo, aprende a obedecer ordens que ele mesmo se impõe e, ao obedecer, torna-se "um povo". Desde o início de seus escritos filosóficos, Nietzsche sempre achara justificável aplicar ao indivíduo os mesmos critérios que aplicava a um Estado; sempre vira o indivíduo como uma espécie de Estado em miniatura, com as mesmas motivações e as mesmas necessidades. Consequentemente, na segunda parte de *Zaratustra* ele aplica sua teoria sobre a vontade de poder ao indivíduo:

> *Da autossuperação* (...) Eu segui o ser vivente, pelos maiores e menores caminhos, para que pudesse entender sua natureza (...) onde encontrei seres viventes, ali ouvi também a linguagem da obediência. Tudo o que vive obedece. E esta é a segunda coisa: quem não é capaz de obedecer a si mesmo será comandado (...) Mas esta é a terceira coisa que ouvi: é mais difícil mandar do que obedecer (...) Todo comando sempre me pareceu uma tentativa e um risco; e ao comandar, o ser vivente sempre se arrisca. Sim, até quando manda em si mesmo: também aí deve pagar pelo seu comando. Deve ser juiz, vingador e vítima de sua própria lei. Como isso aconteceu? – perguntei a mim mesmo. O que leva o ser vivente a obedecer e a mandar, e a praticar obediência até mesmo quando está no comando? (...) onde encontrei um ser vivente, encontrei ali a vontade de poder; e até mesmo na vontade do servo encontrei vontade de ser senhor. A vontade do mais fraco leva-o a servir ao mais forte, e quer ser senhora dos que são ainda mais fracos que ele: esta é a única satisfação da qual não está disposta a renunciar. E assim como o menor se rende ao maior, para que possa ter satisfação e poder sobre o menor de todos, também o maior se rende e arrisca, em nome do poder – a própria vida (...) E onde há sacrifício, serviço e olhares amorosos, há também vontade de ser senhor. Ali, por caminhos secretos, o mais fraco se insinua no castelo e até no coração do mais poderoso – e rouba o poder. E a própria vida me contou este segredo: "Veja", disse ela, "eu sou aquilo que *precisa se superar o tempo todo*. Decerto você o chama de vontade de procriar ou de impulso em direção a um objetivo, ao mais elevado, mais distante, mais complexo: mas tudo isso é uma coisa só e um segredo. Prefiro perecer a renunciar a isso: e na verdade, onde há sofrimento e queda de folhas, veja, ali a vida se sacrifica – em nome do poder! (...) e você também, homem esclarecido, é apenas um caminho e um degrau para a minha vontade: na verdade, minha vontade de poder caminha com os pés da sua vontade de verdade! (...) Somente onde há vida há também vontade: mas não vontade de vida, e sim (...) vontade de poder! Há muitas coisas que o ser vivente valoriza mais do que a própria vida; mas nesta própria valorização fala – a vontade de poder!" Assim a vida um dia me ensinou, e com este ensinamento resolvo o enigma de seus corações, homens sábios (...) Com seus valores e suas doutrinas sobre o bem e o mal, vocês que atribuem valor exercem poder (...) Mas, de seus valores, nasce uma força mais poderosa e uma nova superação (...) E aquele que deve ser criador no bem e no mal, na verdade, deve primeiro ser destruidor e romper os valores. Assim, o mal supremo faz parte do bem supremo (...). (Za/ZA II, 12)

Para constatar que esta teoria não passa de uma evolução das primeiras experiências de Nietzsche é preciso recordar o que ele escrevera sobre obediência e comando, sobre se sacrificar em nome do poder, sobre a interdependência entre o bem e o mal:

> Aquelas capacidades terríveis e consideradas desumanas, na verdade, talvez constituam o único solo fértil do qual possam brotar todos os ímpetos, feitos e obras que chamamos de humanidade. ("A disputa de Homero")
>
> [O homem virtuoso] sempre se insurge contra o poder cego dos fatos, contra a tirania do real, e se submete a leis que não são as que regem o fluxo da história (...) seja combatendo suas paixões como as mais próximas realidades brutais de sua existência, ou dedicando-se à honestidade. (UBII/Co. Ext. II 8)
>
> *Lucas 18:14 corrigido.* Quem se humilha quer ser exaltado. (MA/HH 87)
>
> Existe um *desafio de si mesmo* do qual muitas formas de ascetismo estão entre as expressões mais sublimadas. (MA/HH 142)
>
> Quando o homem tem a sensação de poder, ele se considera e denomina *bom.* (M/A 189)
>
> (...) a filosofia era uma espécie de batalha suprema pela tirania do espírito. (M/A 547)
>
> (...) o espetáculo dessa força que o gênio emprega *não em obras*, mas *em si mesmo enquanto obra*; ou seja, para se conter (...) (M/A 548)
>
> (...) avaliação e uma hierarquia dos instintos e ações humanas (...) são sempre uma expressão das necessidades de uma comunidade ou rebanho. (FW/GC 116)
>
> Os espíritos mais fortes e malignos são os que mais contribuíram para o progresso da humanidade até agora: (...) os maus instintos são tão úteis, indispensáveis e preservadores da espécie quanto os bons. (FW/GC 4)

Com a ajuda da vontade de poder, agora Nietzsche era capaz de ver a luta pela sobrevivência de Darwin como um caso específico de luta por domínio:

> Querer se preservar é expressão de um estado de privação, de uma limitação do impulso vital básico, que visa a *expansão do poder* e, com esse intuito, muitas vezes questiona e sacrifica a autopreservação (...) na natureza, a regra não é um estado de privação, mas sim de abundância e desperdício que chegam ao absurdo. A luta pela sobrevivência é somente uma *exceção*, uma restrição temporária da vontade de vida; a luta, grande ou pequena, sempre gira em torno da supremacia, de crescimento e expansão, de poder, segundo a vontade de poder, que é precisamente a vontade de vida. (FW/GC 349 – no quinto livro de FW/GC, escrito após Za/ZA)
>
> Os fisiólogos deveriam repensar antes de pressupor o instinto de autopreservação como o instinto cardinal de um ser orgânico. Uma criatura viva

> deseja, acima de tudo, *dar vazão* à sua força – a própria vida é vontade de poder –: a autopreservação é apenas uma das indiretas e mais frequentes *consequências* disso. – Em resumo: nisso, como em tudo, cuidado com os princípios teleológicos *supérfluos*! – como o instinto de autopreservação. (JGB/BM 13)

Agora podemos tentar explicar aquilo que o fez criticar David Strauss por ter se recusado a explicar: a origem das qualidades "boas" nas "más", no mundo tal como ele se parecia após Darwin. Essas qualidades "boas" são a paixão sublimada, e agora a paixão significa vontade de poder:

> Outrora você tinha paixões e as chamava de más. Mas agora você tem apenas suas virtudes: elas nasceram de suas paixões (...) Outrora você tinha cães ferozes em seu porão: mas por fim eles se transformaram em pássaros e cantores melodiosos. De seu veneno você extraiu seu bálsamo; você ordenhou sua vaca, a aflição, e agora bebe o doce leite de seu úbere. (Za/ZA I, 5)

Para que a virtude seja possível, deve-se permitir que as "más" paixões floresçam, pois elas são a única fonte de virtude, a única força motriz; daí a hostilidade de Nietzsche para com aqueles que desejam extirpar as paixões por serem perigosas: ele não nega que a vontade de poder é perigosa, mas ela deve ser controlada, "sublimada", não enfraquecida e destruída:

> Não basta que o raio não me cause mais danos. Eu não quero desviá-lo: ele deve aprender – a trabalhar *a meu favor*. (Za/ZA IV, 13, 7)

É por isso que ele condena a fraqueza, no entanto ela pode estar disfarçada – por exemplo, de "moderação":

> Não é o seu pecado, e sim a sua moderação que clama aos céus, sua mesquinhez ao pecar clama aos céus! (Za/ZA I, Prefácio, 3)

Até mesmo a grande maldade é preferível à fraqueza, porque dá margem à esperança: onde há um grande crime há também grande energia, grande vontade de poder, e consequentemente a possibilidade de "autossuperação". Não se pode interpretar Nietzsche corretamente a menos que se perceba que ele visualizava a superação do *eu* como a mais difícil de todas as tarefas, e também a mais desejável; que ele considerava a vontade de poder como sendo o único instinto vivo no homem; que era necessário ter uma forte vontade de poder para realizar a mais difícil das tarefas; e que, portanto, era preferível um homem com uma vontade de poder forte e desgovernada, a um homem com uma vontade de poder fraca, embora o primeiro certamente fosse mais "perigoso". Porque o "bem" é o "mal" sublimado, o mal tem um valor positivo e, se fossem extirpados os maus impulsos, não restaria apenas o bem – o bem também desapareceria. Suprimir a "boa Éris" é suprimir a humanidade, que se tornou o que é por meio da competição. Portanto: "antes (...) um César Bórgia a (...) um Parsifal" (EH/EH III, 1): antes um homem mau cuja bondade consiste em não fazer o mal, e *não ser capaz* de fazer o mal. Quem acha que Nietzsche admirava César Bórgia *como tal* não o compreendeu neste aspecto: os homens que ele admirava eram aqueles que tinham uma vontade de poder forte, mas sublimada em criatividade, homens que haviam "se tornado quem são", *Übermenschen*:

> *Eu lhes ensino o super-homem.* O homem é algo que deve ser superado. O que vocês fizeram para superá-lo? Até hoje, todas as criaturas fizeram algo superior a si mesmas: e vocês querem ser o refluxo dessa grande maré, e retornar aos animais em vez de superar o homem? (...) O super-homem é o sentido da terra. Que a sua vontade diga: *Seja* o super-homem o sentido da terra! Eu lhes suplico, meus irmãos, *permaneçam fiéis à terra.* (Za/ZA I, Prefácio, 3)

O super-homem é aquele que atinge em si mesmo o que as nações atingiam outrora quando passavam do nível de rebanhos:

> Você pode proporcionar a si mesmo o seu bem e o seu mal e erguer sua vontade acima de si como uma lei? Pode ser o seu próprio juiz e vingador de sua lei? (...) O pior inimigo que você pode encontrar será sempre você mesmo; você espreita a si mesmo nas cavernas e florestas. (Za/ZA I, 17)

Todas as criaturas desejam o poder, mas só o homem é capaz de desejar poder sobre si mesmo; só o homem possui a quantidade de poder necessária para dominar a *si próprio*.[68] A distinção entre homem e animal, obliterada por Darwin, é restabelecida – e sem recorrer ao sobrenatural; os valores morais, desprovidos de sanção divina, recebem agora uma nova sanção naturalista: *quanta* de poder; a psicologia humana é agora compreendida em termos de poder; o "bem" é agora entendido como o "mal" sublimado, sendo as boas e más paixões essencialmente a mesma coisa, ou seja, vontade de poder. A nova visão é sintetizada em sua forma mais concisa em *O anticristo*:

> O que é bom? – Tudo o que aumenta a sensação de poder, a vontade de poder, o próprio poder no homem. O que é mau? – Tudo o que vem da fraqueza. O que é felicidade? – A sensação de que o poder *aumenta* – de que uma resistência é superada (...). (AC/AC 2)

Todos os homens desejam a felicidade porque todos desejam a sensação de maior poder; quanto mais o poder aumenta, maior a felicidade; o que exige mais poder é a superação de si mesmo; o homem mais feliz é o homem que superou a si mesmo – o super-homem.

---

68. Há uma tentativa de explicar como o homem alcançou sua superioridade neste aspecto em *Genealogia da moral*. Ver Capítulo 12 desta obra.

Todo o sentido da filosofia que produziu o super-homem deixa claro que o que está sendo apontado aqui como uma nova "imagem do homem" vai contra o crescente niilismo da Europa moderna – um homem que não é mais animal; e sugere-se que a "meta" da espécie humana seja "produzir super-homens" – isto é, transformar-se em um ser não mais animal. O homem, então, terá um valor positivo, o termo "homem" possuirá uma conotação específica, distinta do mundo animal em geral, e será possível novamente falar em "bem e mal" como qualidades "eternas" – como juízos de valor válidos para o mundo todo por serem determinados por um ser verdadeiramente superior:

> Quando visitei os homens, encontrei-os sentados sobre uma velha presunção. Cada um deles pensava saber há muito tempo o que é bom ou mau para o homem (...) Perturbei esta sonolência quando ensinei que *ninguém sabe ainda* o que é bom ou mau – a menos que seja o criador. Mas é ele quem cria uma meta para o homem e dá sentido e futuro à terra: é ele quem *cria* a natureza boa ou má das coisas. (Za/ZA III, 12, 2)

É nesse sentido que o super-homem pode ser chamado de "sucessor de Deus":

> Antes dizia-se "Deus" ao contemplar mares distantes; mas agora eu os ensinei a dizer "super-homem". Deus é uma suposição: mas eu não quero que suas suposições ultrapassem sua vontade criadora. Vocês podem *criar* um deus? Mas certamente podem criar o super-homem (...) Deus é uma suposição: mas eu quero que suas suposições se restrinjam ao concebível. Vocês podem *conceber* um deus? – Mas que a vontade de verdade signifique isso para vocês: que tudo se transforme no humanamente concebível, humanamente visível, humanamente palpável (...) E vocês mesmos devem criar o que até hoje chamaram de Mundo (...) Nem no incompreensível, nem no irracional vocês podem se ambientar. (Za/ZA II, 2)

No universo em que Nietzsche cresceu, Deus era o ser superior, e o homem, elevado acima dos animais pela divindade nele soprada por Deus e mantido em sua posição elevada pela graça divina, recebera a promessa de que a vida que levava seria eterna, sendo a morte apenas uma transição de um estado da existência para outro. Aos vinte e poucos anos ele foi obrigado a aceitar um universo que era o contrário de tudo isso: não existia nenhum ser superior, os homens eram basicamente uma continuação dos animais, e a morte era o fim. Incapaz de negar as bases científicas dessa visão de mundo, ele percebeu depois dos trinta que a "morte de Deus" exigia uma nova descrição da realidade em que o mundo metafísico não teria lugar. Aos quarenta ele apresentou três hipóteses que, intencionalmente ou não, ofereciam substitutos naturalistas para Deus, a graça divina e a vida eterna: em vez de Deus, o super-homem; em vez de graça divina, a vontade de poder; e em vez de vida eterna – o eterno retorno.

A vontade de poder e o super-homem evoluíram em consequência da necessidade de justificar certas implicações de uma realidade não metafísica; mas o eterno retorno é a consequência de uma realidade metafísica *como tal*: ele nasce do fato de que – na visão de Nietzsche – o mundo metafísico não passa de uma contradição do mundo de aparência; o plano metafísico, nada além de uma antítese do plano mundano; e a própria ideia de uma realidade metafísica, parte do mundo dos fenômenos; e por isso ele o considerava a coroação de sua filosofia. No início, Zaratustra teme o eterno retorno e faz de tudo para adiar o dia em que deve reconhecer sua possível verdade. Por fim, na terceira parte do livro, relata um pesadelo em que imaginou a eternidade como um portal com dois caminhos que levam a direções opostas:

> Veja este portal (...): ele tem duas faces. Dois caminhos se encontram aqui; ninguém jamais chegou ao fim deles. Esta longa rua atrás de nós: ela dura uma eternidade. Estes caminhos são opostos um ao outro; eles se comunicam. O nome do portal está escrito em cima: "Momento". Mas se alguém seguisse por um deles cada vez mais longe: você acha (...) que esses caminhos seriam eternamente opostos? (...) Veja este momento! (...) Deste portal chamado Momento, uma longa e eterna rua conduz *para trás*: há uma eternidade atrás de nós. Tudo que *pode* correr já não deve ter corrido por esta rua? Tudo que *pode* acontecer já não deve *ter* acontecido, ter sido feito, ter se passado? E se tudo já esteve aqui antes, o que você pensa deste momento (...)? Este portal, também, não deve ter estado aqui – antes? E tudo não está firmemente unido de tal maneira que este momento arraste consigo tudo o que está por vir? *Portanto* – arrasta também a si mesmo? Pois tudo que *pode* correr também *deve* correr mais uma vez por esta longa rua. E esta aranha vagarosa que rasteja ao luar, e o próprio luar, e você e eu sussurando neste portal, sussurrando sobre coisas eternas – não devemos todos ter estado aqui antes? – e não devemos voltar e percorrer essa outra rua diante de nós, essa longa e terrível rua – não devemos retornar eternamente? (Za/ZA III, 2, 2)

Só perto do fim da terceira parte Zaratustra ganha coragem para encarar essa ideia à fria luz do dia e, mesmo assim, seus emblemáticos animais, a águia e a serpente, é que devem explicar a ele o significado desse retorno em todos os detalhes:

> Cante e exulte, ó Zaratustra, cure sua alma com novas canções, para que você possa suportar seu grande destino, que ainda não foi o destino de homem nenhum! Pois seus animais bem sabem, ó Zaratustra, quem você é e deve se tornar: veja, *você é o mestre do eterno retorno*, este é o seu destino agora! (...) Veja, sabemos o que você ensina: que todas as coisas retornam eternamente,

> e com elas nós mesmos, e que já existimos antes uma infinidade de vezes, e conosco todas as coisas. Você ensina que há um grande ano do vir a ser, um colosso de ano: como uma ampulheta, esse ano deve ser virado inúmeras vezes, para que possa fluir e se esvair novamente. Para que todos esses anos sejam semelhantes uns aos outros, nas maiores e nas menores coisas, para que sejamos semelhantes a nós mesmos em cada grande ano, nas maiores e nas menores coisas. E se você morresse agora, ó Zaratustra: veja, sabemos também o que diria a si mesmo (...) "Agora morro e me decomponho (...) e num instante não serei nada (...) Mas o emaranhado de causas em que estou preso retornará – e me criará novamente! (...) Eu retornarei, junto com este sol, com esta terra, com esta águia, com esta serpente – *não* para uma vida nova, nem para uma vida melhor ou semelhante: retornarei eternamente a esta mesma e idêntica vida, nas maiores e nas menores coisas, para ensinar outra vez o eterno retorno de todas as coisas." (Za/ZA III, 13, 2)

A premissa por trás do eterno retorno é a de que o mundo metafísico é uma "representação" pertencente ao mundo fenomênico; ou seja, ele não existe: aparência *é* realidade; quando se elimina tudo o que pode ser chamado de aparência, não resta nada; consequentemente não pode haver "avanço" a um outro "nível" de realidade – essas expressões não têm sentido, pois, por mais "fundo" que se chegue, não se pode sair do mundo dos fenômenos.

Dessa ideia para a ideia de que tudo se repete é um pequeno passo. Falar em "mundo atemporal" é apenas usar a linguagem tipicamente negativa da metafísica: o "mundo metafísico" é simplesmente a negação do mundo atual; o mundo atual existe no tempo, portanto um dos atributos do mundo metafísico deve ser a atemporalidade (assim como o fato de ser "incorpóreo", isto é, não espacial). Se não podemos sair nunca da realidade por nós percebida, então estamos presos a uma realidade que tem o tempo como um de seus atributos; ou seja, o tempo não é uma "ilusão" mascarando uma "realidade atemporal". Outro atributo da realidade à qual estamos presos é o "vir a ser": a realidade é "vir a ser" sem nunca ser. Uma vez que a realidade "vem a ser" *no tempo*, se um estado final fosse possível, ele teria sido atingido há muito tempo; mas empiricamente não é assim. Além disso, se não há um estado final também não pode ter havido um estado inicial, uma vez que esta também teria sido uma condição estática, um "ser". Empiricamente, nossa existência é temporal e instável: o tempo e a mudança são reais, e não sabemos nada sobre uma existência em que o tempo e a mudança não estejam presentes. Agora, se somos incapazes de pressupor um início ou um fim para o tempo, deve haver uma infinitude temporal atrás e diante de nós; a realidade deve ter uma duração infinita, sem jamais avançar para um estado em que não exista duração. Mas não podemos afirmar com a mesma certeza que o número de possíveis formas em que nossa realidade inconstante aparece é infinito. O bom senso sugere que não: por maior que se faça um caleidoscópio, e por mais pedaços de papel colorido que se coloque dentro dele, o número de arranjos possíveis não será infinito; o ponto será atingido inevitavelmente quando o número de arranjos possíveis, e o número de ordens possíveis em que esses arranjos aparecem, tiverem se esgotado e a sequência começar a se repetir.

A comparação entre uma realidade do "vir a ser" e um caleidoscópio pode parecer imprópria, mas na verdade representa exatamente a visão de Nietzsche sobre em que consiste o "vir a ser". Ele se recusava a permitir que Deus ou a metafísica entrassem furtivamente em seu pensamento: tendo rejeitado Deus, recusava-se a admitir algum princípio não verificável que acabasse por ser Deus disfarçado. O fato de outros "livres-pensadores" não tomarem precauções semelhantes despertava apenas o seu desprezo: Nietzsche atribuía o comportamento deles à covardia. Mas o mundo visto enquanto um "vir a ser" no sentido usual, enquanto um vir a ser *algo*, um vir a ser proposital - o que seria isso senão Deus e metafísica outra vez? Pode-se demonstrar que a natureza segue alguma direção? Que as mudanças que reconhecemos ocorrer por toda parte o tempo todo são governadas por alguma lei ou atendem a algum objetivo? Existe alguma coisa no universo que se possa identificar como uma força diretriz? A resposta de Nietzsche era Não; não se pode demonstrar a existência de nada do tipo: pelo contrário, se o universo *tivesse* um objetivo, esse objetivo já teria sido atingido. "O caráter geral do mundo é (...) caos por toda a eternidade" (FW/GC 109) - pois quem, ou o que, irá colocá-lo em ordem? Todo princípio ordenador - seja ele Deus, ou a "natureza", ou a "história", deve se impor sobre o fluxo de fenômenos pelo lado de fora - embora este "lado de fora" continue sendo fenômeno. Para Nietzsche, o "vir a ser" é uma mudança totalmente aleatória: *esta* é a consequência definitiva da "morte de Deus" que os outros haviam se recusado a inferir, o resultado inevitável de suprimir do mundo o "dedo regulador de Deus"; e ele faz alusão a isso quando afirma que a espécie humana precisa definir seu *próprio* objetivo, pois a menos que os homens criem um propósito para si mesmos, eles continuarão a viver como viveram até agora - no caos.

Nietzsche vislumbra o universo como um caleidoscópio de mudanças, e não importa quantos estados diferentes este universo possa compreender, seu número deve ser finito. Mas o tempo é infinito, portanto o estado atual do universo deve ser uma repetição de um estado anterior, assim como o estado que o precedeu e o estado que o sucede: todos os eventos devem voltar a ocorrer um número infinito de vezes.

A consequência para a vida de quem percebe isso, afirma Nietzsche, é ser esmagado pelo conhecimento, a menos que consiga atingir um instante supremo da existência pelo qual ficaria feliz em reviver toda a sua vida. O mal e a dor em sua vida tornam-se, então, um bem positivo, uma vez que foram necessários para a conquista deste único instante supremo: se um dos eventos fosse subtraído, tudo a seguir seria diferente. A vida almejada é a que contém o máximo possível de felicidade – e a felicidade é a sensação de que o poder aumenta, de que um obstáculo é superado. O super-homem, portanto, por ser o homem cuja vontade de poder mais cresceu, ultrapassando o máximo, é o mais feliz dos homens e a razão da existência. Um homem assim irá afirmar a vida, amá-la e dizer Sim até mesmo à miséria e à dor, pois percebe que a felicidade que conheceu não teria sido possível sem a dor que conheceu; e assim como não se abala com a ideia de que a felicidade da vida se repetirá eternamente, tampouco vacila diante do conhecimento de que sua dor também deve se repetir:

> Vocês já disseram Sim a uma alegria alguma vez? Ó meus amigos, então vocês também disseram Sim a *toda* dor. Todas as coisas estão encadeadas e entrelaçadas (...) se vocês disseram alguma vez: "Você me agrada, felicidade, instante, momento!", então vocês desejaram que *tudo* voltasse! (Za/ZA IV, 19, 10)

A sensação de maior poder, a sensação de felicidade, em si, é a maior defensora do eterno retorno, pois a felicidade *deseja* a eternidade:

> Ó homem! Preste atenção!
> O que diz a voz da profunda meia-noite?
> "Eu estava dormindo,
> E agora acordo ao fim do sonho:
> O mundo é profundo,
> Mais profundo do que o dia pode compreender.
>
> Profunda é sua dor,
> A alegria – mais profunda que a agonia do coração:
> A dor diz: Passe! Vá!
> Mas toda alegria deseja a eternidade,
> – deseja a profunda, profunda eternidade!"
> (Za/ZA III, 15, 3; IV, 19, 12)

CAPÍTULO 12
O SOLITÁRIO

Para viver só, é preciso ser
um animal ou um deus – diz Aristóteles.
Há ainda um terceiro caso:
é preciso ser as duas coisas
– um filósofo.
(GD/CI I, 3)

1

Após a conclusão de *Zaratustra*, Nietzsche se sentia como se houvessem lhe tirado um peso das costas. O assunto e o estilo expressivo peculiar desse livro vinham se acumulando dentro dele desde seus tempos em Pforta e enfim haviam sido impetuosamente libertados. A sensação resultante não era de exaustão, mas sim de liberdade e novo vigor. Ele agora tinha uma hipótese de trabalho – a vontade de poder – e passou a desenvolvê-la numa série de livros comparável à trilogia pré-*Zaratustra*: *Além do bem e do mal* (1886), *Genealogia da moral* (1887) e *Crepúsculo dos ídolos* (escrito em 1888, publicado em 1889). Em termos de estilo, essas obras são tão diferentes de *Humano, demasiado humano* quanto *Humano, demasiado humano* é de *O nascimento da tragédia*. Houve um casamento da clareza e concisão do período de "livre-pensamento" com a paixão de *Zaratustra*, e seu fruto é um estilo apaixonadamente conciso que se acredita ter sido o estilo que ele sempre buscou:

> Criar coisas nas quais o tempo crave os seus dentes em vão; na forma e na *substância*, buscar um pouco de imortalidade – nunca fui modesto o suficiente para exigir menos de mim mesmo. O aforismo, o apotegma, no qual sou o primeiro mestre entre os alemães, são as formas da "eternidade"; minha ambição é dizer em dez frases o que os outros dizem em um livro – o que os outros *não* dizem em um livro. (GD/CI IX, 51)

A forma aforística é abandonada aos poucos, mas o espírito do aforismo – o resumo de um longo processo de pensamento em uma única frase de impacto – permanece. Nesse sentido, *Götzen-Dämmerung*, a mais curta das obras importantes de Nietzsche, é um resumo aforístico de todo o seu pensamento.

A base dessas publicações (e dos livros curtos de 1888 que serão discutidos mais adiante) é o material não publicado que se destinava a ser a maior empreitada de Nietzsche nos anos pós-*Zaratustra*: uma síntese de sua obra em grande escala, que se chamaria *A vontade de poder* ou *A transvaloração de todos os valores*. A publicação de uma coleção de notas e aforismos sob o primeiro título após sua morte gerou confusão quanto às intenções dele em relação a essa obra; a verdade sobre o assunto será abordada no Capítulo 14 a seguir.

De 1883 a 1888, ele passou os verões em Sils-Maria e os invernos em Nice; as demais estações passava principalmente com Gast ou em Naumburg, para onde regressou no início de setembro de 1883. Se a intenção dele era retomar suas antigas relações com a mãe e a irmã, foi um erro: a visita piorou suas relações ainda mais. A animosidade de Elizabeth contra Lou Salomé ainda não arrefecera, e a visão da mãe deles sobre o "romance" era exatamente a mesma de sua filha, pois era pelos olhos dela que o via: como já observado, Nietzsche era extremamente inibido no que se refere a demonstrar suas emoções, e essa inibição – que está longe de ser incomum e muitas vezes recebe o nome de discrição – o impedira de conversar com sua mãe sobre Lou e seus sentimentos em relação a ela. O juízo que faziam dele em Naumburg nessa época era o de que não estava mais ligado a "pessoas respeitáveis", sendo que o conceito deles de respeitabilidade excluía Lou Salomé e Paul Rée, mas incluía o então célebre líder antissemita Dr. Bernhard Förster, de quem Elizabeth acabara de ficar noiva, para desgosto de Nietzsche. A sensação de que suas duas parentes mais próximas não o compreendiam nem um pouco foi reforçada pela insistência delas de que devia pensar em voltar à vida acadêmica. Ele ainda estava absorto com *Zaratustra* e sonhando com coisas ainda maiores por vir, e a sugestão de abandonar tudo isso por causa de um posto na universidade – se a sua saúde permitisse – era a pior que se podia imaginar. Ele partiu de Naumburg no início de outubro e voltou para Gênova. Sua saúde, escreveu ele a Overbeck no dia 22, estava "incrivelmente fraca", e no fim de novembro viajou para Nice: achava agora que precisava de "ar seco" e ouvira falar que Nice era um bom lugar para isso. Ele achou a cidade conveniente e ficou lá até 20 de abril do ano seguinte.

Com o calor do verão se aproximando, pensou em voltar para Sils-Maria, mas antes disso fez uma visita a Peter Gast em Veneza, com quem se hospedou de 21 de abril até 12 de junho. Gast tocou para ele sua ópera cômica recém-concluída *O leão de Veneza*; Nietzsche ficou encantado por ela, e determinado a se empenhar mais em promover apresentações da música de Gast sempre que pudesse. Uma visita de duas semanas a Overbeck na Basileia, de 15 de junho a 2 de julho, foi prejudicada pelo fato de Nietzsche ter estado doente o tempo todo; quando se recuperou ele foi para Sils-Maria, chegando lá em 16 de julho – depois de passar por Piora, perto de Airolo, e por Zurich – e ficando até meados de setembro.

O acontecimento mais marcante desses meses foi uma visita de Heinrich von Stein (de 26 a 28 de agosto), visita que Nietzsche considerou um sinal de que exercia alguma influência no círculo wagneriano. Stein tinha ido para Wahnfried em outubro de 1879, aos 22 anos, para ser tutor do filho de Wagner, Siegfried, e foi coeditor (junto com Glasenapp) do imenso *Wagner-Lexikon* (1883), um monumento à época em que Wagner era levado a sério como pensador. Após a morte de Wagner em fevereiro de 1883, ele havia sido uma das pessoas mais atuantes em Bayreuth, embora sua posterior nomeação como professor nas universidades de Halle e Berlim ocupasse cada vez mais o seu tempo. Seu livro *Helden und Welt* surgiu em 1883, e a última obra publicada de Wagner era uma *Carta Aberta* a Von Stein destinada a ser uma introdução para o livro. Em 1884 o nome de Nietzsche era blasfêmia em Bayreuth, portanto causa certa estranheza o fato de Stein ter lido *Zaratustra* e depois escrever ao seu autor perguntando se podia lhe fazer uma visita. Nietzsche recorda o episódio em *Ecce Homo*: Stein, diz ele,

> certa vez apareceu por três dias em Sils-Maria, (...) explicando a todos que *não* tinha vindo por causa da Engadina. Este homem excelente, que com a impetuosa inocência de um aristocrata prussiano afundara no lamaçal de Wagner, (...) durante esses três dias foi como que transportado por um vendaval de liberdade, como alguém que é subitamente elevado à *sua própria* altura e ganha asas. Eu dizia a ele que era por causa do ar agradável aqui de cima, que todos sentiam a mesma coisa, que não era possível estar seis mil pés acima de Bayreuth sem notar – mas ele não acreditava em mim. (EH/EH I, 4)

Depois disso, separado das tropas de Bayreuth, ele manteve relações com Nietzsche e houve uma ativa correspondência entre os dois; sua morte prematura em junho de 1887 roubou de Nietzsche um de seus poucos simpatizantes na Alemanha.

O mês de outubro foi passado em Zurique, e ali Nietzsche conheceu Gottfried Keller, a quem considerava o maior poeta alemão desde a morte de Heine e, na verdade, o único poeta alemão vivo na época. Ele também teve contato com o *Kapellmeister* Friedrich Hegar e o convenceu a ensaiar a abertura do *Leão* de Gast, que a orquestra de Zurique tocou tendo Nietzsche como único ouvinte. A opinião de Hegar sobre a música era de que tinha um excesso de metais e instrumentos de sopro; Gast confiava muito pouco nas cordas e queria "trombetear tudo". (Ver carta de Nietzsche a Gast de 8 de outubro.) Os esforços de Nietzsche em prol da música de Gast continuaram durante os anos seguintes: em junho de 1886, por intermédio de seus amigos de Leipzig, ele conseguiu uma apresentação do Septeto de Gast na Gewandhaus, e enviou as partituras de Gast a vários maestros e músicos, entre eles Bülow e Joachim. Pensou até em abordar o assunto com Brahms: ouvira dizer que Brahms tinha mostrado "grande interesse" por *Além do bem e do mal* e lhe ocorreu que talvez pudesse reverter esse interesse em favor de Gast. (Ver sua carta a Gast de 18 de julho de 1887. Mas a ideia não deu em nada.)

Em dezembro estava de volta a Nice, e durante os dezoito meses seguintes não houve em sua vida praticamente nenhum episódio digno de nota. Em 1885 sua vida se resumia a escrever: ele se voltara quase totalmente para si mesmo e reduzira seu contato com o mundo exterior ao mínimo necessário para a sobrevivência. Sua saúde não mostrava nenhum sinal de melhora, e seus olhos, que foram sempre os que mais sofreram não só por sua enfermidade, mas também por sua maneira de "curá-la" por meio do trabalho, estavam piores do que nunca: durante o inverno de 1884-1885 ele ficou quase cego.

Em 8 de abril de 1885 partiu de Nice para Veneza, onde se hospedou com Gast até 6 de junho; no dia 7 chegou em Sils-Maria e permaneceu ali em sua acomodação rural até meados de setembro, quando foi para o norte, em Naumburg. Passou seis semanas lá, fazendo visitas ocasionais a Leipzig, e em novembro regressou a Nice, passando por Munique e Florença. Ficou em Nice durante o inverno de 1885-1886, e em meados de maio voltou para Naumburg, usando novamente sua casa como ponto de partida para viagens até Leipzig.

Foi numa delas que encontrou Rohde pela última vez. Era como se os velhos amigos agora vivessem em mundos diferentes, e a impressão que

Nietzsche causou em Rohde ficou na memória deste até ser registrada por ele em 1889:

> Ele estava rodeado por uma aura de *estranheza* indescritível, por alguma coisa que me parecia totalmente esquisita. Havia algo nele que eu nunca sentira, e grande parte daquilo que o distinguia antes havia se perdido. Era como se viesse de uma terra onde não mora ninguém.[69]

Deve-se lembrar que, quando Rohde escreveu essa descrição, tinha acabado de saber do colapso mental de Nietzsche, sendo provável que isso tenha afetado sua linguagem; porém, mesmo levando isso em conta, é verdade que Nietzsche passava uma imagem estranha e um tanto perturbadora nesse período de sua vida. Ele se tornara claramente "anormal": não possuía algumas das características do homem social que constituem a "normalidade" e surgem da necessidade de se viver em um certo grau mínimo de harmonia com as outras pessoas. A vida solitária que vinha levando e a preocupação com sua doença e seu trabalho haviam-no distanciado do mundo "normal" a que Rohde pertencia.

É também graças a Rohde que temos conhecimento da reação negativa que a obra tardia de Nietzsche podia despertar num intelectual da década de 1880. Em agosto de 1886 Nietzsche enviou a ele um exemplar de *Além do bem e do mal*, que acabara de ser publicado, e numa longa carta a Overbeck de 1º de setembro[70] Rohde desabafa toda a mágoa e irritação que o deviam corroer há anos. Ele leu o livro, afirma, "muito a contragosto". A maior parte de seu conteúdo eram "discursos de quem comeu demais no jantar", repletos de uma "ultrajante aversão a tudo e a todos". É "tão pobre e quase pueril" em sua filosofia quanto "absurdo e sem conhecimento de mundo" na política. Há alguns "*aperçus* inteligentes" e "trechos ditirâmbicos arrebatadores", mas é tudo inconstante. O ponto de vista muda o tempo todo, mas Rohde já não é "capaz de levar a sério essas eternas metamorfoses": elas não passam de "visões de um eremita" e "bolhas de sabão mentais". Pior do que tudo isso, *Além do bem e do mal* repete "a eterna *proclamação* de coisas tremendas, ideias espantosas, que depois, para monótona decepção do leitor, *nunca aparecem!*" "Isso", afirma Rohde, "é indescritivelmente ultrajante para mim." Tudo no livro "escorre feito areia por entre os dedos", e acima de tudo isso está "a vaidade gigantesca do

69. Carta a Overbeck de 24 de janeiro de 1889, citada em PODACH, E. *Gestalten um Nietzsche*. p. 59.

70. Ibid., p. 55.

autor". O que Nietzsche precisa, conclui Rohde, é de um emprego de verdade: "assim perceberia de que vale ficar tateando a esmo todo tipo de coisas: absolutamente nada.".

Nietzsche esteve novamente em Sils-Maria do início de julho a 25 de setembro; então, depois de um mês em Gênova e Ruta, voltou para Nice em 22 de outubro e ficou lá até 2 de abril de 1887. Em meados de junho seguinte ele estava de volta a Sils-Maria, onde permaneceu até meados de setembro; um mês com Gast em Veneza o separou da temporada de inverno em Nice, de meados de outubro até 2 de abril. Novamente, sua vida era quase sem ocorrências: a luta contra seus problemas de saúde e a constante obsessão por escrever preenchiam todos os seus dias.

Uma descrição de seu aspecto em 1887 bastará para indicar a que ele parecia ter se reduzido. Ela nos é fornecida por Paul Deussen, que o visitou em Sils-Maria no outono daquele ano durante uma viagem de férias com sua esposa. Deussen não o via havia catorze anos:

> Que mudança ocorrera nele durante esse período [escreve.][71] Não havia mais o porte altivo, os passos ágeis, a conversa espontânea de anos anteriores. Ele parecia se arrastar com dificuldade, e sua fala às vezes era lenta e entrecortada. Talvez estivesse num dia ruim. "Meu caro amigo", disse com tristeza, apontando para as nuvens que passavam acima, "preciso de um céu azul sobre mim para organizar minhas ideias." Depois nos levou ao seu local favorito. Em especial, lembro-me claramente de um prado ao lado de um penhasco de onde se via um córrego descendo a montanha. "Aqui", disse ele, "é onde mais gosto de ficar e onde tenho minhas melhores ideias." Estávamos hospedados no modesto Hotel zur Alpenrose, onde Nietzsche costumava almoçar, em geral uma bisteca ou coisa do tipo. Voltamos para lá para descansar por uma hora. A hora mal se passara e nosso amigo já estava de volta à nossa porta, perguntando muito gentilmente se ainda estávamos cansados, pedindo desculpas caso tivesse vindo cedo demais etc. Menciono isso porque essa atenção e cuidado excessivos não faziam parte do temperamento de Nietzsche e pareciam ser indicativos de sua atual condição. Na manhã seguinte ele me levou aos seus aposentos, ou, como dizia, à sua caverna. Era um quarto simples numa propriedade rural (...) Os móveis eram dos mais simples que se possa imaginar. De um lado ficavam seus livros, a maioria dos quais eu conhecia de outros tempos, em seguida uma mesa rústica com xícaras de café, cascas de ovo, manuscritos e artigos de higiene, todos misturados em desordem, depois uma descalçadeira onde havia uma bota e por fim a cama, ainda desarrumada.

Durante os anos de que estamos tratando, as relações de Nietzsche com as mulheres aparentemente eram normais, e contradizem qualquer insinua-

71. DEUSSEN, P. op. cit., p. 92-3.

ção de misoginia que se possa encontrar em seus escritos. Em particular, ele formou um pequeno séquito de mulheres intelectuais de um tipo cuja existência parecia negar às vezes: Meta von Salis, Resa von Schirnhofer, Helene Druscowicz e Helen Zimmern estavam entre elas, sendo Meta von Salis especialmente sua amiga. Se ele teve qualquer outro tipo de relacionamento com mulheres em Gênova, Nice ou Sils-Maria, não se sabe, e portanto não se pode presumir que não tenha tido: o juízo convencional – proveniente de Elizabeth, é claro – de que ele era indiferente ao sexo vai contra o que sabemos de seus anos anteriores e baseia-se, pelo menos no que diz respeito aos seus últimos anos, numa falta de evidências; mas se ele visitava prostitutas (como é quase certo que fez em Colônia) ou outras mulheres, que "evidências" haveria disso? Levando-se em consideração a conduta tão "correta" de Nietzsche e a falta de um amigo íntimo com quem um homem pudesse conversar sobre tais escapadelas, é improvável que houvesse alguma. A atividade sexual de um homem solitário, se ele assim desejar, é a parte mais secreta de sua biografia, e dogmatizar sobre o assunto está absolutamente fora de questão. (Sua irmã talvez fosse a última pessoa a saber algo sobre isso.) O que é certo é que ele não teve nenhum "romance" sério depois de Lou Salomé, e parece ter abandonado qualquer ideia de casamento; mas seu estado de saúde era, pelo menos em parte, responsável por isso.

Em geral, a atitude de Nietzsche em relação às mulheres não pode ser resumida numa frase. Em seus escritos ele expressa regularmente uma desconfiança quanto ao intelecto feminino (e não desprezo, como se costuma alegar: não tinha dúvidas de que as mulheres podiam ser muito "inteligentes") e tinha um baixo conceito sobre os padrões femininos de integridade; ao mesmo tempo, é muito sincero sobre o quanto lhe agradam seus aspectos externos e sua capacidade de serem alegres e frívolas. "O homem deve ser treinado para a guerra, e a mulher, para o lazer do guerreiro: tudo o mais é tolice", afirma Zaratustra (Za/ZA I, 18); e desde que se compreenda o que se entende por "guerra" e "lazer", este é um resumo bastante preciso do ideal de Nietzsche sobre o relacionamento homem-mulher. As mulheres são o "deleite de toda alma forte [masculina], acrescenta, e vez ou outra ele personifica a Vida, a Sabedoria e a Verdade como uma mulher. Durante os anos em que personificava a "afirmação da vida e do super-homem" na figura de Dionísio, ele deu a Dionísio como companheira Ariadne, e escreveu: "O homem labiríntico nunca busca a verdade, mas sempre e apenas a sua Ariadne.". Certamente, ele disse algumas coisas desagradáveis sobre as mulheres ("Vai ver uma mulher? Não esqueça o chicote!", aconselha uma velha a Zaratustra (Za/ZA I, 18) – de longe a frase mais conhecida de suas obras, pelo menos entre as mulheres), mas a impressão geral que tem delas está bem distante da aversão e temor popularmente creditados a ele. No fundo, tem-se a impressão de que as mulheres eram para Nietzsche uma coisa estranha, incompreensível e, acima de tudo, tentadora; se há um refrão constante sobre elas ao longo de seus escritos, é o de que desviam os homens do caminho da grandeza, arruinando-os e corrompendo-os.

Bem mais importante do que tudo isso, porém, é um simples fato que foi apontado por Bernoulli anos atrás, mas costuma ser desconsiderado: embora se saiba de ao menos uma mulher a quem ele amou, não se sabe de nenhuma mulher que o tenha amado. Não vem ao caso aqui se ele era ou não "amável", ou seja, se podia ter alguma pretensão de ser amado. Ele próprio escreveu: "Exigir ser amado é a maior das pretensões" (MA/HH 523). Os homens são amados apesar de seus defeitos, não pelo fato de não terem nenhum. Ele, porém, não foi amado por nenhuma das mulheres que conheceu – e conheceu bem mais do que se costuma pensar, especialmente na década de 1880: se tivesse sido, quem pode duvidar de que muitas das coisas rancorosas e pouco lisonjeiras que disse a respeito delas jamais teriam tido espaço em suas obras?[72]

O noivado e casamento de Elizabeth com Bernhard Förster é um aspecto importante ao se considerar a vida e o pensamento de Nietzsche, porque evidencia a postura dele em relação ao antissemitismo. Em suas obras publicadas, ele ataca o antissemitismo várias vezes,[73] vinculando-o à sua reprovação ao racismo em geral;[74] empenha-se em louvor aos judeus e ao judaísmo[75], e seus cadernos de anotações também contêm opiniões e sentimentos semelhantes. Ele não tinha nenhum interesse especial pelo racismo ou pelo nacionalismo, nem mesmo para atacá-los, uma vez que sua filosofia considerava ambos ilusões; mas sua situação pessoal o obrigou a assumir uma postura em relação a eles, e praticamente todas as suas decla-

72. Para mais informações sobre Nietzsche e feminismo, consultar o Posfácio.

73. Por exemplo: MA/HH 475; JGB/BM 251; AC/AC 55.

74. Por exemplo: FW/GC 377; GD/CI I, 11; GD/CI VIII, 3 e 4.

75. Por exemplo: MA/HH 475; MA-MS/HH-OS 171 e NW/NW IV; M/A 38; JGB/BM 52; JGB/BM 250; GM/GM III, 22.

rações a esse respeito devem ser interpretadas como réplicas às opiniões que eram correntes em sua época e floresciam entre alguns membros de seu círculo mais próximo: Elizabeth, Wagner e Cosima, e Bernhard Förster. A reação de Nietzsche à notícia de que Elizabeth ia se casar não foi tão óbvia quanto se costuma alegar: além das cartas conhecidas em que ataca Förster e critica Elizabeth por decidir se casar com ele, existem outras desejando felicidades aos dois. Óbvia, sim, é a intensidade com que ele detestava as opiniões e o caráter de Förster.

Elizabeth conheceu Förster em 1882, quando ela estava com 32 anos, e ele a acompanhou ao Festival de Bayreuth daquele ano (onde conheceram Lou Salomé). Förster era professor numa escola secundária de Berlim desde 1870; durante a década de 1870, ele se tornou uma figura importante do movimento antissemita na Alemanha e foi um dos "German Seven", um grupo de políticos e "pensadores" antissemitas cujo objetivo era "renovar" a vida alemã por meio da exclusão dos judeus. Em 1881 ele promoveu e organizou uma petição antijudaica, que teria sido assinada por 267 mil pessoas, solicitando a restrição da imigração judaica, a exclusão dos judeus de altos cargos do governo e do ensino nas escolas, e o cadastramento de todos os judeus. Bismarck, a quem a petição foi enviada, não deu atenção a esse "clamor da consciência do povo alemão" (como Förster o chamou), mas Förster afirmava que com isso "começava o movimento nacional antissemita" no *Reich*. Em 8 de novembro de 1880 ele se envolveu num tumulto em um bonde por causa dos estrondosos comentários antissemitas que fazia a um colega e, em consequência disso, e de suas atividades políticas em geral, foi obrigado a renunciar a seu cargo de professor ao fim de 1882. Frustrado pelo fracasso de sua petição e agora sem emprego, voltou-se para a colonização como um provável campo para seus talentos, e passou dois anos conduzindo uma pesquisa sobre a colônia alemã de San Bernardino, no Paraguai. Na primavera de 1885 regressou à Alemanha, publicou seu projeto de fundar "colônias alemãs na região do Alto Prata", casou-se com Elizabeth Nietzsche, e no início de 1886 voltou com ela para o Paraguai.

A colônia deles chamava-se Nova Germânia, e foi um fracasso desde o início, não tanto por incompetência, ao que parece, mas em consequência da desonestidade de Förster.[76] As terras, que pertenciam ao governo pa-

---

76. Ver o relato de C. F. E. Schultze, um autêntico colono, reproduzido em PODACH, E. *Gestalten um Nietzsche*. p. 142 ss. O presente relato de Förster e Elizabeth no Paraguai é baseado no fornecido no livro de Podach (ver também o Capítulo 17).

raguaio, foram arrendadas a Förster e se tornariam propriedade sua mediante a condição de assentar 140 famílias em dois anos (a contar de 17 de novembro de 1886, a data do contrato); se esta condição não fosse cumprida, o governo tomaria as terras de volta e arrendaria a outro. O porquê de Förster ter assinado um acordo tão insatisfatório é um mistério: como fundador da colônia, ele não só poderia perder os frutos de dois anos de esforço, como, caso não fossem enviadas as 140 famílias, seria obrigado a reembolsar às que viessem o custo de sua emigração e, principalmente, o valor das terras que houvessem comprado dele na condição de futuro proprietário. Em julho de 1888 apenas quarenta famílias tinham chegado e algumas delas haviam feito as malas e voltado para casa novamente, e Förster estava profundamente endividado. Conseguir mais de cem famílias entre julho e novembro era impossível, mas o assunto poderia ter sido discretamente encerrado de alguma forma se um colono insatisfeito, Julius Klingbeil, não tivesse publicado no início de 1889 um livro de 214 páginas com "revelações" sobre o estado das coisas na Nova Germânia. Ele acusava Förster de ser totalmente incapaz de organizar uma colônia, além de praticar fraude, tirania e roubar descaradamente os colonos. Alegava que as famílias colonizadoras eram privadas de seu dinheiro, forçadas a comprar de Förster o que precisavam por meio de um sistema particular de permuta e a viver numa espécie de alojamento enquanto Förster e Elizabeth lhes davam ordens em uma casa maravilhosamente construída, repleta de móveis trazidos da Europa. Klingbeil estava propenso a isentar Förster da responsabilidade total, pois era bastante evidente que ele estava sendo dominado por sua esposa. O livro de Klingbeil estava prestes a ser condenado como calúnia no *Bayreuther Blätter*[77] quando chegou a notícia de que Förster estava morto. Elizabeth escreveu a Bayreuth dizendo que ele falecera de um "ataque de nervos". "Falsos amigos e as intrigas de inimigos partiram seu coração", queixava-se ela. Sua vagueza era intencional: Förster havia dado um tiro na cabeça* para escapar da falência certa e da provável acusação.

77. É um indicador da força do antissemitismo na Alemanha no fim do século XIX que, na época em que Nietzsche se tornava o mais franco oponente de Wagner, as páginas do *Bayreuther Blätter* estivessem sempre abertas a sua irmã. *Ela* era uma valiosa *Parteigenossin* na luta contra os judeus.

*. Embora o autor afirme que Bernhard Förster deu um tiro na cabeça, segundo inúmeras fontes ele teria cometido suicídio por envenenamento com uma mistura de estricnina e morfina. (N.T.)

Até mesmo um esboço assim tão breve da vida de Bernhard Förster é suficiente para provar que a objeção de Nietzsche a ele se baseava em algo mais plausível do que uma antipatia egoísta pelo homem que havia lhe tirado sua irmã. Essa violenta objeção surgiu, creio eu, não só da antipatia que ele tinha por toda a visão de Förster, mas principalmente por perceber que Elizabeth a compartilhava. "Esse maldito antissemitismo (...) é a causa de uma ruptura *radical* entre minha irmã e eu", escreveu ele a Overbeck em 2 de abril de 1884.

Förster ficou noivo de Elizabeth antes de ir para o Paraguai pela primeira vez em fevereiro de 1883, e a maioria das cartas de Nietzsche que se referem a ele, publicadas no segundo volume de suas cartas à mãe e à irmã, foram escritas entre aquela data e a do casamento deles em 1885; elas se destinavam claramente a impedir que o casamento acontecesse e não a criar dificuldades e mal-estar depois que o fato estivesse consumado. Criticavam todos os aspectos da filosofia e da visão que culminaram na catástrofe do nazismo, sendo os ataques mais ferozes feitos ao antissemitismo e ao seu corolário, o culto a uma raça alemã pura. Em relação a este último, Nietzsche deixa clara sua opinião:

> Entusiasmo pelo "caráter nacional alemão" eu realmente tenho muito pouco, mas tenho menos ainda o desejo de manter *pura* essa "gloriosa" raça. Pelo contrário, pelo contrário (...) (Carta de 21 de março de 1885).

Quando Elizabeth se casou – em 22 de maio de 1885 – Nietzsche lhe desejou felicidade; mas aos outros ele continuava a expressar sua aversão a Förster e a enfatizar que nunca o conhecera e nem queria conhecer; escreveu à mãe dizendo que estava feliz por Förster ter resolvido se exilar no Paraguai e desejava que os outros de sua laia fizessem o mesmo. Quando chegaram pedidos de dinheiro da Nova Germânia, ele se recusou a contribuir.

A entrada de Förster para sua família não foi a única ligação que ele teve com um ativista antissemita que temia que pudesse comprometê-lo. Sua reputação já havia sido ameaçada por sua ligação com o editor Ernst Schmeitzner, que publicara *Humano, demasiado humano* e as obras subsequentes. Em 1879 Schmeitzner fundou o jornal *Antisemitische Blätter* e foi um enérgico propagandista contra a influência judaica na Alemanha. Nietzsche tivera sérios problemas com ele e estava ansioso para se ver livre: seu entusiasmo pelo antijudaísmo o levara a negligenciar seu negócio, e uma das consequências disso é que a publicação de *Zaratustra* foi suspensa.[78] Durante 1884-1885, Nietzsche precisou mover uma ação judicial contra Schmeitzner para receber o pagamento pelo livro, e ficou aliviado quando seu antigo editor, Fritzsch, manifestou o desejo de comprar de Schmeitzner os direitos de todas as suas obras e publicá-las novamente com seu próprio selo. Essa negociação foi realizada no verão de 1886 e Nietzsche escreveu um prefácio para a nova edição de cada uma delas, desde *O nascimento da tragédia* até *A gaia ciência* (exceto para as *Considerações intempestivas*, que não foram reeditadas). Essas novas edições surgiram em 1886-1887, e Fritzsch também publicou a primeira edição num único volume das partes um, dois e três de *Zaratustra*. Quando estava em vias de se livrar de Schmeitzner é que Nietzsche foi confrontado com a notícia de que um antissemita bem mais famoso se tornaria não seu mero editor, mas seu cunhado.

Apesar do investimento otimista de Fritzsch, os livros de Nietzsche fizeram pouco progresso junto ao público naqueles anos: na verdade, as três primeiras partes de *Zaratustra* tinham ido tão mal que Schmeitzner se recusara a publicar a quarta, e vemos Nietzsche perguntar a Gersdorff com mil rodeios se lhe emprestaria o dinheiro para imprimi-la por conta própria (carta de 12 de fevereiro de 1885). Gersdorff atendeu ao pedido, e a parte quatro foi publicada numa edição particular: sua primeira edição pública foi em 1892.

O orgulho e o louvor a si próprio que passaram a fazer parte do caráter de Nietzsche na época de *A gaia ciência* fizeram progressos alarmantes nos anos de *Zaratustra*, como fica evidente no próprio livro. Sobre as três primeiras partes, ele escreveu a Rohde em 2 de fevereiro de 1884:

> É uma espécie de abismo do futuro, algo terrível em sua bem-aventurança. Tudo nele saiu de mim, sem nenhum modelo, paralelo ou precedente (...) Estou lisonjeado porque com este Za/ZA. levei a língua alemã à perfeição. Depois de Lutero e Goethe, restava ainda um terceiro passo a ser dado.

No início de maio daquele ano, ele disse a Overbeck:

> Que quando chegasse perto dos meus 40 anos estaria *muito* só – nunca tive a menor ilusão quanto a isso (...) Sou agora, muito provavelmente, *o homem mais independente da Europa*.

---

78. Um detalhe curioso é que o tipógrafo que imprimia o livro, Teubner, teve de interromper o trabalho por causa de um pedido de 500 mil hinários. O comentário de Nietzsche foi que, evidentemente, os cristãos estavam tentando matar Zaratustra por meio do antissemitismo e do canto de hinos.

Como se não bastasse, no fim do mês anunciou a Malwida:

> Minha missão é enorme, mas não maior que minha determinação (...) Quero obrigar os homens a decisões que serão determinantes para todo o futuro da humanidade.

Numa carta a Von Stein de 22 de maio, ele explica por que não pode ir a Bayreuth para ver nenhuma das óperas de Wagner no teatro do festival:

> (...) a obrigação que paira sobre mim, minha *missão*, não me deixa tempo para isso. Talvez meu filho Zaratustra tenha lhe revelado *o que* se passa dentro de mim; e se alcançar tudo que *desejo alcançar*, morrerei consciente de que os milênios futuros farão os votos mais elevados em meu nome.

A *húbris* de afirmações como estas deve ser aceita como uma supercompensação desvairada de um homem doente e quase cego; não se deve confundi-las com a sua *filosofia:* se voltarmos nossa atenção para isso agora, veremos que *Além do bem e do mal* e a *Genealogia* – as obras já concluídas nessa época – podem ser explicadas independentemente das afirmações de seu autor sobre elas.

2

Além do bem e do mal destina-se a elaborar e explicar as teorias apresentadas em *Zaratustra*, e *Genealogia da Moral* desempenharia a mesma função em relação a *Além do bem e do mal*, portanto os dois livros podem ser melhor analisados em conjunto.

O primeiro problema que Nietzsche enfrenta é a dificuldade de afirmar que a vontade de poder é "verdadeira", uma vez que a própria busca pela verdade é motivada pela vontade de poder. "Todos os cretenses são mentirosos", disse Epimênides, que era cretense. "A vontade de verdade é vontade de poder", disse Nietzsche, o filósofo da vontade de poder. As duas afirmações são falsas se forem verdadeiras, verdadeiras se forem falsas. Nietzsche percebe o paradoxo inerente em sua teoria e o enfrenta reconhecendo primeiramente que, se a vida é vontade de poder, o valor da verdade é questionável:

> *O que* em nós quer realmente "a verdade"? (...) Supondo-se que queiramos a verdade: *por que não* preferir a inverdade? E a incerteza? Ou mesmo a ignorância? – A questão do valor da verdade se colocou diante de nós. (JGB/BM 1)

> Com todo o valor que possa conter o que é verdadeiro, genuíno, desinteressado, é possível que se deva atribuir à aparência, à vontade de engano, ao egoísmo e ao desejo um valor maior e mais fundamental para toda vida. É possível

> até que o próprio valor dessas coisas boas e honradas resida justamente no fato de estarem astuciosamente relacionadas, amarradas e entremeadas nessas coisas más, aparentemente opostas, e talvez até mesmo de serem essencialmente iguais a elas. (JGB/BM 2)

Isso sugere a ele uma possível avaliação do poder em termos de verdade:

> Uma coisa pode ser verdadeira mesmo sendo nociva e perigosa em seu grau mais elevado; na verdade, pode ser da constituição básica da existência que alguém seja destruído ao conhecê-la totalmente – de modo que a força da mente possa ser medida pela quantidade de "verdade" que ela é capaz de suportar. (JGB/BM 39)

O que é certo, porém, é que a filosofia deve ser de alguma forma um meio para o poder, e não primeiramente um meio para a verdade: o filósofo não deve desejar apenas um saber passivo, mas uma criação ativa de conhecimento:

> (...) uma filosofia (...) sempre cria o mundo à sua própria imagem: não pode fazer de outro modo; a filosofia é este impulso tirânico em si, a mais espiritual vontade de poder de "criação do mundo", de *causa prima*. (JGB/BM 9)

> A missão dos verdadeiros filósofos é "*criar valores*" (...) "Seu saber é *criar*, seu criar é legislar, sua vontade de verdade é – *vontade de poder*." (JGB/BM 211)

Em segundo lugar, ele apela à necessidade de que a lógica reconheça um *único* tipo de causalidade e o explore até o limite no sentido de torná-lo responsável por todo efeito conhecido. De acordo com sua própria teoria de que o mundo pode ser explicado a partir de si mesmo, de que ele "funciona" sem qualquer contribuição de "fora", deve ser possível determinar seu "caráter intelegível" – isto é, compreendê-lo da forma como ele se apresenta aos nossos sentidos – pela referência a um princípio básico. Este princípio, sugere ele, é a vontade de poder; e a "vontade de verdade" – isto é, de conhecer o que realmente é, a legítima "vontade de verdade" – é um aspecto da vontade de poder, uma vez que saber é ter poder, ao passo que ser enganado é não ter poder sobre aquilo a respeito do qual se é enganado.[79] A base do seu argumento de que deve-se pressupor um único tipo de causalidade é apresentada num longo aforismo (JGB/BM 36):

> Supondo-se que nada seja "dado" como real a não ser nosso mundo de desejos e paixões, que não possamos subir ou descer para nenhuma outra "realidade" a não ser a realidade dos nossos instintos – pois pensar é simplesmente relacionar esses instintos uns aos outros –: não é permitido

79. Ver também MA-MS/HH-OS 26, citado no Capítulo 8, seção 2.

> fazer a tentativa e perguntar se isso que é dado não *bastaria* para compreender até mesmo o chamado mundo mecânico (ou "material")? Não quero dizer como uma ilusão, uma "aparência", uma "representação" (no sentido de Berkeley e Schopenhauer), mas como algo com o mesmo grau de realidade que nossas próprias emoções – como uma forma mais primitiva do mundo de emoções em que tudo continua encerrado em poderosa unidade, (...) como uma *forma primária* de vida? – No fim das contas, não é apenas permitido fazer essa experiência: isso é exigido pela consciência do *método*. Não pressupor vários tipos de causalidade enquanto não se tenha levado aos últimos limites a tentativa de se contentar com uma só (...): esta é uma moral do método que não se deve repudiar nos dias de hoje – (...) é preciso arriscar a hipótese de que, em todo lugar onde se reconhecem "efeitos", haja uma vontade atuando sobre outra vontade – (...) Supondo-se, finalmente, que se conseguisse explicar toda a nossa vida instintiva como o desdobramento e ramificação de uma *única* forma básica de vontade – a vontade de poder, segundo a *minha* teoria –; supondo-se que fosse possível associar todas as funções orgânicas a essa vontade de poder (...) ter-se-ia o direito de definir inequivocadamente *toda* força atuante como: *vontade de poder*. O mundo visto de dentro, o mundo descrito e definido segundo seu "caráter inteligível" – seria simplesmente "vontade de poder" e nada mais.

Ao se propor a vontade de poder como o instinto básico de toda a vida, surge a questão: qual é a natureza da vontade em si? Ainda parece haver duas forças atuando: a vontade, e aquela vontade que busca o poder; o conceito de "vontade" ainda existe enquanto um substrato, vontade no sentido de Schopenhauer, uma base metafísica para a vida. Se Nietzsche não abandonar essa noção, sua filosofia se limitará a ser uma variação da filosofia de Schopenhauer – a vontade expressando-se não como um esforço pela vida, mas de forma mais dinâmica como um esforço pelo engrandecimento – e ele faz isso de uma forma que parece estranha a princípio. Não existe vontade, afirma ele. Se analisarmos, assim como a alma vem a ser uma palavra usada para designar um complexo sistema de *relações* e, portanto, não se pode afirmar que ela exista, também a vontade não possui uma existência distinta: não há nenhuma força emanando do interior do corpo que possa ser identificada como "vontade". "Desejar" é resultado de uma mistura de sensações; e a sensação de desejar ocorre quando a sensação de comando consegue dominar as outras sensações. O que reconhecemos como "vontade" é o ato de mandar: não existe um substrato da "vontade em si" que apareça na *forma* de comandos. Nietzsche deixa claro na *Genealogia* o que ele entende por negar que a vontade possa existir como uma entidade distinta:

> Exigir da força que *não* se expresse como força (...) é tão absurdo quanto exigir que se expresse como força a fraqueza (...) a moral popular distingue a força das expressões dessa força, como se por trás do homem forte houvesse um substrato neutro (...) Mas esse substrato não existe: não há um "ser" por trás do agir, do atuar, do vir a ser: o "agente" é simplesmente acrescentado ao "ato" – o ato é tudo. (GM/GM I, 13)

Não há um "ser" por trás do "agir" e não há "vontade" por trás do "desejar": as duas expressões são abstrações, barreiras linguísticas à apreensão da complexa natureza desses fenômenos:

> Desejar me parece, acima de tudo, algo *complicado* (...) em toda vontade existe, antes de mais nada, uma pluralidade de sensações, como a sensação do estado que se *deixa*, a sensação do estado para o qual se *vai*, a sensação desse próprio "deixar" e "ir", e ainda uma sensação muscular concomitante (...) Portanto, do mesmo modo que os sentimentos (...) podem ser reconhecidos como um componente da vontade, assim também, em segundo lugar, o pensamento: cada ato de vontade é comandado por um pensamento – (...) Em terceiro lugar, a vontade não é apenas uma mistura de sentimento e pensamento, mas sobretudo uma *emoção:* na verdade, a emoção do comando. O que se denomina "livre-arbítrio" é, essencialmente, a emoção da supremacia em relação àquele que deve obedecer: "Eu sou livre, 'ele' deve obedecer" – essa consciência é inerente a toda vontade (...) Um homem que tem *vontade* – comanda algo dentro de si que obedece, ou que ele acha que obedece (...) na medida em que, nessas circunstâncias, nós mandamos *e* obedecemos ao mesmo tempo, (...) "livre-arbítrio" (...) é a expressão para esse complexo estado de alegria de quem tem vontade, que ordena e ao mesmo tempo se identifica com quem executa a ordem (...) Toda vontade é absolutamente uma questão de mandar e obedecer, com base (...) numa estrutura social composta de muitas "almas": razão pela qual um filósofo deve reivindicar o direito de incluir a vontade em si no âmbito da moral: isto é, da moral entendida como a teoria das relações de supremacia sob as quais tem origem o fenômeno da "vida". (JGB/BM 19)

A natureza da vontade, então, em seu "caráter inteligível", é a vontade de poder; ela aparece quando uma certa relação – a relação de poder – se estabelece entre os elementos de uma "estrutura social", seja essa estrutura um indivíduo, uma nação, o universo como um todo ou a vida em si. Essa conclusão é compatível com a conclusão de Nietzsche sobre a natureza da moral – que ele repete em *Além do bem e do mal:*

> Toda moral é (...) uma certa tirania contra a "natureza", e também contra a "razão" (...) O elemento essencial e inestimável em toda moral é o fato de ela ser uma coação prolongada (...) O essencial (...) parece ser (...) uma prolongada *obediência* numa *única* direção. (JGB/BM 188)

Na *Genealogia* ele chega a outra conclusão importante para vincular a teoria da vontade de poder à necessidade de determinar um "sentido" para a vida. Assim como a vida é vontade de poder, o "sentido" da vida é o sentimento de que a vontade de poder está atuando, de que *alguma coisa* está sujeita à vontade – não importa o que possa ser; é o fato de comandar que conta:

> Sem o ideal ascético, o homem, o *animal* homem, não tinha sentido algum. Sua existência na terra não tinha qualquer objetivo (...) É exatamente *isso* que o ideal ascético significa: que algo estava *faltando*, que em torno do homem havia um terrível *vazio* – ele não sabia como justificar, explicar, afirmar a si mesmo, *sofria* com o problema de seu sentido (...) seu problema não era o sofrimento em si, e sim o fato de não haver resposta para a gritante pergunta "*por que* sofrer?" (...) Era a falta de sentido do sofrimento, e *não* o sofrimento em si, a maldição que pesava sobre a humanidade – *e o ideal ascético lhe deu um sentido!* (...) com isso o homem estava *salvo*, (...) ele agora podia *desejar* alguma coisa – não importando para que, por que ou como desejasse: *a vontade em si estava salva.* É absolutamente impossível esconder de si mesmo *o que* expressa toda essa vontade que se orientou a partir do ideal ascético: esse ódio ao que é humano, mais ainda ao que é animal, e ainda mais ao que é material, esse horror aos sentidos, à própria razão, esse medo da felicidade e da beleza, esse anseio de se afastar de tudo que é aparência, mudança, vir a ser, morte, desejo, do próprio anseio – tudo isso indica, ousemos compreendê-lo – uma *vontade de nada*, uma má vontade em relação à vida, um repúdio aos pressupostos mais fundamentais da vida, mas é e continua sendo uma *vontade*! (...) E (...) é preferível ao homem ter vontade de *nada* a não ter vontade *nenhuma*. (GM/GM III, 28)

"(...) lieber will noch der Mensch *das Nichts* wollen, als *nicht* wollen (...)", as palavras que encerram a *Genealogia*, resumem de uma forma tipicamente concisa e memorável a base do posicionamento final de Nietzsche em relação aos valores morais. Ele já determinara a possibilidade de julgar uma moral segundo sua tendência a produzir a sensação de um poder maior e mais organizado. Aquelas morais que elevavam as pretensões dos impotentes a um lugar de honra eram prejudiciais porque frustravam as pretensões de poder, e por conseguinte as da própria vida. Entre as morais debilitantes, pensava Nietzsche, estava a cristã: mas a moral cristã era a moral dominante na Europa de sua época. Teriam os fracos, então, triunfado sobre os fortes? E se o cristianismo havia triunfado, não deveria ele, portanto, ser na realidade a moral mais forte? Como, então, poderia ser repudiado como uma moral de fraqueza? Além disso, se o único critério do que é "bom" é o poder, não se deveria chamar toda força vitoriosa de "boa" simplesmente por ser vitoriosa? Não seria isso a "admiração escancarada pelo sucesso" que ele condenara em Hegel? Nietzsche só responderia essas questões quando viesse a perceber que o homem também poderia desejar o *nada*. Ele atribuía a esse desejo a origem do niilismo: um indivíduo, uma nação, uma civilização desprovida de metas positivas destrói a si mesma desejando a última coisa que resta a desejar em seu poder – sua própria destruição; e preferirá desejar isso a não desejar *nada*. Agora Nietzsche tem autoridade para distinguir entre diferentes morais vitoriosas: o fato de uma determinada moral ter se estabelecido não significava que fosse um mecanismo para promover o poder – poderia ser uma moral niilista, e seu triunfo, o triunfo de uma vontade de nada. Portanto, ele agora começava a falar em moral de "promoção da vida" ou "ascendente" e moral de "negação da vida" ou "decadente", e era capaz de condenar esta última sem se contradizer.

Agora a teoria da vontade de poder está completa, e temos condições de entender o sentido das máximas mais conhecidas de *Além do bem e do mal* e da *Genealogia*.

Continuando a expor todas as suas ideias ao mesmo tempo, como fizera desde *Humano, demasiado humano*, Nietzsche volta a enfatizar que o conflito e a disputa constituem a base da vida, e que os bons impulsos resultam dos maus:

> Toda a psicologia, até hoje, permaneceu ancorada a preconceitos e temores: não se aventurou a descer às profundezas. Conceber a psicologia como morfologia e *teoria da evolução da vontade de poder*, como eu a concebo – nunca passou pela cabeça de mais ninguém: (...) O poder dos preconceitos morais penetrou fundo no mundo intelectual, aparentemente o mais frio e menos preconceituoso: (...) Uma fisiopsicologia autêntica deve lutar contra uma resistência inconsciente no coração do investigador; ela tem "o coração" contra si: até mesmo uma teoria sobre a dependência mútua entre os "bons" e os "maus" instintos provoca, como uma imoralidade mais sutil, desgosto e aversão numa consciência ainda corajosa e forte – e mais ainda uma teoria de que os bons instintos resultam dos maus. Porém, quando alguém considera até mesmo emoções como ódio, inveja, cobiça e ânsia de poder como emoções condicionantes para a vida, como algo que deve estar presente de modo fundamental e essencial na economia geral da vida, e que consequentemente deve ser promovido se for para promover a vida – essa conclusão o fará sofrer como o enjoo do mar. (JGB/BM 23)

> Esse algo imperioso que as pessoas chamam de "espírito" quer ser e sentir-se senhor, em si e ao redor de si: (...) Suas necessidades e capacidades são as mesmas que os fisiólogos atribuem a tudo que vive, cresce e se multiplica

> (...) Seu objetivo é a incorporação de novas "experiências", (...) crescimento; mais precisamente, a *sensação* de crescimento, a sensação de maior poder. (JGB/BM 230)
>
> (...) a própria vida é *essencialmente* apropriação, ofensa, sujeição do que é estranho e mais fraco, opressão, austeridade, imposição de suas próprias formas, incorporação e, na melhor das hipóteses, exploração – (...) Até mesmo um organismo em que (...) os indivíduos se tratem como iguais (...) terá – se for um organismo vivo, e não moribundo – de fazer a outros organismos tudo que seus membros não fazem uns aos outros: terá de ser a vontade de poder encarnada (...) não por causa de alguma moralidade ou imoralidade, mas porque está *vivo*, e porque a vida *é* precisamente vontade de poder. (JGB/BM 259)

Particularmente interessante nesse aspecto é sua posição quanto à raça:

> O homem de uma era de dissolução em que as raças se misturam umas com as outras, e que, portanto, traz dentro de si a herança de uma linhagem diversificada, ou seja, impulsos e valores mais do que contraditórios, que muitas vezes brigam entre si e raramente fazem as pazes – esse homem de cultura tardia e luzes veladas será, em geral, um homem bastante fraco: seu desejo fundamental é que chegue ao fim a guerra que ele *é* (...) Porém, se a contradição e a guerra atuam sobre tal natureza como um estímulo e um atrativo a *mais* para a vida – e se, por outro lado, foi herdada e desenvolvida (...) a devida maestria e sutileza para conduzir essa guerra consigo mesmo: surgem, então, aqueles homens maravilhosamente incompreensíveis e inexplicáveis, aqueles homens enigmáticos predestinados a vencer e seduzir os outros, cujos melhores exemplos são Alcebíades e César (– aos quais eu gostaria de acrescentar aquele que, para o meu gosto, foi o *primeiro* europeu, Frederico II de Hohenstaufen) e, entre os artistas, talvez Leonardo da Vinci. (JGB/BM 200)

Antes que os nazistas se apropriassem do nome dele, praticamente não havia dúvidas de que Nietzsche se opunha ao "racismo" e que o "*Übermenschen*" poderia surgir em qualquer lugar, em qualquer povo. Suas ideias sobre uma "raça superior", que serão abordadas mais adiante, simplesmente fazem parte de sua teoria geral sobre o progresso da civilização por meio do conflito: num passado distante, diferentes raças entraram em conflito; uma triunfou sobre a outra e se tornou, em relação à raça derrotada, uma raça superior; a derrotada se tornou, em relação a seus conquistadores, uma raça escrava. Ele nunca menciona *a* raça superior, e claramente nunca imaginou que existisse uma raça superior a todas as outras. (Mesmo que tivesse imaginado, diga-se de passagem, dificilmente teria identificado os alemães como sendo essa raça.) Ele nunca usa o termo no sentido de "raça pura": para Nietzsche uma "raça" era um grupo de pessoas que, tendo vivido em conjunto por um longo tempo, tinham certas necessidades e características em comum; e era nesse sentido que antecipava o surgimento de uma "raça europeia", que esperava que pudesse se igualar em importância à mais célebre de todas as "raças mistas", a dos gregos. Mas sua oposição ao racismo não era apenas um viés temperamental, ou uma expressão ocasional de um ponto de vista. Qualquer filosofia que coloque o conflito no centro das coisas e veja nele o caminho para a perfeição deve virar as costas para a "raça pura" como sendo puro absurdo. O pressuposto de tal filosofia deveria ser a mistura racial; e o fato de que os gregos eram sabidamente uma mistura caótica de raças parecia fornecer o tipo de evidência que ele precisava de que a cultura superior nasce do conflito.

A análise da visão de Nietzsche sobre a raça conduz à sua famosa tipologia da moral e à sua defesa de uma ética "aristocrática":

> Num percurso pelas várias morais, das mais refinadas às mais grosseiras, que já imperaram e continuam imperando na terra, encontrei certos traços comuns que se repetem regularmente: até que, por fim, revelaram-se dois tipos básicos em que se destaca uma diferença fundamental. Há uma *moral dos senhores* e uma *moral dos escravos* – de imediato acrescento que, em todas as culturas superiores e mais misturadas, evidenciam-se tentativas de mediação entre as duas morais e, mais frequentemente, confusão entre elas e incompreensão mútua, e às vezes sua dura coexistência – inclusive num mesmo homem, no interior de uma *única* alma. Surgiram vários juízos morais de valor, tanto entre a classe dominante (...) como entre os dominados, os escravos e dependentes (...) No primeiro caso, quando os dominantes definem o conceito de "bom", os estados de alma elevados e orgulhosos é que são considerados distintos e determinantes da hierarquia. O homem nobre afasta de si os seres em que o oposto desse orgulho e elevação se manifesta: ele os despreza. Deve-se logo notar que, nesse primeiro tipo de moral, a antítese "bom" e "ruim" significa o mesmo que "nobre" e "desprezível" – a antítese entre "bom" e "*mau*" tem outra origem. O covarde, o medroso, o mesquinho e os que pensam estritamente na utilidade são desprezados, assim como o desconfiado, (...) os que se rebaixam, o tipo de homem que se deixa maltratar como um cão, que é servil e bajulador, e sobretudo o mentiroso – é uma crença fundamental entre os aristocratas que as pessoas comuns são mentirosas (...) Está evidente que as determinações morais de valor foram aplicadas inicialmente aos *homens*, e só depois, por derivação, às *ações:* (...) O homem de espécie nobre se sente *ele próprio* o determinante dos valores; não precisa de aprovação; ele julga: "O que me prejudica é prejudicial em si", (...) ele *cria valores* (...) uma moral assim é glorificação de si mesmo. Em primeiro plano está a sensação de plenitude, de poder que quer transbordar, a felicidade da tensão elevada (...) O homem nobre honra em si

> o poderoso, e também o que tem poder sobre si mesmo, que sabe falar e calar, que gosta de praticar a severidade e o rigor consigo mesmo e reverencia tudo que é severo e rigoroso (...) São os poderosos que *entendem* de honrar, essa é a arte deles, seu campo de invenção. A profunda referência pelo que é antigo e tradicional (...) e o preconceito contra os descendentes em favor dos antepassados são típicos de uma moral dos poderosos; e quando homens de "ideias modernas" acreditam quase instintivamente no "progresso" e no "futuro" e demonstram uma crescente falta de respeito pelo passado, isso revela de forma clara o bastante a origem ignóbil dessas "ideias" (...) É diferente com o segundo tipo de moral, a *moral dos escravos*. Supondo-se que os maltratados, oprimidos, sofredores, prisioneiros, cansados e inseguros de si moralizassem: o que seus juízos morais de valor teriam em comum? Provavelmente expressariam uma desconfiança pessimista quanto à situação do homem como um todo, talvez uma condenação do homem juntamente com sua situação. O escravo suspeita das virtudes dos poderosos: ele é cético e desconfiado (...) de tudo de "bom" que é honrado por eles (...) Por outro lado, as qualidades que servem para aliviar a existência dos que sofrem ganhariam destaque e enorme visibilidade: aqui a compaixão, a mão que socorre e afaga, o coração acolhedor, a paciência, a diligência, a humildade e a cordialidade teriam lugar de honra – pois são, aqui, as qualidades mais úteis e praticamente o único meio de suportar o fardo da existência. A moral dos escravos é essencialmente utilitária. Eis aqui a origem da famosa antítese entre "bom" e "*mau*" – considera-se que o mau envolve poder e periculosidade, algo de terrível, e uma sutileza e força que não podem ser desprezadas. (JGB/BM 260)

O conceito de "moral de senhores e escravos" é uma tentativa de explicar como juízos morais contrários são possíveis. Antes de tentar enxergar exatamente o que está implícito nesta passagem, vejamos esses trechos da *Genealogia* que constituem uma elaboração e extensão dela:

> (...) o juízo de "bom" *não* se originou daqueles a quem se demonstrou bondade! Foram os próprios "bons", ou seja, os nobres, poderosos, superiores em posição e pensamento, que sentiram e definiram a si próprios e aos seus atos como bons, isto é, de primeira ordem, em contraposição a tudo que era inferior, vulgar, comum e plebeu. Foi desse *páthos da distância* que tomaram para si o direito de criar valores e lhes cunhar nomes: de que importava para eles a utilidade? (...) O *páthos* da nobreza e da distância (...), a prolongada e dominadora sensação de unidade por parte de uma classe superior dominante em relação a uma classe inferior (...) – *essa* é a origem da antítese entre "bom" e "ruim". (GM/GM I, 2)
>
> O que me indicou o caminho *correto* foi a pergunta: etimologicamente, qual é o verdadeiro significado dos termos cunhados para "bom" nas várias línguas? Descobri que todos remetiam à *mesma transformação conceitual* – que, em toda parte, "nobre", "aristocrático" no sentido social é o conceito

básico a partir do qual se desenvolveu necessariamente "bom" no sentido de "com espírito aristocrático", "nobre", "espiritualmente superior", "espiritualmente privilegiado": uma evolução que ocorre sempre de forma paralela àquela outra que acaba por transformar "comum", "plebeu", "inferior" no conceito de "ruim" (...) No que se refere a uma genealogia da moral, isso me parece uma percepção *fundamental*. (GM/GM I, 4)

A revolta dos escravos na moral começa quando o *ressentimento* (...) se torna criativo e gera valores (...) Enquanto toda moral nobre se desenvolve a partir de uma triunfante afirmação de si mesmo, a moral escrava diz Não, logo de início, ao que é "externo", ao que é "diferente", ao que "não é si mesmo": e esse Não é o seu ato criador (...) sua ação é (...) reação (...) O homem de ressentimento (...) concebeu "o inimigo mau", "*o mau*", e na verdade este é seu conceito básico, a partir do qual desenvolve depois, como uma imagem equivalente e contrária, um "bom" – ele próprio! (GM/GM I, 10)

Isso é (...) exatamente o contrário do que faz o homem nobre, que concebe o conceito básico de "bom" espontaneamente (...) em seu interior, e só depois cria para si o conceito de "ruim". Este "ruim" de origem nobre e aquele "mau" que vem do caldeirão de ódio insatisfeito (...) como são distintas essas palavras, "ruim" e "mau", embora aparentemente as duas sejam opostas ao mesmo conceito de "bom". Mas *não é* o mesmo conceito de "bom": devemos nos perguntar exatamente *quem* é o "mau" no sentido da moral do ressentimento. A resposta, com todo o rigor, é: *exatamente* o "homem bom" da outra moral, exatamente o homem nobre, poderoso, o que domina. (GM/GM I, 11)

Não há como não ver no cerne de todas essas raças nobres o animal de rapina, a magnífica *besta loura*, rondando avidamente em busca de espólio e vitória; de tempos em tempos, este cerne oculto precisa irromper, o animal tem de sair e voltar para a vida selvagem: a nobreza romana, árabe, germânica, japonesa, os heróis homéricos, os vikings escandinavos – todos tinham essa necessidade. Foram as raças nobres que deixaram o conceito de "bárbaro" por onde passaram. (GM/GM I, 11)

Encaro a má consciência como a grave doença que o homem foi levado a contrair sob a pressão da mudança mais profunda que já sofreu – a mudança que ocorreu quando ele se viu finalmente preso entre as muralhas da sociedade e da paz (...) Todos os instintos que não são exteriorizados *voltam-se para dentro* – (...) foi assim que o homem desenvolveu o que depois chamou de sua "alma". Todo o mundo interior (...) ganhou profundidade, largura e altura, na medida em que a exteriorização foi *inibida*. Aqueles terríveis baluartes com que a organização social se protegia dos velhos instintos de liberdade (...) fizeram com que todos os instintos do homem que vagavam de forma livre e selvagem se voltassem *contra o próprio homem*. A hostilidade, a crueldade, o gosto pela perseguição, pelo ataque, pela mudança, pela

> destruição – tudo isso se voltou contra os possuidores desses instintos: *essa* é a origem da "má consciência". (GM/GM II, 16)

> (...) o "Estado" mais antigo (...) surgiu como uma terrível tirania e continuou atuando até que essa matéria-prima humana e semianimal fosse (...) *moldada*. Eu usei o termo "Estado": está evidente a que me refiro – algum bando de bestas louras predadoras, uma raça de conquistadores e senhores que, orientada para a guerra e com capacidade de organização, sem hesitar coloca suas garras terríveis numa população talvez imensamente superior em número, mas ainda amorfa e nômade. Foi assim que começou o "Estado" na terra (...) Eles não sabem o que é culpa, responsabilidade, respeito, esses organizadores natos (...) Não foi *neles* que surgiu a "má consciência", isso é óbvio – mas ela não teria surgido *sem eles*, (...) ela não existiria se uma imensa dose de liberdade não tivesse sido expulsa do mundo, ou pelo menos se tornado invisível e, por assim dizer, *latente*, sob as marteladas deles. Esse *instinto de liberdade* que se fez latente à força (...) é o princípio da *má consciência*. (GM/GM II, 17)

> Deve-se evitar dar pouca importância a esse fenômeno por ser, logo de início, feio e doloroso. Pois, no fundo, a mesma força que atua de forma mais grandiosa naqueles artistas e organizadores poderosos, construindo Estados, que aqui, internamente (...) no "labirinto do peito" (...) torna-se uma má consciência, é aquele mesmo *instinto de liberdade* (na minha linguagem: vontade de poder); só que a matéria sobre a qual essa (...) força atua, aqui, é o próprio homem, todo o seu velho eu animal – e *não* (...) *outros* homens. (GM/GM II, 18)

> A má consciência é uma doença, não há dúvida quanto a isso, mas uma doença tanto quanto a gravidez é doença. (GM/GM II, 19)

A primeira coisa a observar é que Nietzsche explica a "classe" em termos de "raça". A classe dominante, acredita ele, são os descendentes da raça conquistadora, e a classe dominada, os da raça conquistada; com o tempo, as diferenças raciais desapareceram – em parte devido à miscigenação, mas sobretudo porque a "raça" é basicamente um conjunto de características compartilhadas por pessoas que viveram em conjunto no mesmo local por um longo tempo – mas a relação de poder se manteve. Então a aristocracia se tornou racialmente indistinta das pessoas comuns – na verdade, eram uma única raça – e o conceito de "classe" surgiu para explicar a relação de poder entre os dominantes e os dominados. É por meio dessa relação de poder que ele procura explicar a origem dos tipos opostos de moral, da "alma", da má consciência, dos sentimentos de culpa, e assim por diante. O objetivo é usar a teoria da vontade de poder como aquele "único tipo de causalidade" exigido pelo método da lógica.

Como a "moral dos escravos" é basicamente uma reação contra uma vida de sofrimento, contra a vida concebida *como* sofrimento, ela é uma moral de "negação da vida"; ela é protetora, ela repele, diminui a vitalidade; em sua forma extrema torna-se uma fuga búdica da realidade, uma sensibilidade mórbida à dor que sofre tanto com a vida quanto com uma doença; ele reconhece em Schopenhauer o filósofo que levou essa tendência aos últimos limites. Contra essa tendência, estabelece um ideal oposto:

> (...) o ideal do homem mais exuberante, mais cheio de vida e mais afirmador do mundo, que não só aprendeu a se adaptar e lidar com tudo aquilo que existiu e existe, como quer voltar a tê-lo *como existiu e existe* por toda a eternidade, gritando insaciavelmente "*da capo*" não só para si mesmo, mas para toda a peça e o espetáculo (...). (JGB/BM 56)

Este é o significado emocional do retorno: é a forma mais extrema de aceitação da vida; isto é, aceitação não apenas do que a vida tem de bom, mas também do que tem de ruim:

> Vocês querem, se possível, (...) *abolir o sofrimento*; e quanto a nós? – parece, realmente, que *nós* queremos aumentá-lo e torná-lo pior do que jamais foi! (...) A disciplina do sofrimento, do *grande* sofrimento – vocês não sabem que foi unicamente essa disciplina que gerou toda elevação do homem, até agora? Aquela tensão da alma no infortúnio que lhe transmite sua força, seu terror diante de grande destruição, sua inventividade e bravura ao suportar, resistir, interpretar e explorar o infortúnio, assim como tudo que lhe foi concedido de profundidade, mistério, máscara, espírito, astúcia e grandeza – não lhe foi dado por meio do sofrimento, sob a disciplina do grande sofrimento? No homem, a *criatura* e o *criador* estão unidos: no homem há matéria, fragmento, excesso, barro, lama, insensatez, caos; mas no homem há também o criador, o escultor, a dureza do martelo, o divino espectador e o sétimo dia – vocês entendem essa antítese? E que a *sua* compaixão é pela "criatura no homem", por aquilo que tem de ser moldado, partido, forjado, dilacerado, queimado, posto em brasa, depurado – aquilo que tem de *sofrer* e *deve* sofrer? (JGB/BM 225)

Somente sob o signo do super-homem é possível compreender a defesa que Nietzsche faz da "aristocracia":

> Toda elevação da espécie "homem", até hoje, foi obra de uma sociedade aristocrática – (...) uma sociedade que acredita numa longa sequência de níveis hierárquicos e diferenças de valor entre os homens, e que precisa da escravidão de uma forma ou de outra. Sem o *páthos da distância* que surge da arraigada diferença entre as classes (...) jamais teria surgido aquele outro *páthos*, mais misterioso, aquele anseio de ampliar cada vez mais a distância

> no interior da própria alma, a formação de estados mais elevados, raros, remotos, amplos e abrangentes, em suma, exatamente a elevação da espécie "homem", a contínua autossuperação do "homem", para usar uma fórmula moral num sentido supramoral. (JGB/BM 257)

> O essencial numa aristocracia boa e sadia é (...) que ela *não* se sinta como uma função (de uma monarquia ou comunidade), mas como seu *sentido* e sua justificativa mais elevada - que aceite, portanto, sem peso na consciência o sacrifício de inúmeros homens que, *por sua causa*, devem ser reprimidos e reduzidos a homens imperfeitos, escravos, instrumentos. Sua crença fundamental tem de ser a de que a sociedade *não* deve existir para o bem da própria sociedade, mas apenas enquanto alicerce e andaime pelo qual uma seleta classe de seres possa subir até (...) uma *existência* superior. (JGB/BM 258)

A lógica dessa postura, considerando-se tudo o que a antecedeu, é inexorável; assim como - infelizmente para Nietzsche - a sua irrealidade. É pouco provável que ele próprio acreditasse que tal aristocracia fosse possível; certamente, ela não é apresentada como uma imagem de alguma aristocracia existente de fato. A dificuldade, porém, não é incontornável; ela deriva sobretudo da linguagem arcaica aqui empregada por Nietzsche, e da condição social ultrapassada que ela evoca. A *ideia* por trás disso é aquela que, como vimos, constituiu a base de todo o seu pensamento: a de que a existência em si não é significativa, e o homem não pode obter nenhum significado sendo uma função dela; o próprio homem deve *se tornar* o significado e a justificativa da existência.

CAPÍTULO 13
O ANO DE 1888

– A: Você está se afastando cada vez mais depressa dos vivos: eles logo o riscarão de sua lista!
– B: É a única forma de compartilhar do privilégio dos mortos.
– A: Que privilégio?
– B: Não morrer mais.
(FW/GC 262)

1

A cronologia das viagens de Nietzsche durante o ano de 1888 é tão simples quanto a dos anos anteriores. Ele ficou em Nice até 2 de abril, quando partiu para Turim, chegando no dia 5 e permanecendo na cidade até 5 de junho. Ficou encantado com ela e decidiu que seria "minha *Residenz* de agora em diante". No verão foi para Sils-Maria e ficou lá até 20 de setembro, quando regressou a Turim. Com excessão de uma recaída em meados do verão, ele sentia que sua saúde havia melhorado; estava com o espírito mais leve, e encontrava um prazer no trabalho que superava tudo que conhecera antes. Se o seu "conhecimento médico" fosse tal como afirmava, ele poderia ter reconhecido os sintomas e talvez, mesmo nesse estágio avançado, feito alguma coisa para evitar ou retardar as últimas consequências: mas não fez nada e, muito provavelmente, nem percebeu que havia algo a ser feito. Acreditou piamente em sua "recuperação", que era apenas um prelúdio enganoso ao colapso total: quando deixou Turim em 9 de janeiro de 1889, ele já havia perdido irremediavelmente a sanidade mental – "uma ruína que só um amigo poderia reconhecer"[80].

80. Carta de Overbeck a Gast, 11 de janeiro de 1889.

Seu declínio em direção à insanidade tomou a forma de uma sensação de euforia cada vez mais intensa, que finalmente culminou na megalomania. Em fevereiro, suas cartas já revelavam que a supercompensação dos anos anteriores começava a ganhar cores um tanto exageradas: ao escrever para Seydlitz no dia 12, por exemplo, ele afirma:

> Cá entre nós – não é impossível que eu seja o primeiro filósofo desta era, talvez até um pouco mais que isso, (...) algo decisivo e fatal que se ergue entre dois milênios.

Em maio ele conhecia uma sensação de bem-estar que o lançava em gritos de êxtase: "Maravilha das maravilhas", escreveu ele a Seydlitz no dia 13, "tive uma primavera especialmente *alegre* até agora. A primeira em dez, quinze anos – talvez até mais!". Sua condição só foi piorar no fim do outono, quando a velocidade do declínio se tornou catastrófica. Em seu 44º aniversário (15 de outubro) ele escreveu o pequeno trecho "*An diesem vollkommnen Tage*" que colocou entre o Prefácio e o primeiro capítulo de *Ecce Homo* e que, em sua alegria exaltada, é a mais patética de suas obras:

> Neste dia perfeito, em que tudo amadurece e não só as uvas ganham um tom mais escuro, um raio de sol caiu sobre minha vida: olhei para trás, olhei para a frente, e jamais vi tantas coisas tão boas ao mesmo tempo. Não foi em vão que enterrei hoje o meu quadragésimo quarto ano, eu *podia* enterrá-lo – a vida que havia nele está salva, é imortal.

Tudo, pensava ele, estava correndo agora como deveria: logo estaria desfrutando a recompensa por tantos anos de esforço; e o mais trágico é que, se não sobreviesse o seu colapso, isso teria sido verdade.

O ano de 1888 foi não apenas o seu último ano em atividade, como também o primeiro de sua celebridade. Ele fingia menosprezar a fama e um grande número de leitores, mas na realidade ansiava por eles com uma paixão ainda mais intensa por ter sido constantemente frustrada. Sua afirmação de que suas obras eram para *poucos* – "pouquíssimos", diz ele no Prefácio de *O anticristo*, "talvez nenhum deles sequer esteja vivo, ainda" – é uma precaução contra decepções; em todo o caso, é um paradoxo demasiado flagrante e inadmissível que ele, o mais legível dos filósofos, desejasse não ser lido. Havia nele, pelo contrário, muito de publicitário: formulava seus conceitos de maneira calculada para chocar e ofender, e essas táticas mostraram tanto êxito posteriormente que, em alguns círculos, ele foi responsabilizado pela Primeira *e* pela Segunda Guerra Mundial.[81] A incom-

---

81. Não há espaço aqui para discutir o argumento de que Nietzsche teria sido o filósofo do militarismo alemão e, posteriormente, do nazismo; se o leitor acreditar, ainda que em linhas gerais,

preensão pode tê-lo deixado triste ou furioso – mas como teria adorado a notoriedade! Do modo como foi, ele vivenciou apenas o seu início: "A todas as tragédias da vida de Nietzsche", escreveu o crítico e historiador literário dinamarquês Georg Brandes no obituário sobre ele, "soma-se esta: após ansiar por reconhecimento a um ponto quase doentio, ele o atingiu num grau absolutamente extraordinário quando, embora ainda vivesse, era excluído da vida."[82].

Em 1º de janeiro de 1888, a edição de domingo do jornal *Der Bund*, de Berna, trouxe um artigo de Carl Spitteler que foi a primeira resenha sobre a obra de Nietzsche como um todo a ser publicada em algum lugar. Brandes já se correspondia com Nietzsche, e em 3 de abril escreveu dizendo que pretendia fazer uma série de palestras na Universidade de Copenhague traçando um esboço de sua filosofia:

> Ontem, [dizia ele,] quando (...) peguei um de seus livros, subitamente me deu um certo mal-estar o fato de ninguém saber nada a seu respeito aqui na Escandinávia, e logo me decidi a torná-lo conhecido de uma vez.

As palestras foram um sucesso, contou Brandes, e Nietzsche se refere a elas várias vezes em suas cartas no resto do ano: obviamente, estava muito satisfeito que alguém finalmente o tivesse notado. Na verdade, Brandes era a primeira figura de renome internacional a reconhecer a qualidade de Nietzsche, e as palavras iniciais de seu *Ensaio sobre o radicalismo aristocrático* (1889) – "Friedrich Nietzsche me parece ser o escritor mais interessante da literatura alemã atualmente" – foram a primeira crítica adequada que ele recebera na imprensa.

Brandes tentava despertar o interesse dele por Kierkegaard e Strindberg; mas já era tarde demais para que Nietzsche tirasse algum proveito desses ou de qualquer outro escritor, e sua breve correspondência com Strindberg é marcada por sinais de insanidade incipiente de *ambas* as partes.

Além disso, ele começava a encarar seriamente a questão da divulgação de sua obra. Todos os escritos daquele ano destinavam-se a ser publicados em várias línguas – ele pensava em Strindberg para traduzir *Ecce Homo* – e tinha

---

na interpretação dele oferecida neste livro, de qualquer modo o argumento deve cair por terra. A primeira acusação baseia-se numa interpretação equivocada do que ele queria dizer com "poder", e a última, na aceitação acrítica do que os escritores nazistas disseram a seu respeito, sendo que ambas pressupõem ignorância do que ele próprio escreveu.

82. Reproduzido em BRANDES, G. *Friedrich Nietzsche*. Londres, 1914. p. 103.

a ideia de se tornar o único proprietário de toda sua produção. Quando Fritzsch adquiriu os direitos de todas as suas obras até *Zaratustra*, Nietzsche estipulara que ele mesmo publicaria qualquer livro futuro, e para isso entrou em acordo com a C. G. Naumann; embora o nome da Naumann apareça na folha de rosto das obras posteriores, na verdade a empresa não era tecnicamente a editora, e sim a gráfica, sendo editor o próprio Nietzsche. Nessas circunstâncias é que foram publicados *Além do bem e do mal* e a *Genealogia*. No início de 1888 Nietzsche tinha praticamente esgotado o seu capital, e seus amigos começaram a se mobilizar para ajudá-lo: Deussen lhe enviou dois mil marcos (possivelmente com a ajuda de Paul Rée) e Meta von Salis lhe deu mil francos, e com esse dinheiro ele pagou a publicação de *O caso Wagner* em setembro.

Além de ser editor de Nietzsche e de Wagner, Fritzsch também publicava o semanário *Musikalisches Wochenblatt*, e a edição de 25 de outubro trazia uma resposta a *O caso Wagner* assinada por Richard Pohl e intitulada *O caso Nietzsche*. Nietzsche ficou – ou fingiu ter ficado – furioso com o fato de Fritzsch ter permitido que atacassem um de seus próprios autores, e lhe escreveu um bilhete curto e grosso:

> Quanto você quer por toda a minha literatura? *In aufrichtiger Verachtung*[83] Nietzsche.

Fritzsch respondeu: onze mil marcos. Nietzsche resolveu levar a sério a resposta e pediu conselho aos irmãos Naumann; a visão deles era que, com as palestras de Brandes e uma certa polêmica jornalística envolvendo o seu nome, deveria haver um grande aumento nas vendas dos seus livros; se ele conseguisse levantar o dinheiro necessário, estaria adquirindo a posse exclusiva de toda a sua obra no momento certo. Devido a esse conselho, ele escreveu a um procurador na Basileia sobre a possibilidade de levantar um empréstimo.

Essa maior atividade, porém, era basicamente um efeito da crescente agitação que sentia por dentro. Daquele excesso de autoestima que era apenas uma manifestação exagerada de um traço que carregara durante anos, ele estava avançando para a total insanidade, e o curso e a velocidade desse avanço podem ser demonstrados mais claramente por uma série de excertos de cartas suas, escritas entre outubro e o fim de dezembro:

83. "Com sincero desprezo", em vez de *In aufrichtiger Verehrung* (= com sincero respeito), uma forma comum de encerrar uma carta.

Para Malwida, em 18 de outubro (em resposta ao protesto dela contra *O caso Wagner*):

> Essas são coisas sobre as quais não admito contradição. Em matéria de *décadence*, sou a autoridade suprema na face da terra atualmente.

Para Overbeck, na mesma data:

> Sou agora o homem mais agradecido do mundo – estou em clima de *outono* no melhor sentido da palavra: chegou meu grande *período de colheita*. Tudo se torna fácil para mim, tudo vai bem, embora ninguém jamais tenha tido coisas tão grandiosas nas mãos como eu. Comunico-lhe com um sentimento para o qual não tenho palavras que o *primeiro* livro da *Transvaloração de todos os valores* está concluído e pronto para impressão (...) Desta vez, como um velho artilheiro[84], apresento minha arma de maior calibre: com ela, receio partir ao meio a história da humanidade.

Para Gast, em 30 de outubro:

> Acabo de me olhar no espelho – nunca tive tão bom aspecto como agora: com excelente humor, bem nutrido e aparentando dez anos menos do que o esperado.

Para Malwida, em 5 de novembro (em resposta a sua réplica à carta enviada por ele em 18 de outubro):

> Basta esperar um pouco, caríssima amiga! Vou lhe enviar mais uma prova de que *"Nietzsche est toujours haïssable"*. Sem dúvida alguma, não tenho sido *honesto com você*; mas como sofro de um excesso de honestidade neste outono, na verdade ser desonesto me faz bem (...) O "Imoralista".

Para Overbeck, em 13 de novembro:

> (...) as pessoas aqui [em Turim] me tratam *comme il faut*, com a maior distinção; abrem as portas para mim de uma certa maneira que jamais vi em outros lugares.

Para Strindberg, em 7 de dezembro:

> Agora algumas palavras cá entre nós, só entre nós! Quando recebi sua carta ontem – a primeira que recebi na vida – eu tinha acabado de concluir a revisão final do manuscrito de *Ecce Homo*. Como não existem mais acasos em minha vida, isso não aconteceu por acaso. Por que escreve cartas que chegam num momento assim? –

Para Gast, em 9 de dezembro:

> Agora um assunto *sério*. Caro amigo, quero de volta *todos* os exemplares do *quarto* [da quarta parte de] Zaratustra, a fim de preservar seu *ineditum* contra todas as vicissitudes da vida e da morte (– Eu o li ontem e quase perdi

84. Ele está se referindo ao período de um ano em que prestou serviço militar, entre 1867 e 1868.

> os sentidos de emoção.) Se eu o publicar depois de algumas décadas de crises histórico-mundiais – guerras! – aí, sim, será o momento *adequado*. Por favor, vasculhe sua memória para se lembrar *quem* tem esses exemplares.

Para Carl Fuchs (crítico musical), em 18 de dezembro:

> Tudo está correndo maravilhosamente. Jamais vivi nada parecido com este período desde o início de setembro até hoje. A mais insólita das tarefas parece brincadeira; minha saúde, assim como o clima, apresenta todos os dias um brilho e uma alegria irresistíveis.

Para sua mãe, em 21 de dezembro:

> Felizmente, agora estou à altura de tudo que minha tarefa exige. Minha saúde está excelente; as tarefas mais difíceis, para as quais nenhum homem jamais foi forte o bastante, tornam-se fáceis para mim.

Para Overbeck, no Natal:

> Caro amigo, precisamos resolver logo o assunto com Fritzsch [a compra dos direitos sobre os livros de Nietzsche], pois em dois meses serei o primeiro nome da terra (...) É extraordinário o fascínio que exerço sobre as pessoas aqui em Turim (...) Quando entro num estabelecimento, o rosto das pessoas se transforma; as mulheres olham quando passo na rua, – a vendedora que me atende guarda para mim as uvas mais doces, e ainda me *dá um desconto.*

Para Overbeck (recebida em 28 de dezembro):

> Estou trabalhando num memorando para as cortes europeias sugerindo a formação de uma liga antialemã. Quero aprisionar o "Reich" numa camisa de ferro e levá-lo a uma guerra desesperada. Não terei as mãos livres enquanto não tiver nas mãos o jovem Kaiser, *junto* com seus cúmplices.

Para Gast, em 31 de dezembro:

> Ah, amigo, *que* momento! – Quando seu cartão chegou, *o que* eu estava fazendo? (...) Era o famoso Rubicão (...) Já não sei qual é meu endereço: suponhamos que seja em breve o *Palazzo del Quirinale.**

O estado de tensão em que ele vivia não era nem um pouco atenuado pelas cartas quase tão entusiasmadas que recebia de Gast e Strindberg. Gast, que parecia acreditar piamente nas autoproclamações de Nietzsche, achava que o título original escolhido para *Götzen-Dämmerung*, "Ócio de um psicólogo", era "modesto demais" e insistia para que Nietzsche escolhesse um "mais fulgurante, mais esplendoroso". Strindberg lhe escreveu

*. A sugestão de que Nietzsche teria "cruzado o Rubicão" faz referência a um rio atravessado por Júlio César ao entrar ilegalmente em Roma, ato que originou a guerra civil que o tornaria imperador. O Palácio do Quirinal era a residência oficial da monarquia italiana na época (1888), atual sede do governo. (N.T.)

contando que enviara cartas aos quatro ventos dizendo: "Cartago est delenda, lisez Nietzsche".[85]

O colapso definitivo veio na virada do ano: a carta para Gast de 31 de dezembro foi, provavelmente, a última que Nietzsche assinou apenas com seu próprio nome, embora Naumann recebesse uma carta dele em 2 de janeiro de 1889 sem nenhuma indicação de quando foi escrita. No dia 3 ele teve uma crise e, quando recuperou a consciência, já não era mais o Dr. Nietzsche, ex-professor da Universidade da Basileia, e sim uma encarnação do "Deus Sofredor" em suas duas formas mais impressionantes: Dionísio e o Crucificado.

2

Durante o ano de 1888, Nietzsche trabalhou em seis livros curtos: *O caso Wagner*, escrito em maio e publicado em setembro; *Crepúsculo dos ídolos* e *O anticristo*, escritos durantes os meses de agosto e setembro, os *Ditirambos de Dionísio*, alguns dos quais são poemas datados do período de *Zaratustra* e cuja dedicatória (a Catulle Mendès) registra a data de 1º de janeiro de 1889; e *Ecce Homo*, escrito durante o último trimestre do ano.

É natural questionar se alguma dessas obras deve ser desprezada como sendo fruto de um desequilíbrio mental. A resposta não se resume a Sim ou Não; no entanto, ela é bastante clara. Em primeiro lugar, seu conteúdo filosófico coincide com o das obras precedentes: não se introduz nenhuma ideia nova e não se contradiz nada da filosofia que Nietzsche já havia formulado anteriormente. O filósofo não se distanciou de suas ideias, ele as reforçou; a noção de que há alguma falha de intelecto nessas últimas obras, de que seu conteúdo é "sem sentido", é totalmente falsa. Em segundo lugar, sua capacidade de organização não diminuiu em nada; pelo contrário, *O anticristo* é sua mais longa investigação sobre um único tema desde as *Considerações intempestivas*, e vários capítulos de *Crepúsculo dos ídolos* seriam igualmente longos se fossem escritos da mesma forma que as *Considerações*. Isso leva a uma terceira consideração, quanto ao estilo. As obras de 1888 representam a vitória final de Nietzsche sobre a língua alemã: a notória concisão dessas últimas obras é efeito de absoluto controle sobre os meios de expressão. Se existe alguma falha estilística é que os efeitos são intencionalmente calculados de forma demasiadamente óbvia.

---

85. STRECKER, K. *Nietzsche und Strindberg*. Munique, 1921. p. 35.

Em quarto lugar, contudo, como já foi dito, quando Nietzsche deixa a filosofia de lado e escreve sobre si mesmo, sua noção de seu próprio valor ultrapassa os limites do razoável e cai no absurdo – entretanto, nem aqui há qualquer degeneração intelectual: mesmo em *Ecce Homo*, a autoapoteose *praticamente* se reduz a um desejo de explorar ao máximo a enorme capacidade de eloquência da *linguagem*. Na verdade, os trechos mais perturbadores não são aqueles que contêm as frases bombásticas mais conhecidas, e sim aqueles em que Nietzsche, tranquilamente, atribui a si mesmo habilidades impossíveis:

> Sou dotado de um instinto de limpeza com uma sensibilidade tão inquietante, que consigo perceber fisiologicamente – pelo *cheiro* – (...) as "entranhas" de cada alma. (EH/EH I, 8)
>
> Minha humanidade é uma eterna superação de mim mesmo. (EH/EH I, 8)
>
> Só eu tenho o critério das "verdades" em meu poder. (EH-GD/EH-CI 2)

O conteúdo filosófico dessas últimas obras é uma repetição de forma breve e descomprometida dos pontos de vista que Nietzsche defendeu de *Humano, demasiado humano* em diante. O que mais se destaca é a ênfase em sua afirmação fundamental de que o mundo metafísico é desprovido de qualquer realidade – uma afirmação que constituiu a base de sua teoria sobre o eterno retorno:

> Heráclito sempre terá razão quanto a isso, que o ser é uma ficção vazia. O único mundo é o "aparente": o "mundo verdadeiro" não passa de uma *mentira acrescentada [hinzugelogen]*. (GD/CI III, 2)
>
> A (...) idiossincrasia dos filósofos (...) de inverter o último e o primeiro. Eles colocam no início, *como sendo* o início, o que vem no fim, (...) os "conceitos superiores", isto é, os mais gerais, os mais vazios, os últimos eflúvios da realidade que se evapora. Isso é (...) apenas uma expressão do seu modo de reverenciar: o superior não *pode* nascer do inferior, não *pode* nascer de coisa alguma (...) Moral: tudo que é de primeira ordem deve ser *causa sui* (...) Assim eles chegaram a seu formidável conceito de "Deus" (...) O último, o mais tênue, o mais vazio, é colocado em primeiro lugar, como causa em si, como *ens realissimum*. (GD/CI III, 4)
>
> Os motivos pelos quais "este" mundo foi designado como "aparente" determinam, em vez disso, a sua realidade – qualquer *outro* tipo de realidade é absolutamente indemonstrável (...) As características atribuídas ao "verdadeiro ser" das coisas são as características do não ser, do *nada* – o "mundo verdadeiro" foi construído a partir da contradição com o mundo real (...) Falar em "outro" mundo não faz o menor sentido, a menos que tenhamos dentro de nós um forte instinto de caluniar, depreciar e suspeitar da vida:

> neste caso nos *vingamos* da vida por meio da fantasmagoria de uma "outra" vida, "melhor" do que esta (...) Dividir o mundo em um "verdadeiro" e um "aparente", seja à maneira do cristianismo ou à maneira de Kant, (...) é somente uma indicação de *décadence* - um sintoma de vida em *declínio*. (GD/CI III, 6)
>
> O espírito puro é pura mentira. (AC/AC 8)
>
> A *mentira* do ideal tem sido, até hoje, a maldição da realidade. (EH/EH Prefácio, 2)

Ele agora vê a história da filosofia como uma gradativa desvalorização do mundo metafísico, até em *sua* filosofia se manifesta o contrassenso de falar em um mundo "verdadeiro" e um "aparente":

> COMO O "MUNDO VERDADEIRO" ACABOU SE TORNANDO UM MITO.
> História de um Erro.
>
> 1. O mundo verdadeiro, atingível ao sábio, ao devoto, ao virtuoso - eles vivem neste mundo, *são* este mundo.
> (Forma mais antiga da ideia, relativamente sensata, simples, convincente. Transcrição da premissa "Eu, Platão, *sou* a verdade" [*Wahrheit*, que corresponde a *wahre Welt* - mundo verdadeiro]).
> 2. O mundo verdadeiro, inatingível no momento, mas prometido ao sábio, ao devoto, ao virtuoso ("ao pecador que se arrepende").
> (Progresso da ideia: ela se torna mais sutil, mais tentadora, mais incompreensível - *torna-se mulher*, torna-se cristã...)
> 3. O mundo verdadeiro, inatingível, indemonstrável, não pode ser prometido, mas, ainda que seja apenas um pensamento, constitui um consolo, uma obrigação, um imperativo.
> (Basicamente o velho sol ao fundo, mas brilhando por meio de névoa e ceticismo; a ideia tornada sublime, pálida, nórdica, königsberguiana [isto é, kantiana]).
> 4. O mundo verdadeiro - inatingível? De qualquer modo, inatingido. E se inatingido, também *desconhecido*. Por conseguinte, não pode ser consolo, nem redenção, nem obrigação: a que poderia nos obrigar algo desconhecido?
> (A penumbra do alvorecer. Primeiros bocejos da razão. Canto do galo do positivismo.)
> 5. O "mundo verdadeiro" - uma ideia que já não serve para nada, nem obriga a nada - uma ideia tornada inútil, supérflua e, *por conseguinte*, refutada: vamos aboli-la!
> (Dia claro; desjejum; retorno da serenidade e *bon sens*; Platão ruboriza de vergonha; todos os espíritos livres irrompem desenfreados.)
> 6. Abolimos o "mundo verdadeiro": que mundo restou? o aparente, talvez? (...) Não! *Ao abolir o mundo verdadeiro, nós abolimos também o aparente!*
> (Meio-dia; momento da mais curta sombra; fim do mais longo erro; zênite da humanidade; INCIPIT ZARATUSTRA.) (GD/CI IV)

A "abolição" do "mundo verdadeiro", claro, é metafórica, assim como é metafórica a "morte" de Deus: ele deixou de ser uma realidade; todo esse drama em seis atos acontece "deste lado" da existência, o único lado que conhecemos ou podemos conhecer. Mas as consequências dessa "abolição" são bem mais graves do que os filósofos imaginavam: se Deus está "morto", o mundo perdeu seu antigo valor; se não existe "além", os pilares que até hoje sustentavam o mundo moral ruíram; se a ideia de um mundo numênico pertence ao mundo dos fenômenos, o mundo fenomênico foi privado do que deveria produzi-lo. Os mundos ético, metafísico e lógico estão arruinados. "Incipit Zaratustra" – Aqui começa Zaratustra – define o próprio posicionamento de Nietzsche enquanto filósofo de uma nova disposição: o homem, privado de todas as suas antigas certezas (erros), deve agora encarar a verdade de que, em toda a existência, não há nada com que possa contar a não ser consigo mesmo; e este é o momento da grande iluminação (meio-dia). O terceiro parágrafo condensa em menos de quarenta palavras a crítica a Kant que Nietzsche vinha conduzindo nesse livro e ao longo de toda a década anterior, e mostra quase de forma ilustrada onde situou a "coisa em si" e o "imperativo categórico" – como uma fase do declínio da ideia de um "além": é bastante significativo que o fato de Königsberg estar situada ao norte responda pela natureza pálida e enevoada do "mundo real" de Kant. O quinto parágrafo contém uma crítica ao seu próprio posicionamento na época de *Humano, demasiado humano*, que tem como subtítulo "Um livro para espíritos livres", quando empregava o termo para descrever a si mesmo e a todos que haviam se libertado dos preconceitos de seu tempo – mas, como afirma agora, sem avaliar completamente as consequências.

Como em *O nascimento da tragédia*, a força criativa é a paixão controlada; e como em *Zaratustra*, o "super-homem" é o homem de forte paixão que "supera" a si mesmo:

> Todas as paixões têm um período em que são meras fatalidades, em que arrastam suas vítimas consigo sob o peso de sua estupidez – e um período posterior, bem mais tarde, em que são conjugadas ao espírito [*Geist*], em que se "espiritualizam". Antigamente, fazia-se guerra contra a paixão em si por causa da estupidez que lhe é inerente: conspirava-se pelo seu extermínio – todos os velhos monstros da moral são unânimes em que "*il faut tuer les passions*". A fórmula mais conhecida para isso encontra-se no Novo Testamento, no Sermão da Montanha (...) [onde] se diz, referindo-se à sexualidade, "se o teu olho te faz tropeçar, arranca-o": felizmente os cristãos não seguem este preceito. *Exterminar* as paixões e os desejos simplesmente para escapar de sua estupidez e suas consequências desagradáveis – isso, por si só, nos parece hoje apenas uma forma aguda de estupidez (...) – A Igreja

combate as paixões com a extirpação em todos os sentidos da palavra: sua prática, sua "cura" é a *castração*. Ela nunca se pergunta: "Como espiritualizar, embelezar, divinizar um desejo?" – sua forma de disciplinar sempre enfatizou a extirpação (da sensualidade, do orgulho, da ânsia de poder, da ganância, do desejo de vingança.) – Mas atacar as paixões pela raiz significa atacar pela raiz a vida. (GD/CI V, 1)

(...) o que é liberdade? Ter a vontade de ser responsável por si mesmo. (...) Tornar-se mais indiferente às dificuldades, ao cansaço, às privações, até mesmo à vida (...) Liberdade significa que os instintos viris que se deleitam com a guerra e a vitória estão predominando sobre os outros instintos – como o de "felicidade", por exemplo (...) Como se mede a liberdade, tanto nos indivíduos como nas nações? Pela resistência que precisa ser vencida, pelo esforço que custa se manter *no alto*. O tipo mais elevado de homem livre deve ser procurado onde a maior resistência é constantemente vencida: a dois passos da tirania, no limiar do risco de escravidão. Isso é psicologicamente verdadeiro quando se entende por "tiranos" instintos terríveis e impiedosos, que exigem de si o máximo de autoridade e disciplina (...) *Primeiro* princípio: é preciso ter necessidade de ser forte, do contrário nunca se chegará a sê-lo. (GD/CI IX, 38)

Eu também falo de um "retorno à natureza", embora não se trate propriamente de uma volta, e sim de uma *ascensão* – em direção a uma natureza e naturalidade elevada, livre, que chega a ser terrível. (GD/CI IX, 48)

Goethe – (...) uma grandiosa tentativa de superar o século XVIII por meio de um retorno à natureza, de uma *ascensão* à naturalidade da Renascença, uma espécie de autossuperação por parte daquele século (...) Ele não ficou à margem da vida, mergulhou nela (...) e carregou sobre si, acima de si e dentro de si o máximo que pôde. A que ele aspirava era a *totalidade*; lutou contra a separação entre razão, sensibilidade, emoção, vontade (...); disciplinou-se para o todo, *criou* a si mesmo (...) Goethe concebeu um ser humano forte, de cultura elevada, que, dominando e reverenciando a si mesmo, ousa se permitir todo o alcance e a riqueza da naturalidade, pois é forte o bastante para essa liberdade; um homem tolerante, não por fraqueza e sim por força, porque sabe usar a seu favor o que poderia destruir uma natureza qualquer; um homem para quem nada é proibido senão a *fraqueza*, seja ela denominada vício ou virtude (...) Um espírito assim *emancipado* encontra-se no meio do universo com um fatalismo alegre e confiante, na *crença* de que só o que é isolado e individual é condenável, de que tudo se redime e afirma no todo – *ele já não nega mais* (...) Mas tal crença é a maior de todas as crenças possíveis: eu a batizei com o nome de *Dionísio*. (GD/CI IX, 49)

Agora o nome de *Dionísio* representa a afirmação de vida do homem que é "forte o bastante para ter liberdade", que pode se permitir todas as liberdades por ter suas paixões sob controle, que é senhor de sua vida e não vítima dela e que, como a alegria consiste em exercer sua própria vontade de poder, aprecia a vida e, consequentemente, afirma-a: "Dionísio" é agora a soma do Dionísio e do Apolo de *O nascimento da tragédia* – o efeito da forte paixão, da forte vontade de poder, controlada por ela mesma, ou seja, *sublimada*.

Compreender isso é compreender o significado da célebre última linha de *Ecce Homo*: "Fui compreendido? – *Dionísio contra o Cruficado*" (EH/EH IV, 9). O "homem dionisíaco" é o "super-homem" – uma "elevação do tipo homem" real e não apenas desejada:

> A humanidade não manifesta uma evolução para algo melhor, mais forte ou mais elevado (...) mais desenvolvimento não significa de maneira *alguma*, necessariamente [o mesmo que] elevação, avanço, fortalecimento. Em outro sentido, nos mais diversos pontos do globo e nas mais diversas culturas, surgem o tempo todo casos particulares em que realmente se manifesta um *tipo superior* – algo que, em relação à humanidade coletiva, é uma espécie de super-homem. Tais ocorrências excepcionais sempre foram possíveis e talvez sempre o sejam. (AC/AC 4)

Mas Nietzsche sustenta:

> O cristianismo (...) travou uma *guerra de morte* contra o tipo *superior* de homem. (AC/AC 5)

Nietzsche formulou suas primeiras objeções sérias ao cristianismo em *Humano, demasiado humano*, no capítulo intitulado "A vida religiosa". O conhecimento científico e especialmente o psicológico, afirma ele, agora nos proíbem de acreditar em seus dogmas:

> (...) no atual estado do conhecimento não podemos mais ter qualquer relação com ele [o cristianismo] sem macular irremediavelmente nossa *consciência intelectual* (...) (MA/HH 109)

A crença no Deus cristão –

> (...) a falsa afirmação dos sacerdotes de que existe um deus que deseja que façamos o bem; que é guardião e testemunha de toda ação, todo instante, todo pensamento; que nos ama (...) (MA/HH 109)

na divindade de Jesus –

> (...) um judeu crucificado há dois mil anos que se dizia filho de Deus. Não há nada que prove essa afirmação (...) (MA/HH 113)

e na religião cristã –

> (...) um deus que gera filhos numa mortal; um sábio que nos convida a não mais trabalhar, nem fazer julgamentos, mas a atentar aos sinais do iminente

> fim do mundo; uma justiça que aceita um inocente em sacrifício no lugar dos outros; alguém que manda seus discípulos beberem seu sangue; orações para obter milagres; pecados cometidos contra um deus, expiados por um deus; medo de um Além cuja porta de entrada é a morte; a imagem da cruz como símbolo numa época que já não conhece o significado e a humilhação da cruz (...) (MA/HH 113) –

não é mais possível para alguém que pensa. A influência da fé cristã teve efeitos psicológicos prejudiciais:

> (...) foi o cristianismo que trouxe o pecado ao mundo. A crença nos remédios que ele oferecia contra o pecado foi, aos poucos, abalada em suas raízes mais profundas: mas a crença na *doença* que ele ensinou e difundiu ainda permanece. (MA-WS/HH-AS 78)

> O fundador do cristianismo (...) enquanto médico da alma, era dado a essa crença infame e inculta num remédio universal. Às vezes os seus métodos parecem os de um dentista que só sabe curar a dor arrancando o dente (...) Mas há uma diferença: ao menos o dentista atinge seu objetivo, que é acabar com a dor do paciente(...); enquanto o cristão (...) que acredita ter destruído sua sensualidade está enganando a si mesmo: ela continua viva de uma estranha forma vampiresca, atormentando-o sob abomináveis disfarces. (MA-WS/HH-AS 83)

A crítica prossegue em *Aurora*, onde São Paulo é chamado de "o *primeiro cristão*, o inventor da cristandade [*Christlichkeit*]" (M/A 68), e a Igreja cristã de "uma enciclopédia de cultos pré-históricos" (M/A 70).

> Jamais esqueçamos, [escreve ele,] que foi o cristianismo que fez do leito de morte um leito de tortura." (M/A 77)

> (...) na Antiguidade ainda havia realmente infortúnio, puro e simples infortúnio; só com o cristianismo tudo virou castigo, um castigo merecido (...). (M/A 78)

> Uma gota de sangue a mais ou a menos no cérebro pode deixar nossa vida excepcionalmente miserável e difícil, fazendo-nos sofrer mais com essa gota de sangue do que Prometeu sofreu com seu abutre. Mas o pior de tudo é quando nem sequer *sabemos* que essa gota de sangue é a causa. E sim o "Diabo"! Ou o "pecado"! (M/A 83)

A postura cristã em relação ao sexo lhe parecia simplesmente perversa:

> O cristianismo transformou Eros e Afrodite (...) em duendes e espíritos diabólicos por meio do remorso que introduz na consciência dos crentes toda vez que sentem excitação sexual. Não é terrível transformar sensações necessárias e regulares em fonte de miséria interior (...)? E deve-se chamar Eros de inimigo? [Na relação sexual] uma pessoa, ao fazer o que lhe agrada,

> dá prazer a outra – não se encontram com frequência tais arranjos benevolentes, na natureza! E denegrir um acordo assim, arruinando-o com a má consciência! Associar a procriação do homem à má consciência! (M/A 76)

(Compare com este o seguinte trecho de *Ecce Homo*, escrito certa de oito anos depois:

> E para não deixar nenhuma dúvida quanto à minha opinião, (...) divulgarei mais uma cláusula do meu código moral contra o *vício:* (...) A cláusula diz: "Pregar a castidade é fazer uma incitação pública à antinatureza. Toda manifestação de desprezo pela vida sexual, toda deturpação da mesma por meio do conceito de "impuro", é um verdadeiro crime contra a vida – é o pecado intrínseco contra o espírito santo da vida.". (EH/EH III, 5))

Como filólogo, ele era particularmente rígido em relação ao estilo cristão de exegese e interpretação bíblica:

> Pode-se muito bem avaliar, pelo caráter dos escritos de seus intelectuais, como o cristianismo ensina pouco o senso de honestidade e justiça: (...) eles estão sempre dizendo "Tenho razão, pois está escrito –", e aí vem uma interpretação tão descaradamente arbitrária que deixa um filólogo dividido entre a raiva e o riso, perguntando-se: Será possível? Isso é correto? É sequer decente? (...) Mas, afinal, o que se pode esperar das consequências de uma religião que, nos séculos de sua fundação, perpetrou essa farsa filológica sem precedentes em torno do Antigo Testamento? Refiro-me à tentativa de arrancar dos judeus o Antigo Testamento, alegando que não continha nada além da doutrina cristã e *pertencia* aos cristãos. (M/A 84)

Até então, o que está por trás da hostilidade de Nietzsche ao cristianismo é a visão de que esta religião é contrária à razão: um homem informado e racional não deveria acreditar nela. Mas atacar o cristianismo com tal fundamento é algo que, por assim dizer, qualquer filósofo poderia ter feito; e parece haver um consenso geral de que o ataque de Nietzsche é de um tipo singular. Sua singularidade reside no fato de (especialmente em *O anticristo*) estar enraizado em sua filosofia e se dirigir principalmente contra os ensinamentos do próprio Cristo. Para Nietzsche, a chave do caráter de Jesus encontra-se em sua doutrina de resistência passiva à maldade:

> (...) o contrário de toda disputa, de todo sentimento de combate, ali se tornou instinto: a incapacidade de resistência ali se torna moral ("não resistais ao mal!": a máxima mais profunda do Evangelho, a chave para ele, em certo sentido), bem-aventurança na paz, na mansidão, na *incapacidade* de ser hostil. (AC/AC 29)

> A "boa-nova" é (...) que não existe mais contradição; o Reino dos Céus pertence às *crianças*. (AC/AC 32)

> Tal fé não se enraivece, não censura, não se defende (...) Não prova a si mesma, nem por meio de milagres, nem de recompensas e promessas, nem sequer "pelas Escrituras": é a todo instante o seu próprio milagre, sua própria recompensa, seu próprio "Reino de Deus" (...) Seria possível, com certa liberdade de expressão, chamar Jesus de "espírito livre" – ele não se importa com o que é fixo: a palavra *mata*, tudo que é fixo *mata* (...) Ele fala somente das coisas mais profundas: usa os termos "vida", "verdade" ou "luz" para exprimir isso. (AC/AC 32)
>
> Em toda a psicologia do "evangelho", não se encontra o conceito de culpa e castigo; nem o conceito de recompensa. O "pecado", toda relação distante entre Deus e o homem, é abolido – *é justamente essa a "boa-nova"*. A bem-aventurança não é prometida, nem vinculada a qualquer condição: ela é a *única* realidade. (AC/AC 33)
>
> O "Reino dos Céus" é um estado do coração – não algo que virá "sobre a terra" ou "após a morte" (...) O "Reino de Deus" não é algo pelo qual se espera; ele não tem ontem nem amanhã, não virá "daqui a mil anos" – é uma experiência dentro de um coração. (AC/AC 34)
>
> Esse "portador da boa-nova" morreu como viveu, como *ensinou* – não para "redimir a humanidade", mas para demostrar como se deve viver. Seu legado para a humanidade é sua *prática*: seu comportamento diante dos juízes, dos soldados, dos que o acusavam e de todo tipo de calúnia e zombaria – seu comportamento na *cruz*. Ele não resiste, não se defende, não dá um passo para evitar que lhe aconteça o pior – mais ainda, *provoca isso (...)* Ele implora, sofre, ama *junto* com aqueles que o maltratam, *por* eles (...) *Não* se defender, *não* se enraivecer, *não* acusar (...) Mas não resistir nem mesmo aos maus – e sim *amá-los*. (AC/AC 35)
>
> Pode-se ver *o que* terminou com a morte na cruz: um novo começo, totalmente original, de um movimento budista pela paz, por uma *felicidade terrena* real e *não* apenas prometida. (AC/AC 42)

"É lamentável", afirma ele, "que não tenha vivido um Dostoiévski perto do mais interessante *décadent*: refiro-me a alguém que pudesse perceber o fascínio arrebatador dessa combinação de sublime, doente e infantil" (AC/AC 31) Jesus pregava a salvação por meio da recusa a resistir, de "oferecer a outra face" – mas para Nietzsche a força vital da vida era o conflito. Portanto, nem o título *O anticristo*, nem o desafio *"Dionísio contra o Crucificado"*, pressupõem que Nietzsche se posicione como um antideus: são apenas formas de contrapor sua filosofia do poder à doutrina de não resistência de Jesus.

Ele tinha considerável respeito por Jesus como homem:

> (...) na realidade, houve apenas um cristão, e ele morreu na cruz. O "evangelho" *morreu* na cruz (...) É absurdamente falso ver numa "crença" (...) a

> característica que distingue um cristão: só a *prática* cristã, uma vida como a *vivida* por aquele que morreu na cruz, é cristã (...) Uma vida *assim* é possível ainda hoje, e para *certas* pessoas até necessária: o cristianismo genuíno, primitivo, sempre será possível. (AC/AC 39)

Mas ele acreditava que sua doutrina havia se desenvolvido em consequência de uma sensibilidade doentia à dor:

> *Ódio instintivo da realidade:* consequência de uma extrema sensibilidade e capacidade de sofrer, que não quer mais ser "tocada", pois sente cada toque de forma demasiado intensa. *Exclusão instintiva de toda antipatia, toda hostilidade, toda sensação de limitação e distanciamento:* consequência de uma extrema sensibilidade e capacidade de sofrer, que logo sente toda resistência, toda necessidade de resistir, como um *desprazer* insuportável (...) e só encontra bem-aventurança (...) em não resistir mais a nada nem a ninguém, nem ao mal, nem ao malfeitor – tendo o amor como a única possibilidade *definitiva* de vida (...) O medo da dor (...) *não pode* terminar de outra forma senão numa *religião do amor.* (AC/AC 30)

Porém, obviamente, a vida que Jesus levava não era como a vida do cristão comum, nem sua prática era como a da Igreja que leva seu nome: o "cristianismo" deve ter se originado de algum outro lugar, além da vida e da prática de Cristo. A visão de Nietzsche acerca dessa origem é resumida numa única frase: "Logo depois da 'boa-nova' veio a *pior de todas:* a de Paulo" (AC/AC 42) – e quando fala com tanto desprezo, é à religião de Paulo que se refere, não ao evangelho que morreu na cruz. Paulo, sustenta ele, reintroduziu todos os conceitos brutos da religião primitiva que já haviam sido superados por Jesus:

> Nada menos cristão que as *cruezas eclesiásticas* de Deus como uma *pessoa,* de um "Reino de Deus" que vai *chegar,* de um "Reino dos Céus" no *além,* de um "Filho de Deus" como *segunda pessoa* da Trindade. (AC/AC 34)

> No fato de a humanidade se ajoelhar diante do oposto do que foi a origem, o sentido, a *razão* do Evangelho, de ter santificado no conceito de "Igreja" exatamente o que o "portador da boa-nova" considerava *abaixo* de si, *atrás* de si – procura-se, em vão, uma forma mais grandiosa de *ironia histórico-mundial.* (AC/AC 36)

Sua crítica ao cristianismo, portanto, tem dois aspectos. Primeiro, é uma crítica aos ensinamentos do próprio Jesus. O cerne da doutrina de Jesus, sustenta Nietzsche, é a exortação ao pacifismo absoluto, e essa doutrina devia expressar uma determinada condição: uma sensibilidade doentia e exagerada ao sofrimento. Se essa fosse uma condição generalizada entre os homens, qualquer coisa de valor que a humanidade tivesse produzido – na verdade, a própria "humanidade" – jamais teria surgido, uma vez que a evolução das qualidades superiores foi provocada pelo conflito, *entre* os indivíduos e *dentro* dos indivíduos, dentro de uma "alma". Portanto, ele se sente no direito de chamar Jesus de "decadente", em parte por razões fisiológicas – ele acha que o sistema nervoso de Jesus devia ser patologicamente sensível – e em parte pela razão mais geral de que sua doutrina, se fosse universalmente seguida, levaria a humanidade à decadência. Em segundo lugar, ele critica a Igreja Cristã, não por ter institucionalizado os ensinamentos de Jesus – o que ela, evidentemente, não fez – mas por ter sido uma regressão a uma religião primitiva de milagre e salvação que o próprio Jesus havia deixado para trás. Deixando-se de lado a excessiva retórica de *O anticristo*, é possível ver que a objeção de Nietzsche à religião do mundo ocidental apoia-se em fundamentos racionais e resulta de premissas de sua própria filosofia. Também deve ficar claro que – retomando o que foi dito no início deste livro – as circunstâncias em que ele foi educado não têm nada a ver com a questão.

A questão da "decadência" por trás de *O anticristo* também está por trás de *O caso Wagner*. As discussões em torno dessa polêmica não costumam fazer distinção entre os motivos pessoais de Nietzsche para atacar Wagner e o teor desse ataque – e na maioria das vezes ignoram completamente esse teor. Assim, Newman, que dedica várias páginas do quarto volume de sua biografia de Wagner para discutir *Der Fall Wagner*, sente-se no direito de ridicularizá-la como "rancorosa e estúpida", uma "molecagem irresponsável" e um "lamentável pasquim"[86], sem sequer mencionar sua tese principal – de que Wagner era um "decadente" – e muito menos contestá-la. A semelhança de método entre *O caso Wagner* e a *Consideração intempestiva* sobre David Strauss – de abordar um determinado "problema" por meio de uma figura proeminente – não foi devidamente percebida, nem que o tratamento pouco cavalheiresco concedido a Wagner é do mesmo tipo que foi concedido a Strauss, com quem Nietzsche não esteve envolvido pessoalmente: pelo contrário, desde o início, as pessoas presumiram que a existência de *O caso Wagner* se devia unicamente ao fato de seu autor não ter sido capaz de perdoar Wagner por tê-lo escravizado um dia.

86. NEWMAN, E. op. cit., p. 525, 570 e 573, respectivamente.

Seus amigos que ainda eram wagnerianos se sentiram ofendidos em nome de Wagner por causa do tom desrespeitoso da obra: "Causei um choque terrível nos que me são mais próximos e estimados", escreveu Nietzsche a Brandes em 20 de outubro:

> Há por exemplo meu velho amigo, o barão Seydlitz de Munique, infelizmente presidente da Sociedade Wagneriana de Munique; meu amigo ainda mais antigo, o *justizrat* Krug de Colônia, presidente da Sociedade Wagneriana local; meu cunhado, o Dr. Bernhard Förster da América do Sul, o conhecido antissemita, um dos mais entusiásticos colaboradores do *Bayreuther Blätter* – e minha respeitada amiga Malwida von Meysenbug, autora das *Memórias de uma idealista*, que continua a confundir Wagner com Michelangelo.

O fato de Wagner ter morrido havia cinco anos – ele morreu em fevereiro de 1883 – parecia agravar a ofensa, e foi para rebater a acusação de apostasia contra um mestre já falecido que Nietzsche preparou *Nietzsche contra Wagner*, que consiste em trechos extraídos de cada um de seus livros desde *Humano, demasiado humano* até a *Genealogia* destinados a mostrar que suas opiniões contra Wagner não haviam mudado desde 1878, cinco anos *antes* da morte de Wagner.

Parece-me de certa importância, portanto, tentar explicar *O caso Wagner*. Trata-se, obviamente, de um ataque a Wagner, e um ataque em vários sentidos. Quanto às injúrias sobre seu caráter, pode-se dizer de imediato: elas se justificam. (Se são de bom-tom, vindas de alguém outrora íntimo, é outra questão.) Não há razão agora para ignorarmos as fraquezas de Wagner em suas relações com o mundo: se não tivesse sido o que era, ele não teria conseguido o que conseguiu, e na minha opinião isso encerra a questão. Em 1888, porém, tudo estava no início: Wagner começava a ser endeusado não apenas como um grande compositor, ou como o criador de Bayreuth, mas como homem. A biografia "oficial", escrita por Carl Glasenapp, havia sido publicada em 1876: é a história de um santo submetido a duras provações e uma obra tão fraudulenta quanto a biografia de Nietzsche escrita por Elizabeth, mas com a diferença de que o sujeito em questão havia sido um silencioso colaborador. Nietzsche sabia, é claro, que Wagner não era nenhum santo, e disse isso em *Der Fall Wagner*.

Wagner também gozava de uma reputação elevada como pensador. Ele mesmo publicou suas próprias "obras completas" e não demoraria muito para que Houston Stewart Chamberlain o proclamasse "regenerador" da humanidade – ou pelo menos de sua porção nórdica. O protesto de Nietzsche contra a "literatura" de Wagner é mais um aspecto de *O caso Wagner* que, hoje em dia, ninguém pode questionar.

Um terceiro alvo de ataque é a ambiguidade de Wagner: a insistência dele de que sua música era mais do que música, de que continha um significado indescritivelmente profundo; seu ofuscamento em relação à própria obra. Nietzsche contrasta o mundo do drama musical wagneriano com o de *Carmen* e afirma preferir o último.

A antítese chega a tal extremo que sua intenção polêmica é evidente, não obstante a legítima admiração de Nietzsche por Bizet: claro, Wagner é um compositor bem "maior" que Bizet – um fato que Nietzsche jamais pensou em negar – mas seu deus é Wotan (Odin), "o deus do mau tempo" (WA/CW 10), e com todo seu poder e genialidade ele não consegue alcançar o que Bizet alcança facilmente: "– *la gaya scienza;* leveza; engenho, fogo, graça; (...) a luz cintilante do Sul; um mar *calmo* – a perfeição" (WA/CW 10).

Em quarto lugar, há a afirmação de Nietzsche de que Wagner era um *ator*, e que representava a "*chegada do ator ao mundo da música*" (WA/CW 11). A declaração é discutível, mas não é ultrajante nem absurda; pelo contrário, é algo com que muitos concordariam hoje em dia. Na verdade, é isso que impressiona em muitas das críticas a Wagner proferidas em *O caso Wagner*: elas parecem objeções de um compositor parisiense da década de 1920, e Jacques Barzun chegou até a ver o rompimento de Nietzsche com Wagner como o primeiro repúdio crítico do século XIX feito por um arauto do século XX.[87]

A maior afronta da polêmica de Nietzsche, contudo, não é nenhuma dessas acusações: é a de que Wagner era "decadente". Não há a menor ambiguidade em relação ao que se entende por "decadente" neste caso: ele queria dizer que Wagner fazia parte da decadência artística da segunda metade do século XIX. Numa carta a Gast de 25 de fevereiro de 1888, ele escrevera:

> Hoje tive o prazer de confirmar minha resposta a uma pergunta que pode parecer extremamente arriscada: "Quem estava mais preparado para Wagner? (...) Quem teria sido por natureza (...) wagneriano, mesmo sem Wagner?". Há muito tempo eu dizia a mim mesmo: (...) *Baudelaire*.

---

87. BARZUN, J. "Nietzsche contra Wagner". In: _____. *Darwin, Marx, Wagner*: Critique of a Heritage. Nova York, 1941, 1958.

Essa conclusão leva diretamente à frase principal de *Der Fall Wagner:* "*Wagner est une névrose*" (WA/CW 5):

> Os problemas que ele coloca no palco – todos ligados à histeria –, a natureza convulsiva de suas paixões, sua sensibilidade exacerbada, seu gosto por temperos cada vez mais picantes, sua instabilidade, (...) sobretudo sua escolha de heróis e heroínas vistos como tipos psicológicos (– um galeria de doentes! –): tudo isso junto constitui um padrão patológico que não dá margem a dúvidas. *Wagner est une névrose.* (WA/CW 5)

Os problemas que Wagner coloca no palco, sustenta Nietzsche, são problemas de neuróticos:

> (...) traduzir Wagner para o cotidiano, para o moderno (...) Que surpresas temos! Vocês acreditariam que, uma vez despojadas de seus ornamentos heroicos, todas as heroínas de Wagner são a própria imagem de Madame Bovary? (...) Sim, de modo geral Wagner parece estar interessado nos mesmos problemas que hoje interessam aos pequenos *décadents* parisienses. Sempre a dois passos do hospital! Nada além de problemas modernos, dos problemas de uma *grande cidade!* (WA/CW 9)

Wagner, o "artista da *décadence*" (WA/CW 5), tomou consciência de si mesmo por meio do "filósofo da *décadence*", Schopenhauer, e desde então seguiu de forma consciente o caminho que antes vinha percorrendo às cegas.

Nietzsche tenta relacionar as características mais marcantes da personalidade e da arte de Wagner a essa tese fundamental de que ele era neurótico: assim, por exemplo, afirma que "agora o músico se tornou um ator" e que "essa total transformação da arte em encenação (...) é um sintoma claro de degeneração (mais precisamente, uma forma de histeria)" (WA/CW 7). O título da obra, cabe observar, também se refere especificamente a essa tese: de que Wagner é um "caso".

A grande importância dessa atitude está no fato de ser uma réplica direta aos princípios do crescente culto a Wagner que insistia que, acima de tudo, Wagner era *alemão*, e o verdadeiro poeta nacional do novo *Reich:* Nietzsche contesta isso alegando que Wagner era um *décadent francês.* O movimento de Bayreuth estava profundamente impregnado pelo antissemitismo: Nietzsche contesta insinuando que o próprio Wagner era judeu. (A nota de rodapé em que faz isso diz, em parte, o seguinte:

> Wagner era alemão, afinal? Há certas razões para se perguntar. É difícil detectar nele qualquer traço alemão (...) Sua própria natureza *contradiz* o que até agora se considerava ser alemão (...) Seu pai era um ator chamado Geyer. Um Geyer [abutre] é quase um Adler [águia – Adler é um sobrenome judaico-alemão, e Geyer, muitas vezes, também]... Isso que tem circulado

> como sendo a "vida de Wagner" é *fable convenue*, ou coisa pior. Confesso minha desconfiança em relação a tudo que se baseia unicamente no testemunho de Wagner. (WA/CW Posfácio)

A biografia oficial dizia que o pai de Wagner era um escrivão de polícia de Leipzig, Carl Friedrich Wagner, e o próprio Wagner repete isso em *Mein Leben;* mas sabe-se que ele contou a várias pessoas próximas que, na verdade, achava que podia ser filho de seu padrasto, o ator e pintor Ludwig Geyer. A afirmação categórica de Nietzsche quanto a Geyer ser o pai de Wagner sugere que Wagner teria contado a *ele* que isso realmente era verdade. A esta altura, provavelmente é impossível ter certeza, mas as investigações de Newman sobre o assunto o levaram a concluir que "agora parece evidente (...) que os bravos opositores da teoria da paternidade de Geyer vinham defendendo uma causa perdida"[88]. Diante disso, parece provável que Wagner tenha lhe *contado* que Geyer era seu pai: mas o propósito de Nietzsche ao mencionar o assunto em *O caso Wagner* é anulado pelas evidências reveladas mais recentemente de que Geyer, na verdade, não era judeu; um de seus nomes do meio era "Christian" e, assim como o próprio Nietzsche, ele era herdeiro de uma sólida linhagem de protestantes alemães.)

Como já observei, a virulência de *O caso Wagner* é semelhante à da polêmica contra Strauss, e nas duas obras Nietzsche critica, por meio de uma figura proeminente, a Alemanha de sua época: a diferença entre elas é que, no caso de Wagner, há um histórico de relacionamento pessoal. Demasiada importância foi dada a essa circunstância. Não é tão difícil entender por que Nietzsche se ressentiu contra Wagner. Seu afastamento dele por volta de 1876 o fez sentir que havia desperdiçado os sete anos anteriores e, em vez de culpar a si mesmo, ele culpava Wagner por isso; esse sentimento era consequência do papel quase paterno que Wagner exercera em sua vida nesse período, e embora sua persistência demonstre a força da influência de Wagner, sua existência em si não é tão importante: toda geração é injusta com sua antecessora, culpando-a por não ter sido diferente do que foi. Sua sensação de que Wagner o "enganara" ganhou mais relevância com o crescente sucesso de Wagner: ele agora enganava toda a Alemanha e principalmente aqueles jovens que poderiam ter se tornado "seguidores" de Nietzsche, do mesmo modo que Nietzsche se tornara um seguidor de Wagner:

---

88. NEWMAN, E. op. cit., v. 3. Londres, 1945. p. 528.

> O cretinismo de Bayreuth está sempre em meu caminho, [escreveu ele com amargura a Malwida, no final de julho de 1888.] Até depois de morto, o velho sedutor Wagner continua me privando daquelas pessoas sobre as quais eu poderia ter alguma influência.

Em seu último ano de sanidade, sua oposição à visão de mundo wagneriana transformou-se em antipatia pelo próprio homem, do mesmo modo que a atitude crítica adotada por ele em relação ao *Reich* desde a sua instituição o levara a detestar o povo alemão em si. A causa era semelhante nos dois casos: no segundo, era o fato de seus compatriotas não demostrarem o menor reconhecimento por ele ou por sua obra, e no primeiro, a humilhação de ver a fama e a popularidade de Wagner crescerem cada vez mais.

Mas explicar como um livro teria surgido não justifica sua existência. É possível que, quando escreveu *O caso Wagner*, Nietzsche tivesse passado a "odiar Wagner como a nenhuma outra coisa na terra"[89] – embora eu considere essa forma de colocar a questão um tanto simplista – mas a tarefa do aluno não termina com essa descoberta; resta descobrir se esse "ódio" do homem levou a alguma conclusão objetiva sobre ele que possa ser relevante independentemente da emoção que a tenha originado. A afirmação feita por Nietzsche de que Wagner era um "decadente" no mesmo sentido em que isso deveria ser dito de Baudelaire é um julgamento que pode ser discutido de forma bastante objetiva, e portanto muito louvável.

Mesmo numa obra tão primeva como *Tannhäuser*, Baudelaire reconheceu em Wagner uma alma gêmea, e publicou sua brochura *Richard Wagner et Tannhäuser à Paris* em abril de 1861, indignado com a vergonhosa recepção que a obra tivera na Ópera de Paris no dia 13 do mês anterior. Ele era um dos vários admiradores franceses que pensavam seriamente em criar um teatro wagneriano em Paris, uma ideia que foi totalmente abolida com a guerra de 1870. Entre outros "decadentes" que admiravam Wagner e o imitavam, estão D'Annunzio, Gustav Moreau, Catulle Mendès, Barrès, George Moore, Aubrey Beardsley, Swinburne e outros menos importantes. Para Joseph Péladan, um escritor inferior, mas bastante representativo da época, "une Wagnererie" era "quase sinônimo de um Sabá de Bruxas"[90]. Mallarmé prestou homenagem a "Le

89. Ibid., v. 4, p. 573.

90. PRAZ, M. *The Romantic Agony*. Trad. Angus Davidson. Oxford, 1933, V, nota 65. Este clássico relato da decadência romântica contém muitas referências a Wagner como inspirador de escritores e artistas de maior ou menor magnitude especializados no tema erótico.

dieu Richard Wagner" em um poema que marcava a fundação da *Revue Wagneriènne* em 1885. A familiaridade das óperas de Wagner entorpeceu nossa sensibilidade em relação a elas, e precisamos fazer algum esforço para entender quanto afetaram as décadas de 1880 e 1990, e as anteriores. Para muitos, elas eram voluptuosas orgias. Por volta de 1850, a Abertura de *Tannhäuser* era a última palavra na representação artística da entrega à sensualidade, e Baudelaire encontrou na ópera "Le sentiment presque ineffable, tant il est terrible, de la joie dans la damnation". Na época em que *Tannhäuser* começava a parecer antiquada, *Tristan* estava pronta para ocupar seu lugar, e muitas moças perderam o sono depois de ouvi-la: "Sei de algumas, e ouvi falar de muitas [pessoas], que (...) choraram a noite toda [depois de *Tristan*]", escreveu Mark Twain durante uma visita a Bayreuth. "Sinto-me extremamente deslocado aqui. Às vezes tenho a impressão de que sou o único sensato numa colônia de loucos."[91] Lamentavelmente, na última década do século, *Parsifal* era mais apreciada como um espetáculo "bizantino" maravilhosamente perverso do que como um drama cristão de pecado e redenção.

Mais que tudo isso, a constante associação de Wagner entre erotismo e morte era uma predileção que os "decadentes" sabiam apreciar: embora fosse, no fundo, um símbolo da união sexual perfeita, ela apelava de forma mais literal a uma geração de escritores que viam nisso uma expressão de seu próprio profundo niilismo. "Vocês já perceberam", pergunta Nietzsche, "que as heroínas wagnerianas não têm filhos? – Elas *não podem* tê-los (...) Siegfried 'emancipa a mulher' – mas sem esperança de descendência" (WA/CW 9). Essa observação não é tão irrelevante quanto possa parecer. "O ideal andrógino", escreve Praz, "era a obsessão (...) de todo o Movimento Decadente",[92] assim como um símbolo de esterilidade. As heroínas de Wagner não vivem para o amor, elas morrem por ele; e sua "redenção" só pode ser encontrada na aniquilação.

Muitos traços fundamentais do "romantismo" ganharam enorme ênfase e força persuasiva nas mãos de Wagner: o abandono de cinco séculos de desenvolvimento que se tornaram pesados demais para carregar; perplexidade com a complexa e instável sociedade vigente e a consequente nostalgia por uma existência (supostamente) mais simples no passado ou

91. PAINE, A. B. *Mark Twain*. v. 2, p. 922.

92. PRAZ, M. op. cit., V, 14.

no "Oriente"; preferência pelo "mito" (o simples e irreal) em detrimento da "história" (o complexo e real); predileção pelos estados sentimentais extremos porque eles encobrem todos os outros sentimentos, todas as exigências incômodas, todos os deveres e direitos dos outros, e reduzem a existência a um simples "ou isto ou aquilo"; afastamento do claro e inequívoco em direção ao escuro, misterioso, impenetrável e "profundo"; o desejo de ser "levado" que termina num desejo de "partida" definitiva, de aniquilação – tudo isso foi elevado aos píncaros da arte por Wagner. A maioria de seus personagens trágicos, do Holandês Voador a Wotan, sofre como se a vida fosse um fardo e, em certo sentido, deseja a própria destruição. Por fim, o desejo de se libertar das complicações da vida – representadas pela "maldição de Alberich" – provoca a destruição do mundo; o próximo passo seria aquele que também foi seguido por um grande número de românticos "decadentes" que vieram depois: a morte do desejo em si, a extirpação das paixões, a morte *em* vida, a "religião" numa figura bizantina ao mesmo tempo exótica e estéril: *Parsifal*. A magnificência da arte de Wagner não deve nos cegar totalmente para o que está sendo proposto em *Parsifal*: um niilismo em que os símbolos cristãos exprimem a linguagem de Schopenhauer.

O fato de Wagner haver sobrevivido aos seus sucessores e ter hoje uma reputação mais sólida do que nunca – ele não está mais "em voga" porque, assim como Bach, Mozart e Beethoven, está sempre em voga – é uma prova de sua qualidade como artista, e não constitui, por si só, um argumento contra a tese de Nietzsche de que sua tendência era decadente. Como tentei demostrar, essa tese pode muito bem ser discutida e sustentada independentemente de Nietzsche tê-lo "odiado" ou não. *Der Fall Wagner* é um protesto *antecipado* ao curso que a arte iria tomar na última década do século; e deve ficar clara a razão pela qual Nietzsche não se esquivou do "desprazer" de fazê-lo: na época, a decadência de que acusava Wagner era a expressão mais influente da tendência niilista da Europa contemporânea e do *Reich* em particular, uma tendência que ele via como o maior perigo que esta civilização já havia enfrentado.

Ecce Homo é a obra mais enigmática e controversa de Nietzsche, e deve ser lida pelo aluno com cautela. Grande parte dela, evidentemente, diz respeito a uma época em que Nietzsche já não tinha controle sobre suas fantasias; por outro lado, boa parte não só é racional, como condiz totalmente com a visão já conhecida a partir das outras obras pós-*Zaratustra*.

As afirmações exageradas quanto a sua própria importância na história da civilização europeia – "Um dia meu nome será associado à lembrança de algo terrível – de uma crise como jamais houve na terra" (EH/EH IV, 1) e assim por diante – podem ser desconsideradas como exemplos da supercompensação já observada em suas cartas e escritos pessoais de 1888 e anteriores; quando ele não escreve sobre si mesmo, mas sobre outras pessoas, ou quando reitera sua filosofia, *Ecce Homo* não revela nenhum sinal de desequilíbrio. Não há qualquer degeneração intelectual: sua mente continua aguçada como sempre e, acima de tudo, não há declínio no controle estilístico da linguagem; pelo contrário, este é indiscutivelmente um dos mais belos livros em alemão. Muitos trechos constituem a expressão máxima da riqueza combinada à economia: o único outro escritor remotamente cogitado seria Heine, mas sua prosa veloz carrega uma carga de ideias bem mais leve que a de Nietzsche. Para encontrar uma comparação justa, é preciso ultrapassar completamente os limites da literatura: *Ecce Homo* é a *Sinfonia Júpiter* das letras alemãs.[93]

93. O título, o sumário, a Introdução, "An diesem vollkommnen Tage" e o primeiro capítulo de *Ecce Homo* já estavam sendo preparados para impressão antes do colapso de Nietzsche. Para saber até que ponto o resto do livro corresponde às suas intenções, consultar minha Bibliografia.

CAPÍTULO 14
A TRANSVALORAÇÃO

Uma Transvaloração de todos os valores,
esse ponto de interrogação tão negro, tão imenso,
que lança uma sombra sobre quem o coloca (...)
(GD/CI Prefácio)

Quem publicamente traça para si um grande objetivo
e depois percebe que é fraco demais para ele,
em geral, também é fraco demais para renunciar publicamente
a esse objetivo e inevitavelmente se torna um hipócrita.
(MA/HH 540)

1

As obras concluídas entre *Além do bem e do mal* e *Ecce Homo* são as mais relevantes do período criativo da vida de Nietzsche, tendo em segundo plano o conjunto do material inacabado mais conhecido coletivamente como *Transvaloração*. Esse material tem desempenhado um papel no estudo de Nietzsche que é desproporcional à sua importância; na verdade, a discussão de sua filosofia tardia tem sido perseguida pela sombra da *Transvaloração*, e a prática de citar trechos dela lado a lado com as obras acabadas como se ambas possuíssem igual valor como "opiniões de Nietzsche" tem ofuscado a distinção entre o que ele próprio publicou, ou preparou para publicação, e o que não quis publicar. Há três aspectos a serem considerados: a própria atitude de Nietzsche em relação à *Transvaloração*; a questão de sua publicação; e a qualidade do material em si.

Ao fim de 1888, Nietzsche já vinha lutando contra seus problemas de saúde havia dezesseis anos. Não é nenhum exagero romântico e sim a pura verdade afirmar que, durante a última metade desse período, o que o mantinha vivo era o sentimento de que tinha uma missão, e quanto mais doente ele estava, maior a importância que atribuía a essa missão. No sentido em que a expressão era usada por ele, a missão de Nietzsche era uma ilusão. Seu veículo era o grandioso projeto inicialmente denominado *A vontade de poder*, concebido como uma obra que teria *Zaratustra* como seu poema introdutório. Seria uma obra muito abrangente; um relato minuciosamente detalhado de sua filosofia. Nietzsche começou a reunir material para ela em 1884, e o *Nachlass* contém inúmeros projetos para sua composição: o que traz a data de 17 de março de 1887 foi selecionado arbitrariamente por Elizabeth como estrutura para sua compilação chamada *A vontade de poder*.[94]

A primeira menção ao projeto do livro nas obras de Nietzsche publicadas aparece na *Genealogia*, na qual ele dirige-se ao leitor num parêntese "a uma obra que estou preparando: *A vontade de poder. Ensaio de uma transvaloração de todos os valores*" (GM/GM III, 27). Na época em que essas palavras foram publicadas, grande parte do material reunido já havia sido usado em *Além do bem e do mal* e na própria *Genealogia*. Ele escreveu mais. Em maio de 1888 mergulhou nisso para *Der Fall Wagner*, e novamente na fase inicial de *Götzen-Dämmerung*. Mas pelo menos até 26 de agosto de 1888 ainda planejava escrever A *vontade de Poder*, pois foi preservada uma página de caderno com essa data contendo um outro projeto para a obra. Então, repentinamente desistiu da ideia e elaborou um projeto para um livro bem diferente: não haveria mais uma exposição detalhada de *A vontade de poder*; em seu lugar ele escreveria um livro sucinto em que seu posicionamento filosófico mais recente seria exposto com a mesma objetividade e concisão que vinha privilegiando desde o início do ano e que experimentara em *O caso Wagner*. Essa nova obra, ainda em quatro "livros", porém bem mais curta do que a abandonada, elevaria o antigo subtítulo à posição principal: *A transvaloração de todos os valores*. Os títulos dos quatro "livros" são fornecidos num projeto naquele mesmo outono:

> Livro 1: O Anticristo. Ensaio de uma crítica do cristianismo. Livro 2: O espírito livre. Crítica da filosofia enquanto movimento niilista. Livro 3: O imoralista. Crí-

94. O projeto diz: "A vontade de poder. Ensaio de uma transvaloração de todos os valores. Livro Um: O niilismo europeu. Livro Dois: Crítica dos valores superiores. Livro Três: Princípios de uma nova avaliação. Livro Quatro: Disciplina e seleção [*Zucht und Züchtung*].". Foram preservados cerca de 25 projetos para *A vontade de poder*: não há nada que ateste que esse seja definitivo (para não mencionar o fato de Nietzsche ter abandonado o projeto todo); pelo contrário, o papel onde ele foi escrito foi rasgado em duas partes, nas quais faltam o título principal e o subtítulo, restando apenas as palavras "de todos os valores".

tica da espécie mais fatal de ignorância: a moral. Livro 4: Dionísio. A filosofia do eterno retorno.

A nova *magnum opus* é mencionada ao fim da Introdução de *Götzen-Dämmerung*, que registra a data "Turim, 30 de setembro de 1888, dia em que o primeiro livro da *Transvaloração de todos os valores* foi concluído". O "primeiro livro" deve ser *O anticristo*, e quando ele foi publicado – após o colapso de Nietzsche – trazia o subtítulo mencionado no projeto acima. A princípio, ele foi descrito (por Elizabeth) como "a primeira e única parte concluída de *A vontade de poder*", mas *O anticristo* não é mencionado em nenhum dos projetos para esse livro: ele aparece pela primeira vez como sendo o "primeiro livro" da *Transvaloração*, e hoje costuma ser considerado "a primeira e única parte concluída da *Transvaloração*"[95]. Mas ainda não é este o caso. Em *Ecce Homo* lemos:

> Imediatamente após terminar a obra acima mencionada [*Götzen-Dämmerung*] e sem perder um único dia sequer, ataquei a enorme tarefa da *Transvaloração* (...) A Introdução foi escrita em 3 de setembro de 1888 (...) só em 20 de setembro deixei Sils-Maria (...) cheguei a Turim na tarde do dia 21 (...) Sem demora e sem me deixar distrair por um instante, continuei meu trabalho: restava apenas a última quarta parte do livro para ser terminada. Em 30 de setembro, uma grande vitória; o sétimo dia; um deus tem seu descanso às margens do Pó. No mesmo dia escrevi também a Introdução de *Götzen-Dämmerung*. (EH-GD/EH-CI 3)

Isso sugere que *O anticristo* já não era o "primeiro livro" da *Transvaloração*, e sim o livro *inteiro*, que a *Transvaloração* e *O anticristo* agora eram uma mesma e única coisa. A sugestão é confirmada por várias cartas dessa época nas quais Nietzsche fala em ter concluído a *Transvaloração*. Ele agora considera *Ecce Homo* um prelúdio a ela:

> Narrei agora minha própria história com um cinismo que se tornará histórico e universal [escreveu ele a Brandes em 20 de novembro]. A obra se chama *Ecce Homo* (...) A obra inteira é um prelúdio à *Transvaloração de todos os valores*, que está terminada à minha frente: juro a você que, em dois anos, teremos a terra inteira em convulsões. Sou uma fatalidade.

Nessa data, a *Transvaloração* em quatro partes, ela própria uma redução da obra maior *A vontade de poder*, havia sido reduzida a um único ensaio bem mais curto que uma das *Considerações intempestivas*; mas em algum momento entre essa data e os primeiros dias de 1889, Nietzsche descartou totalmente a *Transvaloração*. Isso fica claro pelas folhas de rosto do ma-

95. KAUFMAN, W. op. cit., p. 91.

nuscrito preservadas no *Nachlass*.[96] A primeira delas diz: "O anticristo. Ensaio de uma crítica ao cristianismo. Livro Um da Transvaloração de todos os valores.". A última diz: "O anticristo. Transvaloração de todos os valores.". O subtítulo foi riscado com força, e embaixo está escrito em letras grandes: "Fluch auf das Christentum" ("Maldição ao cristianismo"). De acordo com suas intenções finais, portanto, *O anticristo* não é nem a *Transvaloração* inteira, nem o seu primeiro livro: assim como *A vontade de poder* antes dela, a *Transvaloração de todos os valores* havia sido abandonada.

À medida que a obra-prima planejada diminuía, as pretensões de Nietzsche em relação a ela cresciam e atingiram seu auge justamente quando, ao que parece, ele resolveu suprimi-la por completo: estava perdendo o contato com a realidade, e em seguida viria a loucura, pública e notória. Para muitas pessoas, esse seu último período de vida sã parecia um declínio ininterrupto em direção à insanidade, e a principal evidência desse ponto de vista era a forma cada vez mais irreal como avaliava sua própria importância e a de sua obra. Mas o fato de a *Transvaloração* não ter sido publicada deixa claro que a questão não é assim tão simples.

Por baixo do louvor a si próprio, corre paralelamente um jorro de autocrítica. Se isso não estivesse presente, é provável que a obra-prima destinada a abalar os alicerces da Terra tivesse se expandido na mesma proporção que seu destino; em vez disso, ela foi sendo reduzida aos poucos e por fim suprimida. Isso foi resultado de uma *sanidade* subjacente que reconhecia que a *Transvaloração* não representava nenhum avanço em relação à filosofia concluída em *Zaratustra*, mas apenas um comentário a respeito dela, e que esse mesmo comentário já havia sido publicado na sequência de *Além do bem e do mal* até *Götzen-Dämmerung*. É justificável afirmar que ocorreu uma cisão entre sua atitude consciente em relação a si mesmo e sua obra durante o ano de 1888. Ele sempre fizera uma avaliação um tanto exagerada das próprias qualidades, e em 1888 suas inibições nesse aspecto caíram por terra: daí o desvairado louvor a si próprio de *Ecce Homo*. Mas, do mesmo modo, ele se preocupava muito com sua reputação como filósofo e estilista literário, e jamais publicaria algo que pudesse dar margem a críticas ao seu pensamento ou à qualidade de sua obra; quanto a isso, mantinha-se firme como sempre: daí a sanidade de *Götzen-Dämmerung*.

---

96. Elas são reproduzidas em PODACH, E. *Friedrich Nietzsches Werke des Zusammenbruchs*. Heidelberg, 1961, figuras IV e V.

O anúncio de um projeto colossal para cuja realização lutava para se manter vivo diz respeito ao primeiro estado de espírito; a redução e o desaparecimento definitivo desse projeto testemunham a influência constante do segundo.

2

O remanescente da obra abandonada caiu nas mãos de Elizabeth em 1895, quando ela adquiriu os direitos exclusivos sobre todos os escritos de Nietzsche, publicados ou não; e sua decisão de divulgá-los como um livro quase terminado foi o erro fatal que fez com que fossem superestimados. *A vontade de poder: estudos e fragmentos* surgiu em 1901, no volume 15 da terceira coletânea das obras de Nietzsche (isto é, a segunda edição da *Grossoktavausgabe*, 1901-1913); nesse formato a obra compreendia 483 seções, editadas por Peter Gast e Ernst e August Horneffer, com um Prefácio e um Posfácio de Elizabeth Förster-Nietzsche. Em 1906 surgiu a *Taschenausgabe* (edição de bolso) das obras, e nessa altura *A vontade de poder*, agora editada por Gast e Elizabeth, já estava com 1.067 seções, distribuídas em quatro "livros"; posteriormente (1910-1911), essa edição foi transferida para a *Grossoktavausgabe* (substituindo o volume 15 existente), com o novo título *A vontade de poder. Ensaio de uma transvaloração de todos os valores.*

As circunstâncias em que a primeira edição foi produzida foram descritas por Ernst Horneffer[97] e evidenciam o método de trabalho habitual de Elizabeth. Segundo Horneffer, a edição do *Nachlass* já realizada pelo editor anterior, Fritz Koegel, foi inútil, porque a maior parte do material ainda não havia sido lida ou decifrada, e ninguém sabia como ela deveria ser editada.

> Nós achávamos que nossa primeira tarefa era ler o *Nachlass* inteiro para ter uma visão completa do mesmo. Essa leitura preliminar necessária, de suma importância para uma edição cuidadosa e planejada, ainda não havia sido feita. Os manuscritos, ainda por decifrar e copiar, estavam empilhados; ninguém fazia a menor ideia do que eles continham. Porém, o Arquivo prosseguiu tranquilamente com a publicação. Então começamos a transcrever o *Nachlass*. Mas isso levava tempo demais para Frau Förster-Nietzsche. A "monotonia" da nossa forma de trabalhar lhe desagradava profundamente. A ideia dela era terminar o trabalho o mais depressa possível (...) Em

97. *Nietzsche letztes Schaffen*, citado em BERNOULLI, C. A. op. cit., v. 2, p. 348 ss.

> resumo, o único objetivo era imprimir os volumes rapidamente. Estávamos diante de uma difícil decisão. Ela estava absolutamente resoluta em seu desejo de concluir uma edição do *Nachlass*, ainda que precipitada. Sabíamos disso. Se tivéssemos deixado de colaborar, ela teria confiado o trabalho a outra pessoa. Às vezes citava nomes que fariam Nietzsche estremecer. Então decidimos aguentar aquilo o máximo que pudéssemos, para evitar que acontecesse o pior.

Essas observações se aplicam *a fortiori* à segunda edição, na qual Elizabeth estava diretamente envolvida.

As objeções contra *A vontade de poder* tal como se apresenta podem ser expostas de forma bastante sucinta: a compilação contém apenas material rejeitado por Nietzsche ou usado em outro lugar sob forma e contexto diferentes (não se faz distinção entre esses dois tipos de material na compilação de Elizabeth); além disso, o modo como os capítulos foram organizados, e a afirmação de que o resultado é a "obra principal" de Nietzsche, não se justificam. Isso foi percebido por Albert Lamm, que revisou *A vontade de poder* em setembro de 1906[98] e escreveu: "o livro não contém nada de que quem conhece Nietzsche já não saiba: na verdade, é uma publicação do *Nachlass*; aforismos que poderiam estar ao lado dos outros em *Além do bem e do mal, Genealogia da moral, O anticristo* etc. (...) nada de novo.". E prossegue: "enquanto preparava esse material, Nietzsche descobriu coisas bem mais importantes [o material que ele mesmo publicou], e a obra que o destino o impediu de realizar *não* é essa que está diante de nós [*A vontade de poder* de Elizabeth]: o que está diante de nós foi *abandonado* pelo próprio Nietzsche.". A parte importante dessa análise é que o material do *Nachlass* é um material *abandonado*: se Nietzsche não o utilizou, foi porque não quis; é sob essa ótica que ele deve ser lido, seja lá como for apresentado.

Quanto à forma de apresentação, qualquer arranjo do material – seja o da *Vontade de Poder* de Elizabeth, ou o da compilação chamada *Unschuld des Werdens*, ou o adotado por Gerhard Stenzel na coletânea "Bergland-Buch-Klassiker" – não deixa de ser enganoso, pois dá uma impressão de ordem onde ela não existe, encobre o fato de se tratar de um material *rejeitado* e desvia a atenção das obras concluídas entre 1886 e 1888, que passam a ser consideradas "desdobramentos" da obra "incompleta": uma geração de alunos foi apresentada à *Vontade de poder* como sendo a "obra

98. Citado por Schlechta no v. III de sua edição de Nietzsche, p. 1.404.

principal" de Nietzsche, e a *Zaratustra* como sua obra "mais pessoal" – descrições de Elizabeth – e tendo achado uma incoerente e a outra desconcertante, perpetuou a crença de que seu autor não tinha muita certeza do que estava escrevendo. Essa conclusão poderia ter sido totalmente evitada se tivessem lembrado que as "obras" de Nietzsche são aquelas que vão de *O nascimento da tragédia* até *Nietzsche contra Wagner*, e que embora tivesse planejado um livro que se chamaria *A vontade de poder*, ele o abandonou (como fez com a *Transvaloração*, que o substituiu) e que tal livro não existe.

O único método de publicação do *Nachlass* compatível com a objetividade acadêmica já era considerado por Ernst Horneffer:

> Como deveria ser feita, realmente, uma edição, [escreve ele no repúdio acima citado à edição pela qual foi parcialmente responsável,] nós vimos (...) somente quando já era tarde demais. E mesmo que tivéssemos visto antes, jamais teríamos conseguido convencer Frau Förster-Nietzsche da necessidade de adotar essa forma. Pois só existe uma maneira possível de editar o *Nachlass* de Nietzsche (...): os manuscritos de Nietzsche devem ser publicados exatamente como estão, palavra por palavra, sem qualquer arranjo ou agrupamento pelo seu editor.

Atualmente, o *Nachlass* de Nietzsche tem sido reproduzido dessa forma na *Kritische Gesamtausgabe* de Colli-Montinari, publicada entre 1967 e 1978. (Consultar o Posfácio e a Bibliografia.)

3

O *Nachlass* só pode ser lido com proveito por alguém familiarizado com as obras de Nietzsche publicadas, pois, como mencionado acima, é constituído de material rejeitado. Trata-se de uma enorme e confusa mistura de anotações, aforismos e pequenos ensaios, alguns deles num estilo reconhecidamente nietzschiano – embora não tenham o acabamento e a "eloquência" dos escritos publicados –, porém muitos não passam de memorandos, apontamentos ou listas de temas. Tentar assimilar essa massa de material desorganizado sem algum princípio orientador é trabalho perdido, e o único princípio que não o sujeita a uma ordem espúria é o da comparação e cotejo com a obra publicada.

Ele se divide em dois grandes grupos: (i) rascunhos preliminares ou formulações paralelas de algo já publicado, e portanto rejeitado como supérfluo; e (ii) material posto de lado como inadequado por alguma razão.

No primeiro caso, é possível alinhar com certa confiança o aforismo do *Nachlass* ao lado de sua contraparte publicada, como um complemento dos pontos de vista de Nietzsche; no segundo, deve-se fazer o contrário – ou seja, excluir o aforismo de qualquer formulação da filosofia de Nietzsche, pois foi exatamente isso que o próprio Nietzsche fez. E, claro, é preciso ser capaz de distinguir entre o primeiro tipo de material e o segundo. A consideração básica que se deve ter em mente o tempo todo é que qualquer coisa do *Nachlass* que não encontre paralelo nas obras publicadas *não tem valor.*[99]

O material do primeiro tipo inclui anotações referentes a todos os aspectos da filosofia. Um apontamento como:

> As propriedades de uma coisa são seus efeitos sobre outras "coisas": se retiradas as outras "coisas", uma coisa não tem propriedade alguma, ou seja, não existe coisa sem outras coisas, ou seja, não existe "coisa em si" (WM[/VP] 557)

é um fragmento não utilizado do argumento contra um mundo metafísico que poderia ser posto ao lado de outros trechos semelhantes nas obras publicadas; assim como estes aforismos sobre conflito e controle das paixões:

> Em contraste com os animais, o homem desenvolveu uma abundância de instintos e impulsos *contrários* dentro de si mesmo: em consequência dessa síntese, ele é o senhor da Terra (...) O homem superior teria a maior multiplicidade de impulsos (...) Na verdade, onde a planta Homem se mostra mais forte, encontram-se os impulsos instintivos *contrários* mais poderosos (em Shakespeare, por exemplo), mas controlados. (WM[/VP] 966)

> *Superação das emoções?* – Não, se isso implicar seu enfraquecimento e extirpação. *Mas colocá-las a serviço:* o que pode significar também submetê-las a uma prolongada tirania (não apenas como indivíduo, mas como uma comunidade, uma raça etc.). Por fim lhes é concedida novamente, com confiança, a liberdade: elas nos adoram como bons servos e vão por vontade própria aonde quer que se encontrem nossos maiores interesses. (WM[/VP] 384)

> *Domínio* sobre as paixões, e não seu enfraquecimento e extinção! – Quanto mais forte o domínio de uma vontade, mais liberdade pode-se permitir às paixões. (WM[/VP] 933)

Da mesma forma, uma nota como a seguinte é uma contribuição à teoria da sublimação:

> A crueldade foi aprimorada até se transformar em trágica compaixão, de modo que lhe seja *negado* o nome de crueldade. Do mesmo modo, o amor sexual foi transformado em *amour-passion;* a mentalidade de escravo, em

99. Para mais informações sobre este assunto, consultar o Posfácio.

> obediência cristã; a miséria, em humildade; uma condição patológica do *nervus sympathicus*, por exemplo, na forma de pessimismo, pascalismo ou carlylismo etc. (WM[/VP] 312)

e pertence à mesma esfera o longo trecho denominado "O que é *nobre?*" (WM[/VP] 943), que é um rascunho preliminar ou um desdobramento do capítulo de mesmo nome de *Além do bem e do mal*. A seção da *Genealogia* dedicada à origem da "má consciência" (GM/GM II, 16, citado no capítulo 12) é prefigurada numa nota sobre o "*Verinnerlichung*" - o aprofundamento e intensificação - do homem:

> O aprofundamento e intensificação ocorre quando fortes instintos, cuja exteriorização foi negada pela instituição da paz e da sociedade, tentam se manter sob controle internamente, de comum acordo com a imaginação. A sede de hostilidade, crueldade, vingança e violência, volta-se contra si mesma, "submerge"; no desejo de conhecimento há ganância e conquista; no artista, o poder de dissimulação submerso reaparece; os impulsos são transformados em demônios, que são combatidos etc. (WM[/VP] 376)

Há também muitos apontamentos sobre o eterno retorno, como:

> 1. A ideia do eterno retorno: as suposições que teriam de ser verdadeiras se ele fosse verdade. Suas consequências.
> 2. Enquanto a *mais pesada* das ideias: seu provável efeito se não isso fosse previsto, isto é, se todos os valores não fossem transvalorados.
> 3. Meios de *suportá-lo:* a transvaloração de todos os valores. Não mais o gosto pela certeza, mas pela incerteza; não mais "causa e efeito", mas a contínua criação; não mais a vontade de preservação, mas de poder; não mais a humilde expressão "É tudo *meramente* subjetivo", mas "É obra *nossa!* - Tenhamos orgulho dela!" (WM[/VP] 1059)

sobre o "niilismo", como:

> O que significa niilismo? - *Que os valores superiores perdem o valor.* Falta uma meta. Falta uma resposta à pergunta: "Para quê?" (WM[/VP] 2)

e sobre tópicos como antissemitismo:

> Os antissemitas não perdoam os judeus por terem "*Geist*" - e dinheiro. Antissemita - um outro nome para os "menos favorecidos". (WM[/VP] 864)

O segundo tipo de material compreende, em geral, anotações que conduzem a filosofia numa direção que não encontra respaldo na obra publicada. A nota a seguir sobre o retorno é um exemplo:

> A *duração*, com um "em vão" sem finalidade nem objetivo, é a ideia mais *paralisante* (...) Imaginemos essa ideia em sua forma mais terrível: a existência, exatamente como ela é, sem qualquer sentido ou finalidade, mas retornando irrevogavelmente, sem um desfecho no nada: "*o eterno retorno*". Essa é a for-

> ma mais extrema de niilismo: eternamente o nada (o "sem sentido")! Forma europeia do budismo: a energia do conhecimento e da força leva a essa crença. É a *mais científica* de todas as hipóteses possíveis. Os fins são negados: se a existência tivesse um fim, ele já teria sido atingido. (WM[/VP] 55)

Este aforismo contradiz o ponto de vista apresentado em *A gaia ciência* e *Zaratustra*, e embora seja certamente uma atitude *possível* em relação ao retorno, é igualmente certo que não é a adotada pelo próprio Nietzsche: ele rejeitou essa atitude, por isso a formulação dela está no *Nachlass* e não em *A gaia ciência*. Outra nota sobre o assunto:

> Que tudo retorne é o mais próximo que um mundo do vir a ser pode chegar de um mundo do ser. (WM[/VP] 504)

expressa algo implícito na teoria do retorno, e que levei em consideração (ver Capítulo 9), mas Nietzsche não chegou explicitamente a essa conclusão: a ideia permaneceu em suas anotações.

Pode-se dizer o mesmo do trecho colocado no Prefácio de *A vontade de poder* de 1906, que parece a introdução de um estudo abandonado do niilismo:

> O que narro é a história dos próximos dois séculos. Descrevo o que está por vir, o que já não pode ser de outra forma: *o surgimento do niilismo*. Essa história já pode ser contada, pois a própria necessidade está em ação aqui. Esse futuro já fala por meio de uma centena de sinais, esse destino já se anuncia por toda parte; todas as orelhas já estão erguidas para essa música do futuro. Há muito tempo que toda a nossa cultura europeia vem caminhando, com uma tensão torturante que aumenta a cada década, como se fosse em direção a uma catástrofe: inquieta, violenta, arrebatada: como um rio que quer chegar ao seu *fim*. (WM[/VP] Prefácio, 2)

Mais uma vez, há algo disso implícito em todo o seu pensamento, mas "a história dos próximos dois séculos" é algo que ele não escreveu: é um daqueles projetos abandonados.

A necessidade de lembrar que as notas sobre a *Transvaloração* foram rejeitadas é ainda mais urgente em se tratando daquelas que não parecem ser uma contradição das opiniões publicadas, mas sim um desdobramento delas. A observação a seguir sobre Napoleão, por exemplo, é famosa:

> A Revolução permitiu que houvesse um Napoleão: isso a justifica. Por uma recompensa semelhante deveríamos desejar o colapso anárquico de toda a nossa civilização. (WM[/VP] 877)

Isso foi citado como evidência de que ele estava mentalmente desequilibrado quando o escreveu ou, na melhor das hipóteses, de que sua paixão pelo "grande homem" havia superado seu senso de proporção. Porém, cabe ressaltar novamente que o método "experimental" da filosofia - a adoção de vários pontos de vista, incluindo os mais extremos, no sentido de chegar a um ponto de vista razoável - pode levar a "experimentos" malogrados: respostas prematuras, conclusões infundadas, formulações que levam uma percepção válida ao limite do absurdo; e que a argúcia de um filósofo é demonstrada por sua capacidade de julgar se um "experimento" fracassou. (Do ponto de vista de Nietzsche, toda a filosofia do poder foi um experimento bem-sucedido.) A publicação do aforismo acima em *A vontade de poder* não é evidência da insanidade de Nietzsche, muito pelo contrário: ele o escreveu, mas o rejeitou.

Mais sutilmente enganosa é a miscelânea sobre a vontade de poder universal publicada na seção 1.067 de *A vontade de poder*:

> E vocês sabem o que é "o mundo" para mim? Devo mostrá-lo a vocês em meu espelho? Esse mundo: um colosso de energia, sem começo nem fim; uma imensidão de energia inabalável, forte como o bronze, que não aumenta nem diminui, que não se esgota, apenas se transforma; como um todo invariavelmente grande, uma economia sem despesas nem perdas, mas também sem aumentos nem ganhos; circunscrita pelo "nada" como seu limite; não é algo que se esvai ou dissipa, nem que se estende indefinidamente, mas sim uma determinada quantidade de energia situada num determinado espaço, e não um espaço que possa estar "vazio" aqui ou ali, mas antes energia em toda parte, como um jogo de energias e ondas de energia que ao mesmo tempo é um e muitos, que aumentam aqui e diminuem ali simultaneamente; um mar de energias que fluem e avançam juntas, em eterno movimento, eterna recorrência, com incontáveis anos de retorno, com um fluxo e refluxo de suas formas; que passam da mais simples para a mais complexa, da mais calma, rígida e fria para a mais quente, turbulenta e contraditória, para depois retornar outra vez dessa abundância para o simples, do jogo da contradição para a alegria da consonância, e ainda se afirma nessa uniformidade de seus cursos e anos, bendizendo-se como algo que deve retornar eternamente, como um vir a ser que não conhece saciedade, fastio ou cansaço -: esse meu mundo *dionisíaco* da eterna autocriação, da eterna autodestruição, esse mundo misterioso do duplo deleite, esse meu "Além do bem e do mal", sem objetivo, a menos que haja um objetivo na própria alegria do círculo; sem vontade, a menos que um anel tenha boa vontade consigo mesmo - vocês querem um nome para esse mundo? Uma *solução* para todos os seus enigmas? Querem uma *luz* também para vocês, os mais escondidos, fortes e destemidos homens da meia-noite? - *Esse mundo é a vontade de poder - e nada mais!* E vocês mesmos também são essa vontade de poder - e nada mais!

À primeira vista, isso parece completar a filosofia do poder, estendendo seu princípio aos céus mais distantes; mas na realidade nega essa filosofia, excluindo-a do campo dos fenômenos observáveis. O que distingue a vontade de poder de Nietzsche da vontade de Schopenhauer, radical e essencialmente, é que a primeira é uma indução a partir da observação, e a segunda, um postulado fundamentado nas premissas da metafísica alemã; mas no trecho acima Nietzsche consegue reduzir a vontade de poder a um substrato universal que só se distingue do de Schopenhauer por seu caráter "materialista".

Esses poucos exemplos dos dois tipos de material que compõem o *Nachlass* indicarão, espero, como ele deve ser utilizado. Citado sem cautela, ou sem conhecimento adequado das obras publicadas, ele pode dar margem a confusões e erros; lido de forma inteligente, pode fornecer informações valiosas sobre o método de trabalho de Nietzsche e seus processos de pensamento.

CAPÍTULO 15
O POETA

Os artistas glorificam *o tempo todo – eles não fazem outra coisa: glorificam todas aquelas situações e coisas que têm a reputação de fazer os homens se sentirem bons, grandes, inebriados, felizes, alegres ou sábios.*
(FW/GC 85)

Durante todo o seu período de maturidade, Nietzsche nunca deixou de escrever poesias e, embora suas realizações em verso não se comparem às demais em prosa, elas despertam interesse por serem uma expressão paralela dos dois lados de sua personalidade que chamei de socrático e heraclitiano. Num extremo estão as pequenas peças epigramáticas cujos exemplos mais conhecidos são aqueles acrescentados no início de *A gaia ciência*; no outro, os irregulares *Dionysos-Dithyramben*. No meio do caminho entre esses dois extremos está uma forma profundamente rítmica e rimada, um desdobramento do estilo de seus primeiros anos, capaz de expressar tanto atitudes socráticas como heraclitianas.

Os versos epigramáticos são essencialmente uma intensificação, por meio da métrica e da rima, dos aforismos intitulados por uma única frase que apareceram pela primeira vez em *Humano, demasiado humano* e suas continuações, como por exemplo:

> *Teste de um bom casamento.* Um casamento prova que é bom quando é capaz de tolerar uma "exceção" ocasional. (MA/HH 402)[100]
>
> *Inimigos da verdade.* As convicções são inimigos da verdade mais perigosos que as mentiras. (MA/HH 483)
>
> *O nobre hipócrita.* Nunca falar de si mesmo é uma forma muito nobre de hipocrisia. (MA/HH 505)

---

100. Este aforismo parece ter se originado e extraído todo o seu sentido de um dístico no final de *Die Meistersinger*: "Der Regel Güte daraus man erwägt,/dass sie auch 'mal 'ne Ausnahm' verträgt.". (Pode-se dizer que as regras são boas/se puderem tolerar uma exceção ocasional.)

> *Memória ruim.* A vantagem de ter uma memória ruim é que se pode desfrutar as mesmas coisas boas pela primeira vez *várias* vezes. (MA/HH 580)
>
> *A modéstia do homem.* Quão pouco prazer basta para que a maioria das pessoas considere a vida boa; como o homem é modesto! (MA-WS/HH-AS 15)
>
> *Premissas da Era das Máquinas.* A imprensa, as máquinas, a ferrovia e o telégrafo são premissas a cujas conclusões milenares ninguém teve a coragem de chegar, ainda. (MA-WS/HH-AS 278)
>
> *O partidário mais perigoso.* O membro mais perigoso de um partido é aquele cuja deserção destruiria o partido inteiro: portanto, o melhor membro. (MA-WS/HH-AS 290)

O objetivo do aforismo é a preservação na memória por meio da concisão, e na mais concisa de todas as suas obras, *Götzen-Dämmerung*, Nietzsche reduz o número de palavras de seus aforismos absolutamente ao mínimo, como em:

> Até o mais valente de nós raramente tem coragem para o que realmente *sabe.* (GD/CI I, 2)
>
> *Da escola militar da vida.* O que não me mata me fortalece. (GD/CI I, 8)
>
> "Espírito [*Geist*] alemão": há dezoito anos uma *contradictio in adjecto.* (GD/CI I, 23)
>
> Fórmula da minha felicidade: um sim, um não, uma linha reta, uma *meta.* (GD/CI I, 44)

Mas a preservação na memória também é favorecida pela métrica e pela rima, e devemos a isso as dezenas de aforismos métricos bem pequenos da década de 1880, como:

Für Tänzer

Glattes Eis
Ein Paradeis
Für den, der gut zu tanzen weiss.

(*Para dançarinos.* Gelo liso [é] um paraíso para quem sabe dançar bem. (FW/GC Preliminares, 13))

Aufwärts

"Wie komm ich am besten den Berg hinan?" –
Steig nur hinauf und denk nicht dran!

(*Para cima.* "Qual é a melhor maneira de subir a montanha?" – Apenas suba e não pense nisso! (FW/GC Preliminares, 16))

Der Nächste

Nah hab den Nächsten ich nicht gerne:
Fort mit ihm in die Höh und Ferne!
Wie würd er sonst zu meinem Sterne?

(*Meu próximo.* Não quero meu próximo perto de mim: que ele vá embora para alturas distantes! De que outro modo poderia se tornar minha estrela? (FW/GC Preliminares, 30))[101]

A urbanidade dos epigramas é evidente também nos poemas de estilo mais convencional. Seus primeiros exemplos são "Ohne Heimat" e "Dem unbekannten Gott".[102] Um bom exemplo da década de 1880 é "Unter Freunden" (Entre amigos), acrescentado à segunda edição de *Humano, demasiado humano:*

Schön ists, miteinander schweigen,
Schöner, miteinander lachen, -
Unter seidnem Himmels-Tuche
Hingelehnt zu Moos und Buche
Lieblich laut mit Freunden lachen
Und sich weisse Zähne zeigen (...)

(É bom ficar juntos em silêncio, melhor ainda rir juntos - deitados contra o musgo e as faias, sob a cobertura de seda celeste, para dar agradáveis risadas com os amigos, exibindo nossos dentes brancos.)

Durante o período de *A gaia ciência*, porém, Nietzsche começou a utilizar cada vez mais esse tipo de verso como um veículo para exprimir suas emoções mais primitivas: o tom impetuoso e extasiado aparece de forma mais destacada nos *Idílios de Messina* (1882, incorporados ao apêndice da segunda edição de *A gaia ciência*) e outros poemas da mesma época, como por exemplo em "Nach neuen Meeren" (Rumo a novos mares):

Dorthin - *will* ich; und ich traue
Mir fortan and meinem Griff.
Offen liegt das Meer, ins Blaue
Treibt mein Genueser Schiff.

Alles glänzt mir neu und neuer,
Mittag schläft auf Raum und Zeit –;
Nur *dein* Auge - ungeheuer
Blickt mich's an, Unendlichkeit!

101. Ver também "Meine Härte", citado no Capítulo 2, e "Ecce Homo", citado no Capítulo 5.

102. Citados no Capítulo 2.

(*Quero* ir embora – e de agora em diante dependo de mim mesmo e de minhas próprias mãos. O mar se abre, meu navio genovês avança em direção ao azul.

Tudo brilha cada vez mais novo, o meio-dia repousa no espaço e no tempo: só o *teu* olho – assustadoramente me observa, infinitude! (FW/GC Apêndice, 12))

e em “An den Mistral” (Ao Mistral), que se tornou um exemplo clássico de ritmo acelerado:

Mistral-Wind, du Wolken-Jäger,
Trübsal-Mörder, Himmels-Feger,
Brausender, wie lieb ich dich!
Sind wir zwei nicht eines Schosses
Erstlingsgabe, eines Loses
Vorbestimmte ewiglich?

Hier auf glatten Felsenwegen
Lauf ich tanzend dir entgegen,
Tanzend wie du pfeifst und singst:
Der du ohne Schiff und Ruder
Als der Freiheit frei'ster Bruder
Über wilde Meere springst (...)

(Vento Mistral, caçador de nuvens, matador de angústias, varredor dos céus, zunidor, como o adoro! Não somos ambos os primeiros frutos de um mesmo ventre, eternamente predestinados à mesma sorte?

Aqui corro sobre trilhas suaves e pedregosas, dançando ao seu encontro, conforme seus assobios e cantos: você que, como o irmão mais livre da liberdade, cruza mares turbulentos sem navio nem leme (...) (FW/GC Apêndice, 14))

A tendência perceptível nesses versos se acentuou nos anos de *Zaratustra* até culminar no êxtase quase místico de “Auf hohen Bergen” (Do alto das montanhas):

O Lebens Mittag! Zweite Jugendzeit!
  O Sommergarten!
Unruhig Glück im Stehn und Spähn und Warten!
Der Freunde harr ich, Tag und Nacht bereit,
Der *neuen* Freunde! Kommt! 's ist Zeit! 's ist Zeit!

Dies Lied ist aus – der Sehnsucht süsser Schrei
  Erstab im Munde:
Ein Zaubrer tat's, der Freund zur rechten Stunde,
Der Mittags-Freund – nein! fragt nicht, wer es sei –
Um Mittag war's, da wurde Eins zu Zwei...

Nun feiern wir, vereinten Sieg gewiss,
Das Fest der Feste:
Freund *Zarathustra* kam, der Gast der Gäste!
Nun lacht die Welt, der grause Vorhang riss,
Die Hochzeit kam für Licht und Finsternis... (...)

(Ó meio-dia da vida! Segunda juventude! Ó jardim de verão! Inquieta alegria em se deter, observar e esperar! Dia e noite a postos, espero pelos amigos, os *novos* amigos! Venham! Está na hora! Está na hora!

Esta canção terminou – o doce clamor da saudade morreu na boca: um mágico a fez, o amigo da hora certa, o amigo do meio-dia – não! não perguntem quem é ele – era meio-dia, quando um se tornou dois... (...)

Agora, certos da vitória conjunta, celebramos o banquete dos banquetes: Chegou o amigo *Zaratustra*, o convidado dos convidados! Agora o mundo se regozija, a terrível cortina se rasga, chega o dia do casamento entre a luz e a escuridão... (...) (JGB/BM Epílogo, versos finais.))

A pressão de se sentir em "Aus hohen Bergen" está prestes a romper com a forma métrica e as barreiras da rima em direção ao verso livre, e de fato o estilo poético final de Nietzsche se caracteriza pelo abandono de qualquer princípio organizador, exceto a cadência:

Still! –
Von grossen Dingen – ich *sehe* Grosses! –
soll man schweigen
oder gross reden:
rede gross, meine entzückte Weisheit!

Ich sehe hinauf –
dort rollen Lichtmeere:
o Nacht, o Schweigen, o totenstiller Lärm!...
Ich sehe ein Zeichen –,
aus fernsten Fernen
sinkt langsam funkelnd ein Sternbild gegen mich... (...)

(Silêncio! – De grandes coisas – eu *vejo* algo grande! – deve-se calar ou falar com grandeza: fale com grandeza, minha arrebatada sabedoria! Olho para cima – rolam ali mares de luz: ó noite, ó silêncio, ó barulho de um silêncio mortal!... Vejo um sinal – da mais longínqua distância, uma constelação de estrelas cintilantes desce lentamente ao meu encontro... (...) "Ruhm und Ewigkeit", 3: (DD/DD 8))

> Zehn Jahre dahin –,
> kein Tropfen erreichte mich,
> kein feuchter Wind, kein Tau der Liebe
> – ein *regenloses* Land...
> Nun bitte ich meine Weisheit,
> nicht geizig zu werden in dieser Dürre:
> ströme selber über, träufle selber Tau;
> sei selber Regen der vergilbten Wildnis! (...)
>
> (Dez anos se passaram – nenhuma gota d'água me atingiu, nenhum vento úmido, nenhum orvalho de amor – uma terra *sem chuva*... Agora peço à minha sabedoria que não seja mesquinha nessa aridez: transborde você mesma, derrame seu orvalho, seja você mesma a chuva para esse deserto amarelado! (...) De "Von der Armut des Reichsten"; (DD/DD 9))

Essa falta de distinção entre prosa e verso, contudo, não surgiu tardiamente. Trechos de prosa sofisticada, "poética", ocorrem em todas as obras de Nietzsche, como por exemplo na seção 292 de *Humano, demasiado humano:*

> Quando sua visão tiver se tornado forte o bastante para enxergar o fundo do escuro poço do seu ser e do seu conhecimento, talvez em seu reflexo também se tornem visíveis as constelações distantes das culturas do futuro. Você acha que uma vida assim, com tal objetivo, seria demasiado penosa, desprovida de tudo que dá prazer? Então não aprendeu ainda que não existe mel mais doce que o do conhecimento, nem que as nuvens de aflição que pairam sobre você serão os úberes dos quais deverá tirar o leite para o seu bálsamo.

e no final de *Aurora:*

> *Nós, aeronautas do espírito!* Todos esses pássaros audazes que voam para longe, às mais longínquas distâncias – decerto! em algum lugar serão incapazes de prosseguir e pousarão num mastro ou na encosta nua de um penhasco – e ainda ficarão agradecidos por essa mísera acomodação! Mas quem poderia adivinhar que adiante deles *não* haveria um imenso espaço aberto, e que eles teriam chegado o *mais longe* que alguém *poderia* voar? Todos os nossos grandes mestres e precursores acabaram parando (...); acontecerá o mesmo comigo e com você? Mas o que isso importa a mim e a você? *Outros pássaros voarão mais longe!* Essa nossa ideia e crença rivaliza com eles em voar para cima e para longe; ela se ergue sobre nossa cabeça e nossa impotência em direção às alturas, de onde enxerga ao longe e vê bandos de pássaros bem mais fortes do que nós, que ainda se empenham em chegar onde chegamos, onde tudo é mar, mar e mar! – E para onde iremos depois? *Cruzaremos* o mar? Para onde vai nos levar essa ânsia poderosa, que para nós vale mais do que qualquer prazer? Por que justamente nessa direção, onde *declinaram* todos os sóis da humanidade? Será que um dia também dirão que nós, *rumando para oeste, esperávamos chegar às Índias* – mas que nosso destino era naufragar no infinito? Ou não, meus irmãos? Ou não? – (M/A 575)

Zaratustra, que muitas vezes é chamado de "poema em prosa", foi escrito numa diversidade de estilos, da mais prosaica prosa ao verso métrico rimado;[103] e muitos trechos, bem como alguns capítulos inteiros, dão a sensação de versos livres: não só é possível organizá-los na forma de versos livres sem incongruência, como sua cadência se torna bem mais perceptível quando são organizados dessa maneira:

> Die Feigen fallen von den Bäumen, sie sind gut und süss;
> und indem sie fallen, reisst ihnen die rote Haut.
> Ein Nordwind bin ich reifen Feigen.
>
> (Os figos estão caindo das árvores, eles são bons e doces;/e quando caem, sua casca avermelhada se abre./Eu sou como o vento norte para os figos maduros. (Za/ZA II, 2))
>
> Nacht ist es:
> nun reden lauter alle springenden Brunnen.
> Und auch meine Seele ist
> Ein springender Brunnen.
>
> Nacht ist es:
> nun erst erwachen alle Lieder der Liebenden.
> Und auch meine Seele ist
> das Lied eines Liebenden.
>
> (É noite:/agora, todas as fontes que jorram falam mais alto./E minha alma também é/uma fonte que jorra.
>
> É noite:/só agora despertam todos os cantos dos que amam./E minha alma também é o canto de alguém que ama. (Za/ZA II, 9))
>
> "Dort ist die Gräberinsel, die schweigsame;
> dort sind auch die Gräber meiner Jugend,
> Dahin will ich einem immergrünen Kranz des Lebens tragen."
>
> Also im Herzen beschliessend,
> fuhr ich über das Meer. –
> ("Ali está a ilha dos sepulcros, a silenciosa;/ali estão também os sepulcros da minha juventude./Levarei para lá uma coroa sempre verde da vida."
>
> Com essa resolução em meu coração/atravessei o mar. (Za/ZA II, 11))
>
> O du mein Wille! Du Wende aller Not,
> du *meine* Notwendigkeit!
> Bewahre mich vor allen kleinen Siegen!

103. A primeira parte do "Segundo canto da dança" (Za/ZA III, 15, 1) tem a estranha forma de *prosa rimada*.

Du Schickung meiner Seele, die ich Schicksal heisse!
Du In-mir! Über-mir!
Bewahre und spare mich auf zu *einem* grossen Schicksale!

(Ó minha Vontade! Necessidade *minha*/que afasta todas as outras necessidades!/Proteja-me de todas as pequenas vitórias!

Ó predestinação de minha alma, que chamo de destino!/Dentro de mim! Sobre mim! Proteja-me e reserve-me para um *único* grande destino! (Za/ZA III, 12, 30))

Still! Still! Ward die Welt nicht eben vollkommen?
Was geschieht mir doch?

Wie ein zierlicher Wind, ungesehn,
auf getäfeltem Meere tanzt,
leicht, federleicht: so –
tanzt der Schlaf auf mir.

(Silêncio! Silêncio! O mundo não acaba de se tornar perfeito?/O que se passa comigo?

Como uma brisa delicada, despercebida,/dança sobre o mar calmo,/leve, tão leve quanto uma pena: assim –/dança o sono sobre mim. (Za/ZA IV, 10))

A passagem desse tipo de prosa para o verso livre dos *Dionysos-Dithyramben* é um passo curto. Provavelmente, o excesso de liberdade que Nietzsche se permitiu é a razão pela qual a maioria deles não teve tanto êxito quanto os dois que já citei: em especial os que foram incluídos na quarta parte de *Zaratustra* denotam uma falta de controle, e a qualidade inferior do volume de fragmentos em estilo semelhante publicados após seu colapso sugere que Nietzsche já não se deixava influenciar pelo freio da métrica. No entanto, um de seus mais belos poemas é também um dos últimos que escreveu: um poema lírico em versos livres rigorosamente controlados, no qual ele nos diz mais sobre sua verdade essencial do que em todas as pretensões de Dionísio:

An der Brücke stand
jüngst ich in brauner Nacht.
Fernher kam Gesang;
goldener Tropfen quoll's
über die zitternde Fläche weg.
Gondeln, Lichter, Musik –
trunken schwamm's in die Dämmerung hinaus...

Meine Seele, ein Saitenspiel,
sang sich, unsichtbar berührt,
heimlich ein Gondellied dazu,
zitternd von bunter Seligkeit.
- Hörte jemand ihr zu?

(Recentemente, parei junto à ponte no escuro da noite. Ouvi ao longe uma canção; uma gota dourada deslizava sobre a trêmula superfície. Gôndolas, luzes, música - flutuavam inebriadas em direção ao crepúsculo...

Minha alma, qual um instrumento de cordas tocado por uma mão invisível, entoou para si uma canção de gondoleiro, vibrando de felicidade. - Será que alguém a escutou? (EH/EH II, 7))

CAPÍTULO 16
O COLAPSO

Mas, para abrir totalmente meu coração a vocês, amigos:
se *existissem deuses, como eu poderia suportar não ser um deus?*
Logo, *os deuses não existem.*
Na verdade, fui eu quem tirou essa conclusão;
mas agora ela tira a mim.
(Za/ZA II, 2)

Ao sair de casa na manhã do dia 3 de janeiro de 1889, Nietzsche viu um cocheiro chicotear seu cavalo num ponto de carros de aluguel da Piazza Carlo Alberto. Ele atravessou a praça aos gritos e se atirou ao redor do pescoço do animal. Depois perdeu a consciência e resvalou para o chão, ainda abraçado ao cavalo açoitado. Uma multidão se aglomerou e, atraído pela confusão, seu senhorio reconheceu o inquilino e fez com que o levassem de volta a seus aposentos. Ele permaneceu inconsciente por um bom tempo. Quando voltou a si, não era mais o mesmo: no início, cantava, gritava e golpeava as teclas do piano de tal forma que o senhorio, que já havia chamado um médico, ameaçou chamar também um policial; depois se acalmou e começou a escrever a famosa série de epístolas às cortes europeias e aos seus amigos anunciando sua chegada como Dionísio e o Crucificado. Não se sabe ao certo quantas escreveu. As dirigidas às figuras públicas anunciam que ele, "o Crucificado", iria para Roma "na terça" (8 de janeiro), onde os príncipes da Europa se reuniriam com o papa: uma notificação nesse sentido foi enviada ao secretário de estado do Vaticano. Os Hohenzollerns, porém, seriam excluídos, e os outros príncipes alemães foram aconselhados a não se envolver com eles: mesmo agora, o *Reich* continua sendo inimigo da cultura alemã.

Para Peter Gast foram apenas duas linhas:

> *Ao meu maestro Pietro. Cante-me um novo canto: o mundo se transfigura e todos os céus se regozijam. O Crucificado.*

Para Brandes, uma epístola um pouco mais longa:

> Depois que me descobriste, não foi difícil me encontrar: difícil, agora, é me perder (...) O Crucificado.

Foram enviadas cartas também a Strindberg, Malwida, Bülow, Spitteler e Rohde, entre outros. Cosima recebeu uma única linha:

> Ariadne, eu te amo. Dionísio.

Burckhardt também recebeu uma carta assinada por Dionísio, e depois (em 6 de janeiro) uma bem mais longa de quatro páginas, com anotações nas margens:

> No fim das contas, preferia bem mais ter sido professor na Basileia do que Deus; mas não me atrevi a levar tão longe o meu egoísmo particular a ponto de negligenciar a criação do mundo por causa disso. Veja, é preciso fazer sacrifícios, não importa como e onde se viva (...) Ando por aí com meu casaco de estudante, bato no ombro deste ou daquele e digo: *siamo contenti? son dio, ho fatto questa caricatura* (...) O *resto* é para Frau Cosima (...) Ariadne (...) De tempos em tempos acontece alguma mágica (...) Mandei acorrentar Caifás; e no ano passado fui crucificado lentamente pelos médicos alemães. Dei fim a Wilhelm, Bismarck e a todos os antissemitas. Você pode fazer qualquer uso desta carta que não diminua meu conceito junto às pessoas da Basileia.

Burckhardt levou essa carta a Overbeck, que sabia ser amigo próximo de Nietzsche, e Overbeck reconheceu que aquilo era fruto de um desequilíbrio, se não de insanidade. Escreveu para Nietzsche imediatamente, implorando que fosse para a Basileia. No dia seguinte, 7 de janeiro, o próprio Overbeck recebeu uma carta de Turim:

> Embora, até agora, você tenha demonstrado pouca fé em minha capacidade de pagamento, ainda espero provar que pago minhas dívidas – por exemplo, com você (...) Acabo de mandar fuzilar todos os antissemitas (...) Dionísio.

Ele foi direto ao psiquiatra da Basileia, Dr. Wille, que leu as duas cartas e aconselhou que Nietzsche fosse levado a seu sanatório o mais rápido possível. Overbeck partiu no mesmo dia para Turim. Na tarde do dia 8 chegou ao quarto de Nietzsche, que encontrou num estado caótico: Nietzsche estivera novamente cantando e tocando piano, causando tamanho transtorno que seu senhorio estava justamente chamando a polícia quando Overbeck apareceu. Havia chegado, afirma, "no último instante em que ainda era possível levá-lo sem qualquer outro empecilho além de sua própria condição"[104]. Ele estava num canto lendo as provas de *Nietzsche*

---

104. Carta a Gast de 15 de janeiro, em BERNOULLI, C. A. op. cit., v. 2, p. 231 ss.

contra Wagner – ou parecia ler – quando Overbeck entrou; ao reconhecer seu amigo, Nietzsche o abraçou com força e caiu em prantos.

No dia seguinte Overbeck e um ajudante o escoltaram até a estação ferroviária e, por meio de persuasão e engodo, conseguiram colocá-lo no trem sem dificuldades. Ao chegarem à Basileia no dia 10, ele foi levado à clínica de nervos de Wille, onde ficou até o dia 17. Seu comportamento indicava um total colapso mental, embora estivesse mais robusto fisicamente do que esteve por muitos anos. O diagnóstico de Wille foi "Paralisia progressiva" – diagnóstico esse que se mostrou correto.[105]

No dia 14, a mãe de Nietzsche o visitou. Ele a reconheceu e manteve uma conversa perfeitamente normal sobre assuntos de família, até exclamar de repente: "Olhe, sou o tirano de Turim!", e então a entrevista teve de ser interrompida. A mãe quis levá-lo consigo de volta a Naumburg, mas Wille foi totalmente contra: Nietzsche necessitava de um tipo de supervisão – e, às vezes, contenção – que só uma instituição poderia proporcionar. Sugeriu, por fim, que fosse removido para uma clínica mais perto de casa, e Overbeck escreveu ao diretor da clínica universitária de Jena, Otto Binswanger, perguntando se poderiam receber Nietzsche. Binswanger concordou e, no dia 17, Nietzsche foi transferido para Jena de trem, aos cuidados de um médico, de um ajudante e de sua mãe. Ele estava muito calmo no início, mas antes de chegarem a Frankfurt havia tido um acesso de fúria contra a mãe, permanecendo inquieto e inconveniente durante todo o resto da viagem. Chegou a Jena no dia 18 e foi internado na clínica psiquiátrica local na mesma tarde.

De volta à Basileia, Overbeck estava profundamente pessimista quanto ao futuro do amigo. "Nunca vi um quadro de colapso tão assustador", escrevera ele a Gast no dia 11. Agora, dia 20, afirma que tirar a vida de Nietzsche "teria sido um gesto de amizade bem mais verdadeiro" do que colocá-lo num manicômio.[106]

> Não desejo outra coisa senão que lhe seja tirada logo, [continua ele.] Digo isso sem a menor hesitação, e acho que ninguém que tivesse estado comigo esses dias pensaria diferente. É o fim de Nietzsche!

105. O registro da estadia de Nietzsche como paciente na Basileia é reproduzido integralmente em PODACH, E. *Nietzsche Zusammenbruch*. Heidelberg, 1930. p. 109 ss.

106. Overbeck a Gast, em BERNOULLI, C. A. op. cit., v. 2, p. 238.

PARTE IV

1889-1900

Só o depois de amanhã me pertence.
Alguns já nascem póstumos.
(A Vorwort)

CAPÍTULO 17
A MORTE
DE NIETZSCHE

(...) ele será incompreendido e, por muito tempo, considerado um aliado dos poderes que abomina.
(UBIII/Co. Ext. III 4)

1

À história da vida de Nietzsche deve-se acrescentar a história de sua morte. Ele levou onze anos para morrer, e nesse período tornou-se uma figura lendária: vivo, porém morto, existindo num mundo além do alcance do homem, ele instigou a um nível perigoso o poder de criar mitos de uma nação cada vez mais inclinada à fantasia e ao irracionalismo. O Nietzsche para quem os nazistas construíram o museu em Weimar era, para ser exato, um louco: o Nietzsche dos últimos onze anos, que de filósofo racional e escritor brilhante transformou-se num homem sem qualidades, ao qual se poderia atribuir qualquer característica. A realidade – de que o filósofo sucumbira a uma infecção, muito provavelmente sifilítica, e estava decaindo para uma condição popularmente chamada de paralisia geral dos insanos – desaparecia em meio à confusão, à ilusão e ao discurso incoerente que haviam se disseminado pelo *Reich* desde sua instituição, e contra o qual o próprio Nietzsche sempre advertira ferozmente; até que Ernst Bertram, um membro destacado do "Círculo" de Stefan George, designou a insanidade de Nietzsche como sendo uma "ascensão ao místico" e uma "orgulhosa transição" para um estado mais elevado.[107] O conteúdo da vida e obra de Nietzsche foi suprimido, seu rompimento com Wagner aplacado, sua hostilidade contra o *Reich* esclarecida: ele foi transformado em "um aliado dos poderes que abomina" (UBIII/Co. Ext. III 4). Levaram

107. BERTRAM, E. *Nietzsche*: Versuch einer Mythologie, 1918. p. 361-2.

tão longe o processo, que ele passou a ser associado aos herdeiros definitivos do movimento ao qual se opusera desde o início: o nazismo antissemita, antirracionalista, cultuador da raça e do Estado. "Seus seguidores", escreveu Bertrand Russell no fim da Segunda Guerra Mundial, "tiveram a sua vez"[108]: a expressão, tipicamente inglesa, foi universalmente mal interpretada.

Não se pode negar que Nietzsche foi contaminado até certo ponto pelas tendências de seu país e de sua época, em torno das palavras e dos mitos; mas é preciso lembrar também que ele as combateu, e que seu antigermanismo, no fundo, era o sintoma externo de um conflito interno. Ele antecipou o perigo e alertou contra ele na primeira de suas *Considerações intempestivas*, em que expressou o temor de que a recente vitória sobre a França resultasse "na derrota, se não na extirpação do *Geist* alemão em benefício do '*Reich* alemão'" (UBI/Co. Ext. I 1); no final ele achava que seus temores haviam se concretizado:

> "*Deutschland, Deutschland über alles*" – isso foi, receio, o fim da filosofia alemã. (GD/CI VIII, 1)

Incapacitado após seu colapso, ele caiu nas mãos de Elizabeth – que sempre havia sido mais Förster do que Nietzsche – e, consequentemente, de toda a tribo de fabricantes de mitos germânicos. No período nazista, a busca por uma "boa linhagem", estendida ao campo cultural e ideológico, recairia mais facilmente sobre o "solitário de Sils-Maria", uma vez que Elizabeth já o havia preparado; e a estrutura ninivita erigida em Weimar para abrigar o Arquivo Nietzsche era um tributo não apenas ao trabalho dela, mas também ao silêncio e à conivência da maior parte do mundo acadêmico alemão.[109] O próprio Nietzsche não tinha nada a ver com tudo isso, é claro: não faz parte da história de sua vida, e sim de sua morte.

O estado em que ele chegou à clínica de Jena é revelado no relatório feito pelo médico em 19 de janeiro (1889):[110]

> O paciente nos acompanhou até seus aposentos fazendo muitas reverências. Andou pelo quarto com ar majestoso, olhando para o teto, e nos agradeceu pela "magnífica recepção". Ele não sabe onde está. Às vezes pensa estar em Naumburg, às vezes em Turim (...) Gesticula e fala sempre num tom afeta-

108. RUSSELL, B. *História da Filosofia Ocidental*, 1946. p. 800.

109. Ver em PODACH, E. *Friedrich Nietzsches Werke des Zusammenbruchs*, p. 11-2 e 412 ss., um comentário sobre o assunto. Karl Löwith (*Von Hegel bis Nietzsche*), espirituosamente, chama o prédio de "vingança de Wagner contra Nietzsche".

110. Reproduzido em PODACH, E. *Nietzsches Zusammenbruch*. p. 120.

> do, com expressões extravagantes (...) Faz constantes trejeitos ao falar. Também à noite sua conversa incoerente prossegue quase sem cessar.

Durante o resto de 1889, seu estado praticamente não se alterou: às vezes quase lúcido, muitas vezes dizendo coisas sem sentido, ocasionalmente violento, mas em boa forma física. No início de 1890, Gast foi para Jena e descreve seu encontro com Nietzsche numa carta a Carl Fuchs:

> Ele me reconheceu imediatamente, abraçou-me, beijou-me e ficou extremamente feliz em me ver; apertou minha mão várias vezes, como se não acreditasse que eu realmente estava ali.[111]

Ele acompanhou o paciente em longas caminhadas, observando-o atentamente. Às vezes sentia que estava perto da cura; outras vezes, afirma ele, "parecia – que horror! – que Nietzsche fingia estar louco, como se estivesse feliz por acabar assim!". Overbeck relatou ter tido uma impressão semelhante no ano anterior, mas em ambos os casos, isso deve ter sido consequência de alguma expressão facial de Nietzsche inexplicável de outro modo, ou daquele "falso fingimento" que acompanha algumas formas de insanidade. Overbeck também esteve em Jena durante o mês de fevereiro de 1890, e se revezou com Gast na tarefa de acompanhar Nietzsche em seus exercícios: ele relata que a conversa era normal em grande parte do tempo, exceto pelo fato de que Nietzsche não se lembrava de nada do que lhe acontecera após o fim de 1888 e não tinha consciência de seu estado nem de onde estava.

Durante todo esse tempo, Franziska esteve visitando o filho quando seu estado permitia, e em meados de fevereiro se instalou numa casa em Jena para ficar perto dele. O único desejo dela era tirá-lo da clínica para que ficasse sob seus cuidados, mas eles resistiram, é claro, até ficar claro que não havia perspectiva de melhora nem qualquer risco para a mãe se ele fosse liberado. Isso aconteceu no dia 24 de março, e Nietzsche ficou com ela em Jena até 13 de maio, quando retornaram a Naumburg – de volta ao número 18 da rua Weingarten, de onde saiu pela primeira vez ainda menino, aos 14 anos, para estudar em Pforta. Nessa época ele se tornara muito calmo e dócil, acompanhando a mãe feito uma criança, mas sob constante vigilância. Quando estava na companhia de alguém, era muito comportado, o que poderia não acontecer se saísse sozinho, como ilustra um incidente ocorrido em maio, certa manhã em que saiu de casa antes da mãe. Uma

111. Ibid., p. 135.

vez na rua, imediatamente chamou a atenção pela violência de seus gestos e estranheza de seu comportamento; e quando começou a se despir no meio da rua, chamaram a polícia e ele foi detido. Logo perceberam de quem se tratava, e ele estava sendo escoltado de volta para casa por um policial, com quem conversava alegremente, quando sua distraída mãe voltou a vê-lo.

De volta a Naumburg, passou a ficar exclusivamente sob os cuidados da mãe, que cuidava dele com grande dedicação e parecia tirar parte de sua coragem da ideia de que Deus o trouxera de volta para ela. Numa carta a Overbeck, ela escreveu: "Minha alma está sempre repleta de gratidão ao nosso bom Deus, pois *agora posso cuidar* desse filho do meu coração.".[112] Numa ocasião ela falou de alguém que havia morrido, e Nietzsche comentou: "Bem-aventurados os que morrem no Senhor." Ela chama isso de evidência do "espírito religioso" em que ele tem mergulhado cada vez mais, e exprime uma ingênua surpresa com a extensão de seu conhecimento bíblico.[113] A escritora Gabriele Reuter soube que Franziska pensara em queimar os escritos ateístas de seu filho (provavelmente se referia a *O anticristo*), mas havia sido dissuadida por Elizabeth, que dissera que "a obra de um gênio pertence ao mundo, não a sua família". Apesar disso, afirma Gabriele, ela tinha orgulho da fama do filho, e defenderia ardentemente sua reputação.[114]

Ao longo dos dois anos seguintes ele decaiu para uma apatia cada vez maior, com episódios ocasionais de vitalidade. As esperanças de que Nietzsche acabasse se curando foram, relutantemente, enfim abandonadas por completo, e os esforços de Franziska concentravam-se em mantê-lo o mais feliz possível e protegê-lo de qualquer incidente desagradável capaz de fazer com que o levassem de volta para Jena – o que ela mais temia. Suas cartas a Overbeck, publicadas em 1937 com o título de *Der kranke Nietzsche*, fornecem um relato detalhado desse período quase sem ocorrências. Em 1º de outubro de 1893, escreveu contando que ele ainda tinha um aspecto saudável e passava grande parte do tempo sentado na varanda; não dava a menor impressão de sofrimento e "faz até pequenos gracejos e ri deles conosco [ela própria e Elizabeth] de modo perfeitamente natural". Passou bem o Natal daquele ano, mas em março de 1894 piorou bas-

112. Ver PODACH, E. *Der kranke Nietzsche*. Viena, 1937. p. 141.

113. Ibid., p. 87.

114. Ver PODACH, E. *Gestalten um Nietzsche*. p. 31.

tante. Passava horas a fio gritando e cantando, embora novamente parecesse não estar sentindo dor alguma – "ele parece muito feliz consigo mesmo" (carta de 29 de março). Na mesma carta, ela diz que as caminhadas diárias agora tiveram de ser abandonadas: assim que viraram a esquina, Nietzsche pergunta "Onde está nossa casa?" e não sossega até voltar para lá.

Na Páscoa de 1894, Rohde fez sua primeira visita ao enfermo, a convite de Elizabeth.

> Vi o infeliz em pessoa, [escreveu ele a Overbeck em 27 de dezembro (em geral, os visitantes eram dissuadidos de ver Nietzsche pessoalmente)]: está totalmente apático, não reconhece ninguém a não ser a mãe e a irmã, mal pronuncia uma única frase uma vez por mês; seu corpo se tornou fraco e atrofiado, embora o rosto tenha uma cor saudável (...) Mas é evidente que não sente mais nada, nem alegria, nem tristeza.

No outono, ele mal conseguia sair de casa e se tornara quase totalmente apático. Gast, que o viu em outubro, escreveu a Overbeck:

> Nietzsche repousa o dia todo no piso superior, vestido com uma camisola de flanela. Tem bom aspecto, tornou-se bastante calmo e fica olhando para a frente com uma expressão sonhadora e muito inquisitiva. (...) Quase não me reconhecia mais.

Em seu quinquagésimo aniversário (em 15 de outubro de 1894), Paul Deussen o visitou:

> Sua mãe o trouxe, desejei a ele um feliz aniversário, disse que estava fazendo cinquenta anos e lhe dei um buquê de flores. De tudo isso, ele não compreendeu nada. Só as flores pareceram atrair sua atenção por um instante, depois elas também deixaram de ser notadas.[115]

Overbeck viu Nietzsche pela última vez certo dia no final de setembro de 1895. Ele descreve sua aparência numa carta a Rohde de 31 de dezembro:

> Há cinco anos e meio pude caminhar sozinho com ele pelas ruas de Jena durante horas, em que era capaz de falar de si mesmo e sabia muito bem quem eu era; agora o vi apenas em seu quarto, meio encolhido, como um animal selvagem mortalmente ferido que só quer que o deixem em paz, e não emitiu literalmente nenhum som enquanto estive lá. Não parecia sofrer nem sentir dor, exceto talvez pela profunda expressão de desgosto visível somente em seus olhos sem vida. Além disso, toda vez que eu entrava, ele quase sempre parecia estar lutando contra o sono. Havia passado semanas numa condição que alternava um dia terrivelmente agitado, em que chegava ao ponto de urrar e gritar, com um dia de total prostração. Foi num dia assim que o vi.

115. DEUSSEN, P. op. cit., p. 97.

2

Quando Nietzsche sofreu o colapso, deixou para trás um grande volume de material não publicado, parte do qual estava com ele em Turim, parte em Gênova e parte – de um tipo que será descrito mais adiante – em Sils-Maria. Dos escritos de 1888, apenas *O caso Wagner* havia sido publicado; *Crepúsculo dos ídolos* estava pronto para publicação, *Ecce Homo* e *Nietzsche contra Wagner* estavam parcialmente impressos, e *O anticristo* e os *Ditirambos de Dionísio* ainda estavam em manuscritos. Seus "herdeiros" imediatos no que se referia a seus escritos eram Overbeck, que se sentia responsável pela sua preservação, Gast, que se considerava o único "discípulo" de Nietzsche, e a firma dos Naumann, cujos negócios estiveram, em grande medida, associados a Nietzsche. Em 20 de janeiro de 1889, Overbeck escreveu a Gast dizendo que o *Nachlass* – a rigor não se tratava disso, pois Nietzsche ainda estava vivo – estava sendo enviado para ele de Turim: além dos livros concluídos, afirma, há uma "imensidão de escritos", alguns totalmente ilegíveis. No dia 27, depois de ler a obra concluída, Overbeck escreveu novamente, dizendo que em sua opinião *Nietzsche contra Wagner* devia ser retido, mas que não parecia haver nenhuma razão decisiva para retardar a publicação de *Götzen-Dämmerung* – "essa profusão realmente espantosa de inteligência e perspicácia". *Ecce Homo* ele ainda não vira. Em 4 de fevereiro, Overbeck afirma que os demais papéis de Nietzsche estavam então com ele na Basileia. Já leu as duas partes impressas de *Ecce Homo* e ficou abalado com elas. Os próprios irmãos Naumann achavam que não deviam prosseguir com a autobiografia e Overbeck concorda, "por mais excepcionalmente valiosa que ela venha a ser no futuro". Sobre os demais papéis ele não se pronuncia, exceto para dizer, numa carta de 23 de fevereiro: "Não me agrada nem um pouco o que pode acontecer com o *Nachlass* literário de Nietzsche se nós, digo, você e eu, perdermos o controle sobre ele.".

Sem dúvida, ele estava pensando – como Gast deve ter pensado quando leu essas palavras – em Elizabeth. Ambos sabiam muito bem que os dois irmãos haviam se desentendido irremediavelmente, e que Elizabeth viera a representar para Nietzsche tudo que lhe desagradava na Alemanha de sua época; e devem ter achado que as coisas não correriam bem se os papéis de Nietzsche caíssem nas mãos de Elizabeth. Nessa época, ela ainda estava no Paraguai. Förster cometeu suicídio em junho de 1889, e após sua morte Elizabeth permaneceu lá até o final de junho, quando, desesperada por dinheiro, regressou à Alemanha para tentar conseguir algum: um de seus apelos era por recursos para a construção de uma igreja, a fim de atender as necessidades espirituais da Nova Germânia; outro, na forma de um pequeno livro em que Förster figurava como um herói trágico.

O colapso de seu irmão e o suicídio de seu marido haviam lhe roubado, num mesmo ano, os únicos homens que haviam tido alguma importância em sua vida, e essa dupla perda trouxe à tona o melhor e o pior dela: o melhor, no sentido de que isso a obrigou a andar com as próprias pernas e mostrar do que era capaz; o pior, porque a necessidade de fazer isso roubou dela os últimos escrúpulos que ainda lhe restavam. Sua primeira intervenção sobre as obras remanescentes de Nietzsche foi adiar a edição pública da quarta parte de *Zaratustra*, ainda não publicada. Ela considerava grande parte da obra uma blasfêmia, principalmente "A festa do asno", e convenceu Franziska de que corriam o risco de sofrer um processo se a publicassem. Preocupada, Franziska escreveu então a Overbeck (em 24 e 29 de março de 1891) e a Gast, que haviam preparado a obra para impressão pela Naumann (em 1º de abril), insistindo para que a interrompessem, pois o próprio Nietzsche afirmara muitas vezes não querer que ela se tornasse pública.[116] Gast estava convencido de que este não era realmente o desejo de Nietzsche, mas em deferência à mãe, a obra foi suspensa até então.

Em agosto de 1892, Elizabeth partiu da Alemanha para a Nova Germânia pouco antes da publicação de uma crítica a seus métodos colonizadores escrita por um de seus colonos, Fritz Neumann. Segundo Neumann, a selva vencera na Nova Germânia: as pessoas estavam totalmente despreparadas para enfrentar esse inimigo elementar dos colonos de La Plata, e a obra estava praticamente parada. Förster é acusado de "negligência", e Elizabeth de "crime" por continuar atraindo pessoas para lá. O jornal dedicado aos interesses coloniais na América do Sul, o *Südamerikanische Kolonial-Nachrichten*, determinou que Neumann estava dizendo a verdade, pediu mais provas e acabou ele mesmo acusando os organizadores da Nova Germânia de incompetência e desonestidade: o maior interesse deles, como afirmava a edição de setembro de 1892, era "a extorsão de pessoas crédulas e inexperientes, sem escrúpulos e da forma mais cruel". As denúncias de Klingbeil, admitiam, estavam corretas em cada detalhe.[117] No ano

116. Ver PODACH, E. *Der kranke Nietzsche*. p. 111 ss.

117. Ver no Capítulo 12 as alegações de Julius Klingbeil.

seguinte o jornal publicou uma "carta aberta" a Elizabeth de um ex-aliado seu, um certo Paul Ullrich, que não mediu palavras e a chamou de mentirosa e ladra, afirmando que ela era uma desgraça para a colônia, à qual era exortada a virar as costas para sempre. O jornal repercutiu essa exigência e incitou os colonos a expulsá-la se não partisse voluntariamente. Naquele verão Elizabeth liquidou os bens que havia deixado e voltou para a Alemanha.

Em 1892, com o consentimento de Franziska e após discussão com a C. G. Naumann, Gast iniciara a preparação de uma coletânea das obras de Nietzsche publicadas; ela incluiria também a quarta parte de *Zaratustra*, uma seleção de fragmentos do *Nachlass* e prefácios de Gast. A obra prosseguiu por cerca de um ano; então, em 19 de setembro de 1893, Gast escreveu a Overbeck: "Ocorreu algo que pode perturbar tanto a mim como a toda a causa de Nietzsche: Frau Förster voltou do Paraguai. Seguiram-se dois dias terríveis em que teria preferido renunciar à minha função de editor.". Mas Gast não precisou renunciar à função: foi dispensado dela pouco depois. "Entreguei o *Nachlass* para Frau Förster dia 27 de outubro em Leipzig", contou ele a Overbeck em 13 de novembro. "'Então, quem o nomeou editor?', questionou ela. Meus prefácios serão retirados. Será publicada uma nota escrita pelo Dr. Koegel [escolhido por Elizabeth para substituir Gast] dizendo: os prefácios de Gast foram impressos nas obras de Nietzsche 'por engano'."

A edição de Gast foi encerrada no início de 1894 e uma segunda coletânea foi iniciada sob a coordenação de Koegel; mas esta também foi logo interrompida por desavenças em relação ao método.[118] Em fevereiro Elizabeth fundou o "Arquivo Nietzsche" no número 18 da rua Weingarten: dois quartos do andar superior foram transformados em um, repletos de recordações sobre a vida e a obra de Nietzsche. O mais importante em exposição – quando não visível – era o próprio Nietzsche. No verão essa acomodação já se tornara demasiado pequena, e o Arquivo foi levado para uma casa maior nos arredores. Com a fundação do Arquivo, surgiu uma nova figura no palco da história: Elizabeth Förster-Nietzsche, a antiga Eli Förster (como era conhecida em seus tempos no Paraguai) transformou-se na sacerdotisa de um novo culto misterioso. Num artigo do *Bayreuther Blätter* de 15 de janeiro de 1895, ela disse adeus à colonização; a Nova Germânia, idealizada por seu santo marido e da qual havia sido expulsa por

118. Ver também Capítulo 14.

calúnias inconcebíveis, deveria tentar seguir em frente da melhor maneira possível sem ela: "outra grande missão – o cuidado de meu querido e único irmão, o filósofo Nietzsche, a responsabilidade por suas obras e o relato de sua vida e pensamento – exige todo o meu tempo e minhas forças a partir de agora"[119]. Ela havia perdido uma colônia, mas encontrado outra.

Nesse meio tempo, tentou se apoderar de tudo que pertencera a Nietzsche, e especialmente, é claro, de tudo que ele escrevera. Porém, tinha uma ideia peculiar do que era um "manuscrito", o que foi fatal para o conceito de "*Nachlass*" por ela aplicado a Nietzsche. Já comentei que não fazia distinção entre o material não publicado que ele utilizara de outra forma e o material que rejeitara; mas, pior que isso, ela também não fazia distinção entre o material que ele guardara e o que de fato jogara fora. O "*Nachlass*" recuperado de Sils-Maria era desse último tipo.

Quando Nietzsche partiu de Sils-Maria pela última vez, deixou em seu quarto não só alguns livros, como também uma porção de papéis. Ele esperava voltar no verão seguinte, mas disse especificamente ao seu senhorio, um tal de Durisch, que os papéis eram lixo: notas e apontamentos que não utilizaria, e que pediu a Durisch para queimar quando voltasse para limpar o quarto. Durisch, na verdade, não os queimou, e sim juntou o que havia no cesto de papéis de Nietzsche e no chão perto dele e colocou tudo num armário. Posteriormente, quando turistas vinham ver a casa em que Nietzsche havia morado e pediam alguma lembrança do filósofo, ele trazia um monte desses papéis e deixava que pegassem à vontade. Depois que o fato se tornou conhecido por meio de uma notícia publicada na *Magazine für Literatur* no outono de 1893, procuraram Durisch e lhe perguntaram o que estava fazendo com os "manuscritos de Nietzsche"; querendo evitar problemas, ele imediatamente enviou toda a carga do refugo para Elizabeth, que depois a colocou no "Arquivo" – quando da preparação de *O desejo de poder*, ela estava entre os "manuscritos" a partir dos quais foi feita a seleção.

No final de 1895, Elizabeth passou a ter a "guarda" de Nietzsche e a propriedade dos direitos autorais sobre suas obras. Desde a época de seu colapso, quem tinha legalmente a guarda era a mãe, e talvez fosse natural que passasse à irmã com o tempo; mas Elizabeth não estava disposta a esperar que a mãe morresse para se tornar "sucessora" e herdeira das obras de Nietzsche – cujo valor monetário aumentava rapidamente. Em dezem-

119. PODACH, E. *Gestalten um Nietzsche*. p. 176.

bro de 1895, Elizabeth convenceu Franziska a transferir para ela a posse do Arquivo, das obras e, efetivamente, do próprio Nietzsche; e fez isso por meio de uma mentira: segundo uma carta de Franziska a Overbeck do dia 27, disseram-lhe que "amigos" de seu filho haviam oferecido uma doação de trinta mil marcos para o Arquivo desde que Elizabeth se tornasse a guardiã oficial do "legado" de Nietzsche; mesmo assim, ela demorou quatro semanas até finalmente assinar os papéis necessários. Depois descobriu que o dinheiro era apenas um *empréstimo*, coisa de que suspeitara o tempo todo, afirmara.[120]

Com Elizabeth tendo plenos poderes, a "causa" de Nietzsche ganhou novo impulso. No verão de 1896, o Arquivo foi transferido de Naumburg para Weimar – a meca da cultura alemã, cujo esplendor ela esperava que ajudasse a iluminar a figura sombria de seu irmão. A falsidade da "causa" que estava propagando já havia sido percebida até por Rohde, que se tornara bastante antipático, como vimos. Ele escreveu a Overbeck em 17 de março de 1895:

> Por ora, já houve esforço suficiente em torno de Nietzsche. Agora devem concluir a edição [de suas obras], escrever a biografia, e depois deixar que a causa cuide de si mesma. – Oh, eu digo *causa*: mas não *existe* "causa" alguma; trata-se *apenas* de uma *pessoa* e nada mais.

Isso fazia o maior sentido; mas foi proferido num país onde esse tipo de sentido já não interessava a muitas opiniões influentes. Elas não tinham tempo para os fatos prosaicos, como descreveu Erwin Rohde: estavam vivendo na esperança e na expectativa de um "Novo *Reich*" e atentas aos seus arautos; e pensavam ter encontrado um deles em Nietzsche. Na realidade, porém, a "causa" nietzschiana carecia totalmente de conteúdo. A única coisa real era o singular indivíduo Nietzsche, que havia morrido nos primeiros dias de 1889, e sua filosofia; e as atividades do Arquivo, excetuando-se as publicações dos escritos de Nietzsche, tinham pouca importância.

3

Franziska Nietzsche faleceu em 20 de abril de 1897, aos 71 anos. Ela havia cuidado de seu filho por sete anos, dia e noite, e seu desvelo foi objeto de comentários de admiração até mesmo durante sua vida. Assistira ao filho decair quase à total apatia e, durante os últimos meses de vida, sofrera cada

120. Ver PODACH, E. *Der kranke Nietzsche*. p. 193 e 200.

vez mais de ansiedade em relação ao que seria dele depois que ela se fosse. Sua tarefa havia sido aliviada pela ajuda de sua empregada Alwine, que estivera com a família por trinta anos, e era Alwine quem cuidava de Nietzsche quando a mãe dele já não estava lá para fazer isso.

Elizabeth já havia partido de Naumburg para Weimar, onde se instalou juntamente com o Arquivo na Villa Silberblick, uma casa que uma admiradora suíça de Nietzsche alugara para essa finalidade. O próprio Nietzsche foi levado para lá após a morte da mãe e instalado num quarto do piso superior. A chegada dele foi um verdadeiro acontecimento na cidade e registrada por seu antigo aluno Ludwig von Scheffler, que estava morando lá na época. A Villa Silberblick, afirma ele,[121] era um prédio feio que ficava num ponto tão isolado e exposto ao sol quente no verão, que foi apelidada de "Villa Sonnenstich" - Vila Insolação.

> Um dia meu filho pequeno chegou da escola empolgado, [escreve Scheffler], e disse: "Papai, o que você acha disso? Um filósofo maluco acabou de se mudar lá para cima!". [Scheffler foi até a Villa Insolação.] A irmã de Nietzsche me levou a uma espécie de salão. Ele era respeitosamente consagrado a recordações de seu irmão mais velho: havia fotos dele nas paredes, livros, coleções de manuscritos (...)

Muitos visitantes foram recebidos nesse salão nos anos seguintes; mas se eles esperavam ver Nietzsche em pessoa, em geral ficavam desapontados. Vestido com uma camisola branca, ele permanecia oculto e em silêncio no piso superior, salvo pelo ruído ocasional de passos no assoalho que fazia ao andar. A própria Elizabeth o via cada vez menos, pois seus cuidados eram confiados à fiel Alwine.

Pode-se ver, a partir de relatos contemporâneos, como um culto quase místico veio a se desenvolver em torno de sua trágica e patética figura. Um temor natural diante da extensão de seu colapso e do terrível contraste que ele apresentava à vivacidade de seus livros, aos poucos, transformou-se num temor ao homem em si, como se houvesse se tornado não algo menos que humano (como era o caso), mas algo maior. Mesmo antes de sair de Naumburg, os visitantes que o viam e não o haviam conhecido em seus melhores anos eram, muitas vezes, tomados de um pavor quase supersticioso daquela figura débil e miserável - um pavor que alguns pouco faziam para reprimir, preferindo cultivar dentro de si mesmos e espalhar entre aqueles para quem Nietzsche era uma nova e fascinante experiência.

121. BERNOULLI, C. A. op. cit., v. 2, p. 379.

Gabriele Reuter registrou o quanto ele a impressionou numa linguagem que, embora possa ter a intenção de ser objetiva, é emotiva o bastante para instigar perigosamente a sensibilidade da Alemanha da década de 1890:

> Fiquei tremendo sob a força de seu olhar, que parecia emergir das insondáveis profundezas do sofrimento (...) A mim parecia que seu espírito vivia na mais absoluta solidão, infinitamente distante de todas as questões humanas. Quem pode dizer quanto daquela grande alma infeliz ainda vivia no corpo recluso?[122]

Esse tipo de dramatização não está muito distante da atitude totalmente irreal representada por Rudolf Steiner, que escreveu sobre a

> maravilhosa sensação de que – enquanto estávamos ocupados no térreo, organizando seus tesouros manuscritos para o mundo – ele ficava em seu trono na varanda acima em solene imponência, indiferente à nossa presença, como um deus de Epicuro. Quem via Nietzsche nessa época, reclinado em seu roupão branco com pregas, com o olhar de um brâmane em seus olhos grandes e profundos sob as sobrancelhas espessas, com a nobreza de seu rosto enigmático e inquisitivo e o porte leonino e majestoso de sua cabeça de pensador – tinha a sensação de que esse homem não podia morrer, mas que seu olho repousaria eternamente sobre a humanidade e sobre todo o mundo de aparência nessa impenetrável exultação.[123]

4

Mas Nietzsche de fato morreu: em 25 de agosto de 1900, seis semanas antes de completar 56 anos. Nos dois anos anteriores ele não soube de nada, não sentiu nada, não pensou em nada. Até onde se pode afirmar, não sabia que a mãe tinha morrido nem que estava em Weimar. Não sabia que era famoso nem que sua fama se baseava numa distorção de quase tudo que pregara. Quando morreu, não sabia que estavam havia quase oito meses no século XX, sobre cuja história posterior havia previsto tanta coisa: o século do "surgimento do niilismo" e do colapso da velha ordem mundial; a "era clássica da guerra" e da "política em grande escala" que tiraria conclusões a partir da "morte de Deus" e do fim de todas as sanções morais; e no qual a vontade de poder, não mais sublimada nem marcada pelas restrições que ainda se impunham sobre o século XIX, exploraria por toda parte os instrumentos do poder, "esse maldito antissemitismo" pro-

122. PODACH, E. *Der kranke Nietzsche*. p. 251-2.

123. BERNOULLI, C. A. op. cit., v. 2, p. 370.

porcionaria ocasião e motivo para o crime niilista por excelência, e a sua teoria de que uma pessoa com forte vontade de poder privada de satisfação externa preferirá desejar sua própria destruição a não desejar nada seria demonstrada com terrível rigor pelo desesperado e frustrado *Reich*.

Durante o ano anterior – o último do antigo século – uma terceira coletânea de suas obras havia sido iniciada: Gast se reconciliara com Elizabeth e colaborava com ela na nova edição, no Arquivo e na defesa da "causa"; e foi Gast quem fez o discurso fúnebre quando Nietzsche foi sepultado ao lado do pai no cemitério da igreja, em Röcken. Obviamente, ele estava bastante comovido, mas suas palavras, no mesmo espírito da citação de Rudolph Steiner acima, revelam uma péssima compreensão de seu "Mestre". Ele encerrou seu discurso declamando: "Que a paz esteja com tuas cinzas! Santo seja o teu nome para todas as gerações futuras!". Em *Ecce Homo* Nietzsche escrevera: "Tenho um medo terrível de que um dia me declarem 'santo'.". Também isso ele havia previsto.

5

Ele seria chamado de "santo" – e, com muito mais frequência, de "herege" – por um século após sua morte. Hoje tudo isso é, ou deveria ser, parte do passado: o "nietzschianismo" está tão morto quando o "wagnerismo", e o que nos resta não é uma doutrina que possa ser pregada e precise ser defendida, mas um ser humano único, um artista da linguagem com grande competência e poder, e um filósofo de visão convincente e princípios rígidos; resta-nos o homem e sua filosofia. Em certo sentido, tanto sua vida como seu pensamento foram "experimentos" e, na medida em que ambos foram conduzidos a um fim lógico, eles se justificam e não necessitam de qualquer defesa.

POSFÁCIO
1999

1

Os acontecimentos mais importantes no campo do estudo de Nietzsche desde que este livro foi publicado pela primeira vez, em 1965, foram a publicação das edições Colli-Montinari das obras e cartas de Nietzsche e o grande aumento do interesse por ele dentro e fora do mundo acadêmico.

Em 1965, a edição mais recente das obras anunciadas como completas era *Musarionausgabe*, publicada em 23 volumes de 1920 a 1929; mas o texto dessa edição, embora estivesse organizado de forma diferente, em termos de conteúdo quase não apresentava diferença em relação à pretensa edição "padrão", a *Gesamtausgabe in Grossoktav*, cuja segunda versão foi publicada em 19 volumes de 1901 a 1913. Ela foi produzida pelo Arquivo Nietzsche em Weimar, que ainda estava sob a tutela de Elizabeth, assim permanecendo até a morte dela em novembro de 1935, aos 89 anos. Uma nova edição "histórico-crítica" foi iniciada em 1933, mas interrompida pela guerra sem ter ido além dos textos da juventude; e a publicação parcial de seus escritos entre o surgimento da *Musarionausgabe* e o início da edição Colli-Montinari não conseguiu, com uma única exceção, aumentar a quantidade acessível ao leitor. Essa exceção, *Friedrich Nietzsches Werke des Zusammenbruchs* de Erich Podach, publicada em 1961, baseava-se em pesquisas originais feitas em Weimar – aparentemente a única incursão realizada na República Democrática Alemã que resultaria na publicação de material novo. O resultado de todas essas considerações foi que na década de 1960 o texto de Nietzsche, especialmente o texto das notas e escritos não publicados na época de seu colapso – o chamado *Nachlass* –, ainda estava quase no mesmo estado em que foi apresentado na edição publicada por Elizabeth nas primeiras décadas do século.

Nesse sentido, a edição Colli-Montinari constitui um avanço em todos os aspectos: mais que uma publicação, mencionarei a seguir que ela nos permite falar pela primeira vez em uma edição definitiva da obra de Nietzsche. O que despertou mais interesse por essa edição foi a publicação do *Nachlass* numa ordem próxima daquela em que foi escrito, até onde se pode apurar, e embora isso certamente seja importante para os que estudam sua filosofia, também é de especial e distinto interesse para seus biógrafos. Pois uma biografia daqueles homens cuja importância reside principalmente no que produziram, e não em qualquer outra coisa que tenham feito, contém o paradoxo de que, para nós, o mais importante a seu respeito praticamente não se encontra nela. Nesse sentido, consideremos a biografia de Wagner escrita por Newman: não poderia ser mais detalhada, ou mais completa no sentido convencional, no entanto a atividade pela qual Wagner adquire seu maior interesse para nós, que é a de compositor, mal aparece nela. Podemos vê-lo fazer mil e uma coisas, mas dificilmente o vemos compondo música. A mesma consideração se aplica a Nietzsche, é claro, e pelo mesmo motivo: como já foi repetido mil vezes, a atividade que o faz merecer nosso interesse é a de escritor, e não há nada que um biógrafo possa oferecer em relação a isso. No caso de Nietzsche, porém, agora temos na edição Colli-Montinari do *Nachlass* algo que nos dá uma ideia de como ele pensava e de como avaliava seu próprio desempenho; ela nos permite observá-lo em ação; portanto, embora todo esse material disponibilizado recentemente não implique uma reavaliação dele como filósofo, certamente fornece conteúdo da maior importância para sua biografia: quando vier a ser utilizado para essa finalidade, em algum momento futuro, ele pode constituir a base de uma biografia intimista e minuciosa do pensamento de Nietzsche.

O biógrafo de Nietzsche do futuro terá uma dívida ainda maior com a edição Colli-Montinari das cartas. Aqui, a conexão biográfica é evidente; o que não é tão evidente, talvez, a menos que se tenha tentado usar as cartas de Nietzsche numa biografia dele, é o enorme avanço que essa edição representa sobre tudo o que veio antes. Em 1965, a única edição pretensamente completa que existia das cartas era *Friedrich Nietzsches Gesammelte Briefe*, publicada em seis volumes de 1900 a 1909. Segundo o costume da época, que não era de grande valia, ela não foi organizada em ordem cronológica, mas de acordo com os destinatários: cartas de Nietzsche a Rohde, cartas de Nietzsche a Gast, cartas de Nietzsche a sua mãe e irmã, e assim por diante. A edição foi supervisionada por Elizabeth e, portanto, era pouco confiável. Outras cartas enviadas e recebidas por Nietzsche também foram publicadas em volumes separados, embora a maioria fosse inacessível, e talvez o mais interessante deles – a edição de Bernoulli da correspondência com Overbeck – foi desfigurado por extensas manchas pretas: resultado de uma ordem judicial obtida por Elizabeth quando viu frustrado seu esforço de suprimir totalmente a publicação. Uma tentativa de publicar as cartas em ordem cronológica iniciada em 1933 foi suspensa no ano seguinte porque ela se recusava a permitir que o suposto editor, Karl Schlechta, visse, lesse ou interferisse de qualquer outra forma nos documentos que deveria editar.

Era mais ou menos essa a situação quando a edição Colli-Montinari foi iniciada. "Novas" cartas seriam publicadas de tempos em tempos, e houve algumas tentativas louváveis de construir uma "vida" a partir de uma seleção cronológica das cartas já publicadas; uma grande seleção havia sido apresentada na edição de Schlechta, na década de 1950, e podia-se ler muitas cartas de Nietzsche com a certeza de que estavam todas corretas; no entanto, a edição Colli-Montinari provocou uma revolução positiva nesse campo. Ela nos permite acompanhar o curso da vida de Nietzsche quase dia a dia, não só pela quantidade de cartas e pela sua ordem cronológica, mas também por integrar as cartas escritas por Nietzsche aos volumes das cartas a ele endereçadas. Sempre que possível, as cartas de Nietzsche são acompanhadas de uma referência a alguma carta do volume complementar à qual ela seja uma resposta ou que se trate de uma resposta a ela: o resultado é uma contínua troca de correspondências em que todas as nuances de sentido são preservadas.

O aniversário de 150 anos do nascimento de Nietzsche foi marcado por uma reedição dos escritos de juventude reunidos para a frustrada *Historisch-kritische Gesamtausgabe* iniciada em 1933: compreendendo quase três mil páginas divididas em cinco volumes, ela reúne o que restou de seus escritos de 1854 a 1870, do qual apenas uma pequena parte estava disponível em versão impressa. Os escritos estão acompanhados de inúmeros comentários. Sem querer duvidar por um instante sequer da importância ou mesmo da necessidade dessa publicação, questiono a probabilidade de alguém ler toda a sequência da página 1 até a página 2909: seu interesse intrínseco é demasiado modesto para isso. Contudo, seu valor biográfico é considerável, tanto pelas revelações que faz sobre a precoce evolução intelectual de Nietzsche como pelas evidências que fornece em primeira mão sobre o tipo e, principalmente, a quantidade de trabalho que se esperava de um colegial e de um universitário nos círculos mais elevados da educação alemã no fim do século XIX.

A excelência das obras e cartas de Colli-Montinari e da edição dos *Frühe-Schriften* é igualada pela excelência da edição das composições musicais de Nietzsche feita por C. P. Janz, que surgiu em 1976. Apenas uma delas foi publicada pelo próprio compositor – o *Hymnus an das Leben* – e não é difícil entender o motivo: tratam-se, em sua maioria, de obras juvenis ou de principiante, que não se distinguem individualmente. O próprio *Hymnus*, com arranjo para coro e orquestra feito por Gast, poderia ter sido composto por qualquer pessoa com conhecimento do hinário protestante; e a crítica mais famosa a outro estilo de composição de Nietzsche é certamente aquela contida numa carta de Hans von Bülow de 24 de julho de 1872, escrita ao receber de Nietzsche a partitura de sua peça *Meditação de Manfredo*, em que Bülow descreve a obra como "a coisa mais extravagante, desagradável e antimusical com que me deparei nos últimos tempos na forma de notas colocadas no papel. Por várias vezes", prossegue, "me perguntei se era tudo uma piada", e faz a Nietzsche uma breve preleção sobre os fundamentos da utilização da dissonância e de outros procedimentos "avançados" na música de Wagner, da qual não tem dúvidas de que a *Meditação de Manfredo* é uma paródia involuntária. (Uma tradução em inglês dessa carta aparece no quarto volume da biografia de Wagner escrita por Newman.) Por serem de Nietzsche, algumas dessas composições já foram apresentadas em público e gravadas para fins comerciais – o que dificilmente teria acontecido se houvessem sido compostas por alguém de quem nunca se tivesse ouvido falar.

2

O florescimento do estudo, explicação e interpretação de Nietzsche no intervalo decorrido desde a publicação da primeira edição deste livro foi inspirador. Tal foi o aumento do interesse nos meios acadêmicos que agora qualquer estudante de filosofia, "estudos culturais" ou outra disciplina afim, que não aprenda nada sobre ele deve se sentir prejudicado, e foram poucos os movimentos intelectuais ou artísticos que não fizeram algum tipo de referência a ele. O recente declínio do marxismo foi acompanhado por uma renovação desse interesse pelas possibilidades politicamente de esquerda em Nietzsche, o que foi um elemento decisivo no entusiasmo por ele predominante cem anos atrás. O Nietzsche existencialista foi sucedido pelo Nietzsche desconstrucionista, e o Nietzsche irracional, fascista – que nunca passou de uma ilusão – por uma aceitação dele como filósofo principal da transição para o pós-modernismo. Há um Nietzsche feminista e um pós-feminista, que representam movimentos convincentes o bastante para terem provocado um contra-ataque (de feministas que não gostam dele). Há o Nietzsche considerado responsável pela existência do relativismo ético que estaria contaminando a sociedade contemporânea (principalmente a norte-americana) e provocando sua desintegração moral (o Nietzsche de Bloom). Há o Nietzsche que está do nosso lado da estrada rumo ao niilismo moral inaugurado pelo Iluminismo (o Nietzsche de MacIntyre). E concomitante ao seu envolvimento com todas essas questões sérias, há o Nietzsche que é um ícone cultural, cuja grande visibilidade incutiu em muitos a ilusão de saber bem mais sobre ele do que sabem de fato.

Não tenho o espaço, o conhecimento nem a pretensão necessária para tentar avaliar a importância de tudo que foi escrito sobre ele nos últimos trinta anos: não li tudo (ninguém poderia ter feito isso) e não compreendi tudo que li (talvez por ser de outra geração, mas talvez porque algumas exegeses, explicações e elucidações de Nietzsche sejam de fato incompreensíveis). Portanto, limito-me a dizer que as tendências mais recentes no pensamento acerca de Nietzsche que mais me atraem são aquelas que o veem como um paradigma filosófico ou um ponto de partida em relação às formas de pensamento características do século XX, e, destas, a que parece ter base mais sólida é o desconstrucionismo associado principalmente à Derrida: a crítica e superação do pensamento binário que, como vemos agora, constitui grande parte do projeto filosófico de Nietzsche. Se pudesse ter lido Derrida antes de escrever *Nietzsche: O homem e sua filosofia*, certas partes de minha apresentação do seu pensamento teriam ênfase diferente.

Com essas qualificações, gostaria de acrescentar que nos últimos trinta anos não encontrei nada que me levasse a acreditar que o relato sobre a vida e a filosofia de Nietzsche que faço aqui necessite de correção, a não ser em alguns pequenos detalhes. Como deixei claro na edição original, a filosofia que ofereço foi construída com base na de Walter Kaufmann, principalmente em sua obra "reparadora" de 1950; estava e estou ciente de que Kaufmann apresenta um Nietzsche mais humanista do que realmente era, e procurei levar isso em consideração. Na época em que escrevi o livro, em 1963 e 1964, a única tentativa exaustiva de compreender Nietzsche de que tomei conhecimento, que contestava seriamente a de Kaufmann, foi a de Heidegger, especialmente nos volumes publicados em 1961. Embora divergissem em quase todos os outros aspectos, Kaufmann e Heidegger foram unânimes em considerar a vontade de poder como sendo o princípio fundamental de Nietzsche, sem o qual ele não pode ser compreendido, e nesse ponto encontrei em Heidegger uma confirmação da linha que havia adotado, mas achei o resto de sua interpretação de Nietzsche incompatível com a minha própria. Minha resistência ao ponto de vista de Heidegger decorre principalmente do fato de meu relato sobre Nietzsche se basear quase totalmente nas obras que ele mesmo publicou, enquanto é sabido que Heidegger rejeita as obras publicadas e se baseia inteiramente no *Nachlass*, ao qual recorro bem menos até do que Kauffman. Concordei, e ainda concordo, com Karl Schlechta quando ele afirma: "Para mim, parece ser uma exigência da propriedade intelectual [*geistigen Taktes*] compreender um autor, em primeiro lugar, da forma como ele desejava ser compreendido publicamente". E quando me dei conta de que, segundo a leitura de Heidegger, a "filosofia de Nietzsche" não estaria presente explicitamente em nenhum de seus escritos, devendo ser inferida pelo intérprete, comecei a achar que o próprio Nietzsche não aprovaria o Nietzsche de Heidegger. O fato dessa interpretação de Heidegger ter exercido uma vasta e profunda influência não me parece motivo para questionar a seguinte conclusão: a influência da filosofia do próprio Heidegger foi tão vasta e profunda quanto a de qualquer filósofo do século XX, e foi em parte responsável pela disseminação do interesse por Nietzsche; mas isso fez com que muitos conhecessem Nietzsche como um filósofo sério por meio da importância que Heidegger lhe atribuía e, portanto, passassem a vê-lo como Heidegger o via. Mas para aqueles cujo envolvimento com Nietzsche antecede qualquer compreensão real de Heidegger, é quase inevitável a impressão de que o Nietzsche de Heidegger é exatamente isso: um constructo que ninguém mais desejaria ou poderia ter concebido.

Mais do que o tratamento dado por Heidegger ao *Nachlass*, foi a edição Colli-Montinari que me levou a acreditar por um tempo que pudesse ter sido demasiado arbitrário de minha parte rejeitá-lo como um elemento representativo do posicionamento filosófico de Nietzsche. Embora certamente fossem mais difíceis de ler e interpretar do que as obras publicadas, os fragmentos de suas anotações da década de 1880 contêm tanta coisa importante que se restringir apenas às obras publicadas poderia parecer injustificadamente austero e desinteressado. Porém, por mais que eu levasse isso em conta, acabava sempre voltando ao fato (e para mim isso parece ser um fato) de que o material não utilizado que constitui o *Nachlass* não deixou de ser usado por acaso, e que Nietzsche só se sentia apto a apresentar como filosofia o que ele próprio publicou ou comprovadamente pretendia publicar; por isso continuei sustentando que qualquer coisa contida no

Nachlass da década de 1880 sem paralelo na obra publicada não tem valor como afirmação de seu respeitado ponto de vista.

3

Há dois pequenos pontos em que gostaria de me aprofundar um pouco mais do que se permite conter numa nota de rodapé.

1. Messina (ver Capítulo 10), no extremo nordeste da Sicília, é o lugar mais ao sul que Nietzsche visitou, e conjecturas sobre a razão de ter ido até lá originaram insinuações de que teria ido porque soubera que Wagner estava na Sicília e esperava que pudessem se encontrar. Enquanto Nietzsche estava em Messina, Wagner e sua família estavam hospedados em Acireale, de onde faziam excursões para as cidades próximas; do dia 10 ao dia 14 de abril eles estiveram justamente em Messina. Se os dois tivessem se encontrado, o fato certamente teria sido registrado por Nietzsche e provavelmente por Cosima, se não por mais alguém, e portanto devemos presumir que isso não aconteceu. A especulação sobre o assunto se deve essencialmente à dificuldade que as pessoas têm de aceitar que existem coincidências.

2. Muito tempo depois que o presente livro foi publicado, um acadêmico norte-americano demonstrou que a maior parte do ensaio de Nietzsche sobre Hölderlin foi copiado, palavra por palavra, de um dos volumes de uma coleção popular de "clássicos modernos" (*Moderne Klassiker: Deutsche Literaturgeschichte der neueren Zeit in Biographien, Kritiken und Proben*, Cassel, 1853). Essa revelação inspirou reprovações e críticas formais, e muitos sentiram uma secreta satisfação ao constatar o quanto o ensaio havia sido elogiado por críticos de renome que não sabiam tratar-se de um plágio. (Foi descoberto também que o próprio texto de *Moderne Klassiker* plagiado por Nietzsche havia sido copiado em grande parte, sem o devido crédito, de uma biografia de Hölderlin escrita por C. T. Schwab e de uma análise crítica de sua obra feita por Alexander Jung.) Nada disso me parece ter grande importância: qualquer jovem pode cometer uma tolice, e qualquer especialista num determinado assunto pode ser pego de surpresa se não for alertado. É mais interessante refletir sobre o que poderia ter acontecido a Nietzsche caso a fraude tivesse sido detectada, o que não seria difícil. Teria sido expulso? E nesse caso, o que teria acontecido depois? Ou será que o plágio era uma coisa comum em Pforta no tempo de Nietzsche?

BIBLIOGRAFIA
SELETIVA

Atualmente, a literatura acerca de Nietzsche é tão vasta e cresce tão depressa que uma bibliografia completa provavelmente não seria adequada e, mesmo que fosse, certamente estaria incompleta antes de ser impressa. Esta bibliografia se limita a livros publicados e, mesmo nesse contexto, é de fato bastante seletiva. Entretanto, muitos dos livros relacionados possuem suas próprias bibliografias, algumas delas extensas. A lista a seguir está dividida em: (1) coletâneas em alemão; (2) traduções em inglês; e (3) literatura complementar.

1

Kritische Gesamtausgabe: Werke. Ed. Giorgio Colli e Mazzino Montinari. (Berlim: De Gruyter, 1967-1978, 30 v.).

Sämtliche Werke. Kritische Studienausgabe. Ed. Giorgio Colli e Mazzino Montinari. (Berlim: De Gruyter, 1980, 15 v.).

Werke auf CD-ROM. Historisch-Kritische Ausgabe (Berlim: de Gruyter, 1994; Charlottesville, Virgínia: InteLex, 1995).

Kritische Gesamtausgabe: Briefwechsel. Ed. Giorgio Colli e Mazzino Montinari (Berlim: De Gruyter, 1975-1984, 24 v.).

Sämtliche Briefe. Kritische Studienausgabe. Ed. Giorgio Colli e Mazzino Montinari (Berlim: De Gruyter e DTV, 1975-1984, 8 v.).

Werke in drei Bänden. Ed. Karl Schlechta (Munique: Hanser, 1965, 3. ed., v. índice e 3 v.).

Frühe Schriften. Ed. Hans Joachim Mette, Karl Schlechta e Carl Koch. (Munique: Beck, 1994, 5 v.).

Der musikalische Nachlass. Ed. Curt Paul Janz. (Basileia: Bärenreiter, 1976).

2

Complete Works. Ed. Bernd Magnus. (Stanford, Califórnia: Stanford University Press, 1995 em diante, 20 v.).

The Birth of Tragedy. Trad. Walter Kaufmann. (Nova York: Vintage, 1966).

Untimely Meditations. Trad. R. J. Hollingdale. (Cambridge: Cambridge University Press, 1983).

Human, All Too Human. Trad. R. J. Hollingdale. (Cambridge: Cambridge University Press, 1986, 2 v. em 1).

Daybreak. Trad. R. J. Hollingdale. (Cambridge: Cambridge University Press, 1982).

The Gay Science. Trad. Walter Kaufmann. (Nova York: Vintage, 1974).

Thus Spoke Zarathustra. Trad. Walter Kaufmann. In:______. *The Portable Nietzsche*, Nova York: Viking, 1954); Trad. R. J. Hollingdale (Penguin, 1961).

Beyond Good and Evil. Trad. Walter Kaufmann. (Nova York: Vintage, 1966); Trad. R. J. Hollingdale (Nova York: Penguin, 1973).

On the Genealogy of Morals. Trad. Walter Kaufmann e R. J. Hollingdale. (Nova York: Vintage, 1967); Trad. Carol Diethe. (Cf. *On the Genealogy of Morality*. Cambridge: Cambridge University Press, 1994).

The Case of Wagner. Trad. Walter Kaufmann. (Nova York: Vintage, 1966).

Twilight of the Idols. Trad. Walter Kaufmann. In: ______. *The Portable Nietzsche*. (Nova York: Viking, 1954); Trad. R. J. Hollingdale. (Nova York: Penguin, 1968).

The Antichrist. Trad. Walter Kaufmann. In: ______. *The Portable Nietzsche*. (Nova York: Viking, 1954); Trad. R. J. Hollingdale (Nova York: Penguin, 1968).

Nietzsche contra Wagner. Trad. Walter Kaufmann. In: ______. *The Portable Nietzsche*. (Nova York: Viking, 1954).

Ecce Homo. Trad. Walter Kaufmann. (Nova York: Vintage, 1967); Trad. R. J. Hollingdale (Nova York: Penguin, 1979).

Dithyrambs of Dionysus. Ed. bilíngue. Trad. R. J. Hollingdale. (Londres: Anvil Press Poetry, 1984).

The Will to Power. Trad. Walter Kaufmann e R. J. Hollingdale. (Nova York: Vintage, 1967).

Philosophy in the Tragic Age of the Greeks. Trad. Marianne Cowan. (South Bend, Indiana: Gateway, 1962).

Philosophy and Truth: Selections from Nietzsche's Notebooks of the Early 1870s. Ed. e trad. Daniel Breazeale. (Atlantic Highlands, Nova Jersey: Humanities Press, 1979).

The Poetry of Friedrich Nietzsche. Ed. e trad. Philip Grundlehner. (Nova York: Oxford University Press, 1986).

A Nietzsche Reader. Ed. e trad. R. J. Hollingdale. (Nova York: Penguin, 1977).

Nietzsche Selections. Ed. Richard Schacht. (Nova York: Macmillan, 1993).

Selected Letters of Friedrich Nietzsche. Ed. e trad. Christopher Middleton. (Chicago: University of Chicago Press, 1969).

Nietzsche: A Self-Portrait from His Letters. Ed. e trad. Peter Fuss e Henry Shapiro. (Cambridge, Massachusetts: Harvard University Press, 1971).

3

ALDERMAN, Harold. *Nietzsche's Gift*. Athens: Ohio University Press, 1977.

ALLISON, David (Ed.). *The New Nietzsche*. Cambridge, Massachusetts: MIT Press, 1985.

ANSELL-PEARSON, Keith. *An Introduction to Nietzsche as Political Thinker*. Cambridge: Cambridge University Press, 1994.

______; CAYGILL, Howard (Eds.). *The Fate of the New Nietzsche*. Aldershot: Avebury Press, 1993.

ASCHHEIM, Steven E. *The Nietzsche Legacy in Germany, 1890-1990*. Berkeley e Los Angeles: University of California Press, 1993.

BABICH, Babette E. *Nietzsche's Philosophy of Science*. Albany: Suny Press, 1994.

BINION, Rudolph. *Frau Lou*: Nietzsche's Wayward Disciple. Princeton, Nova Jersey: Princeton University Press, 1968.

BRANDES, George. *Friedrich Nietzsche*. Londres: Heinemann, 1914.

BRANN, H. W. *Nietzsche und die Frauen*. Leipzig, 1931; Bonn, 1978.

BRINTON, Crane. *Nietzsche*. Cambridge, Massachusetts: Harvard University Press, 1941.

CARR, Karen L. *The Banalization of Nihilism*. Albany: Suny Press, 1991.

CHAMBERLAIN, Lesley. *Nietzsche in Turim*. Londres: Quartet, 1996.

CLARK, Maudmarie. *Nietzsche on Truth and Philosophy*. Cambridge: Cambridge University Press, 1990.

DANTO, Arthur. *Nietzsche as Philosopher*. Nova York: Macmillan, 1965.

DELEUZE, Gilles. *Nietzsche and Philosophy*. Trad. Hugh Tomlinson. Nova York: Columbia University Press, 1983.

DERRIDA, Jacques. *Spurs*: Nietzsche's Styles. Trad. Barbara Harlow. Chicago: University of Chicago Press, 1979.

DEUSSEN, Paul. *Erinnerungen an Friedrich Nietzsche*. Leipzig: Brockhaus, 1901.

DIETHE, Carol. *Nietzsche's Women*. Nova York e Berlim: de Gruyter, 1996.

FOUCAULT, Michel. "Nietzsche, Genealogy and History". In: ______. *Language, Counter-Memory, Practice*. Ithaca, Nova York: Cornell University Press, 1977.

FUKUYAMA, Francis. *The End of History and the Last Man*. Nova York: Free Press, 1992.

GILLESPIE, M. A.; STRONG, T. B. (Eds.). *Nietzsche's New Seas*. Chicago: University of Chicago Press, 1988.

GILMAN, Sander. *Conversations with Nietzsche*. Trad. David J. Parent. Nova York: Oxford Uniyersity Press, 1987.

GRAYBEAL, Jean. *Language and "The Feminine" in Nietzsche and Heidegger*. Bloomington: Indiana University Press, 1990.

HAYMAN, Ronald. *Nietzsche: A Critical Life*. Londres: Weidenfeld, 1980.

HEIDEGGER, Martin. *Nietzsche*. Trad. David Farrell Krell. Nova York: Harper & Row, 1979-1986. 4 v.

______. "The Word of Nietzsche: 'God Is Dead'". In: ______. *The Question Concerning Technology and Other Essays*. Nova York: Harper & Row, 1977.

______."Who Is Nietzsche's Zarathustra?". In: ALLISON, David (Ed.). *The New Nietzsche*. Cambridge, Massachusetts: MIT Press, 1985.

HIGGINS, Kathleen. *Nietzsche's Zarathustra*. Filadélfia: Temple University Press, 1987.

______; MAGNUS, Bernd (Eds.). *The Cambridge Companion to Nietsche*. Cambridge: Cambridge University Press, 1996.

HIGGINS, Kathleen; SOLOMON, Robert (Eds.). *Reading Nietzsche*. Nova York: Oxford University Press, 1988.

HOLLINGDALE, R. J. *Nietzsche*. Londres: Routledge, 1973.

IRIGARAY, Luce. *Marine Lover of Friedrich Nietzsche*. Trad. G. C. Gill. Nova York: Columbia University Press, 1991.

JANZ, Curt Paul. *Friedrich Nietzsche Biographie*. Munique: Hanser, 1978. 3 v.

JASPERS, Karl. *Nietzsche:* An Introduction to the Understanding of His Philosophical Activity. Trad. Charles Walraff e Frederick J. Schmitz. Chicago: Regnery, 1965.

KAUFMANN, Walter. *Nietzsche*: Philosopher, Psychologist, Antichrist. Princeton. Nova Jersey: Princeton University Press, 1950; 4. ed. 1974.

KOELB, Clayton (Ed.). *Nietzsche as Postmodernist*. Albany: SUNY Press, 1990.

KOFMAN, Sarah. *Nietzsche and Metaphor*. Trad. Duncan Large. Stanford, Califórnia: Stanford University Press, 1993.

KÜNG, Hans. "Nietzsche: What Christians and Non-Christians Can Learn". In: ______. *Does God Exist?* Trad. Eduard Quinn. Nova York: Vintage, 1981.

LÖWITH, Karl. *Nietzsches Philosophie der ewigen Wiederkehr des Gleichen*. 3. ed. Hamburgo: Felix Meiner, 1978.

MANN, Thomas. "Nietzsches Philosophie". In: ______. *Neue Studien*. Estocolmo: Bermann-Fischer, 1948.

______. *Nietzsche's Philosophy in the Light of Contemporary Events*. Washington, D.C.: Library of Congress, 1947.

NEHEMAS, Alexander. *Nietzsche*: Life as Literature. Cambridge, Massachusetts: Harvard University Press, 1985.

OWEN, David. *Nietzsche, Politics and Modernity*. Londres: Sage, 1995.

PARKES, Graham. *Composing the Soul*. Chicago: University of Chicago Press, 1994.

SALOMÉ, Lou. *Nietzsche*. Ed. e trad. Siegfried Mandel. Redding Ridge, Connecticut: Black Swan, 1988.

SANTANIELLO, Weaver. *Nietzsche, God and the Jews*. Albany: Suny Press, 1994.

SCHABERG, William. *The Nietzsche Canon*. Chicago: Chicago University Press, 1996.

SCHACHT, Richard. *Nietzsche*. Londres: Routledge, 1983.

______. (Ed.). *Nietzsche, Genealogy, Morality*. Berkeley e Los Angeles: University of California Press, 1994.

SCHRIFT, Alan. *Nietzsche and the Question of Interpretation*. Londres: Routledge, 1990.

SCHUTTE, Ofelia. *Beyond Nihilism*. Chicago: University of Chicago Press, 1984.

SEDGWICK, Peter (Ed.). *Nietzsche*: A Critical Reader. Oxford: Blackwell, 1995.

STATEN, Henry. *Nietzsche's Voice*. Ithaca, Nova York: Cornell University Press, 1990.

STERN, J. P. *A Study of Nietzsche*. Cambridge: Cambridge University Press, 1979.

______; SILK, M. S. *Nietzsche on Tragedy*. Cambridge: Cambridge University Press, 1981.

STRONG, Tracy B. *Friedrich Nietzsche and the Politics of Transfiguration*. 2. ed. Berkeley e Los Angeles: University of California Press, 1988.

WILCOX, John T. *Truth and Value in Nietzsche*. Ann Arbor: University of Michigan Press, 1974.

ÍNDICE REMISSIVO*

---

*. Como o índice inteiro se refere a Nietzsche de uma forma ou de outra, não foi registrado um verbete específico para ele. Se desejar, o usuário pode inserir "Nietzsche, Friedrich Wilhelm" no início do índice e considerar todos os verbetes a seguir como subitens.

OUTRAS PUBLICAÇÕES

A sabedoria da vida
Schopenhauer

Além do Bem e do Mal
Friedrich Nietzsche

As dores do mundo
Arthur Schopenhauer

Cândido ou o Otimista
Voltaire

Da República
Cícero

Diálogo entre um filósofo e um jurista
Thomas Hobbes

Discurso sobre a origem e os fundamentos das desigualdades entre os homens
Jean-Jacques Rousseau

Do espírito das Leis
Montesquieu

Elogio da Loucura
Erasmo de Rotterdam

Introdução à Antifilosofia
Boris Groys

Leviatã: ou Matéria, Forma e Poder de um Estado Eclesiástico e Civil
Thomas Hobbes

Novo Órganon
Francis Bacon

O Capital
Karl Marx

O homem unidimensional
Herbert Marcuse

O Suicídio
Émile Durkheim

Pensamentos
Pascal

Reivindicação dos direitos das mulheres: o primeiro grito feminista
Mary Wollstonecraft

Sátiras
Horácio

GRÁFICA PAYM
Tel. [11] 4392-3344
paym@graficapaym.com.br